Le mystère de Nils

Copyright © 2020 Werner Skalla. Tous droits réservés.

Publié par Skapago Publishing, Furth im Wald, Allemagne.
1ère édition publiée en septembre 2020

Aucune partie du présent document ne peut être reproduite, stockée dans un système électronique d'extraction, ni transmise, sous quelque forme que ce soit ni par aucun procédé électronique ou mécanique ou tout autre procédé, sauf en cas d'exception prévue par la loi, sans le consentement écrit préalable de l'Éditeur.
Toute demande d'autorisation à l'Éditeur doit être adressée à nils@skapago.eu.

Responsabilité des liens : Les liens sont accessibles au moment de la publication. L'éditeur ne peut pas garantir leur accessibilité ultérieure.

Crédits photos :
L'ensemble des photos © Daniela Skalla à l'exception de :
Chapitre 11 – carte d'Europe : © kebox – Fotolia.com
Chapitres 17, 19, 21 – images de fond des exercices : © Elmastudio – https://www.flickr.com/photos/elmastudio
Chapitre 18 – pains : © Daniel Mock – Fotolia.com
Chapitre 18 – du pain tranché : © womue – Fotolia.com
Chapitre 19 – téléphone : © 2fake – Fotolia.com
Chapitre 22 – silhouettes des gens : © kritchanut – Fotolia.com
Chapitre 24 – couple sur Trolltunga en Norvège : © Alex Koch – Fotolia.com
Chapitre 25 – compétition de ski : © Ruslan Kudrin – Fotolia.com
Chapitre 25 – billett de 50 kr : © Sandnes – Fotolia.com
Chapitre 25 – Billets norvégiens (arrière-plans des exercices) : © S-Christina – Fotolia.com
Chapitre 26 – côtes d'agneaux grillés : © Gresei – Fotolia.com
La couverture a été réalisée par Mónica Gabriel après avoir gagné le concours sur 99designs
L'image sur la couverture : To Come, publiée par Geir Tønnessen sur https://secure.flickr.com/photos/nuddaladden/10883470573/ under a Creative Commons BY 2.0 licence (https://creativecommons.org/licenses/by/2.0/)

ISBN 978-3-945174-15-9

Également disponible
Le mystère de Nils Volet 2 (*Mysteriet om Nils*), ISBN 978-3-945174-03-6

Des contenus en bonus autour du livre en libre accès : https://www.skapago.eu/nils/fr/outils

Apprenez d'autres langues avec Skapago
Le suédois : Alfred the Ghost, ISBN 978-3-945174-10-4
L'allemand : Jens und Jakob, ISBN 978-3-945174-06-7
Le chinois: Oh, Jerry! ISBN 978-3-945174-16-6
Et d'autres langues encore sur www.skapago.eu

Le mystère de Nils

Partie 1 – Cours de norvégien pour débutants (A1/A2)
Apprends le norvégien à partir d'une histoire

Écrit par
Werner Skalla

D´après une idée de
Sonja Anderle

Créé en coopération avec des professeurs & étudiants à Skapago

Jan Blomli
Sébastien Le Martelot
Clemens Pötsch
Alexandr Svezhenets
Dominik Timmermann

Borgar Emanuelsen Bohlin
Anna Myrer
Tyra Meininger Saudland
Daniela Syczek

Martin Löhndorf
Audun Heggdal Pedersen
Joachim Schönberger
Marit Ruud Talseth

Photos & illustrations par
Daniela Skalla

Les textes norvégiens sont révisés par
Richard Fjellaksel
Anders Kristiansen
Runar Werningsen Jenssen
Yngve Nordgård

Les textes français sont révisés par
Finn Wilhelm Mathiesen
Marie-Audrey Raux

publié par
Skapago Publishing
www.skapago.eu/nils/fr

Sommaire

Chapitre	Page	Grammaire	Vocabulaire
C'est parti	8		
1	13	verbes et pronoms, la construction de la phrase	«jeg forstår ikke»
2	17	genres, chiffres de 1-10	bonjour et au revoir, petit déjeuner
3	23	deux verbes dans une phrase, questions, den/det	merci
4	29	la construction de la phrase, l'article défini, le « det » indéfini, les mots interrogatifs	meubles, comment se présenter et faire une conversation informelle
5	41	chiffres, pronoms personnels – compléments d'objet, appartenir à quelqu'un	å like/å være glad i, la famille
6	47	verbes pronominaux, appartenir à quelqu'un (2ème partie), deux verbes dans une phrase, preteritum (le passé)	l'heure, les jours de la semaine
7	55	d'un à plusieurs, noe/noen, demander à quelqu'un de faire quelque chose	dans la cuisine, le quotidien
8	61	adjectifs, l'article défini (pluriel), construction de la phrase	Où se trouve ...?
9	67	å kjenne/å vite, man, adjectifs irréguliers	parler de soi-même, une journée chargée, couleurs
10	73	liten, mange/mye, verken/eller, possession	le corps, chez le médecin
11	85	hvilken, adjectifs – l'article définit, futur, slags	nourriture, quoi acheter et où, pays
12	97	denne/dette/disse, en mouvement ou immobile, le passé	donner des directions
13	105	l'heure, presens perfektum (passé composé)	être poli, manger dehors
14	113	comparaison, enn/som	travailler à la maison
15	119	*synes/tro*, adverbes, *kommer til å ...*	les médias
16	125	*annen*, *noen* et noms, dire la date (nombres ordinaux)	le temps, saisons, mois/les évènements importants
17	133	som	hva vet du om Norge?
18	139	les propositions subordonnées, kanskje, noe(n)	vêtements
19	145	les propositions principales et subordonnées, se débarrasser de *som*, hos/med/ved	téléphone et alphabet
20	151	langt/lenge, aucun article, se débarrasser de *at*	hobbies & loisirs, conversation informelle
21	159		bank, post, politi
22	167	s-verbes	hvem sier hva om seg selv?
23	173	burde, sin	transport
24	181		amour et sentiments
25	185		økonomi
26	191	så	mode de vie et régime
Liste de mots	197		
Corrigé des exercices	211		
Les verbes irréguliers	223		
La grammaire en un coup d'œil	224		
Prononciation	226		
Index	227		

Félicitations !

Tu as décidé d'apprendre le norvégien :

c'est une excellente idée !

Mais avant de commencer.
Les norvégiens sont plutôt informels et le vouvoiement n'est plus du tout pratiqué. Tout le monde se tutoie et je pense que c'est bien de prendre de bonnes habitudes tout de suite. On se dit tu, alors ? C'est parti !

Des outils à ta disposition

Les textes du livre en fichiers audio, des explications sur la prononciation, des exercices supplémentaires, un coach de vocabulaire, des tests de niveau et plus encore – en grande partie en libre accès, sont disponibles sur www.skapago.eu/nils/fr/outils.

Des personnes à tes côtés

Apprendre une nouvelle langue tout seul peut être un défi difficile. Je suis convaincu de l´importance capitale d´être accompagné par un professeur. Cette démarche pour te vendre nos propres cours peut te sembler un peu trop commerciale puisque Skapago est une école de langue en ligne, mais je suis le premier à admettre que d´autres écoles ont de très bons professeurs aussi, et je ne t´en voudrais pas si ton choix se portait sur l´un d´eux. La communication avec nos professeurs se fait par vidéoconférence sur Skype, ce qui te permet de rejoindre un cours particulier en direct depuis n´importe quelle destination dans le monde. Collaborateurs indispensables à l´édition de notre méthode, je t´invite à prendre rendez-vous avec un de nos professeurs pour un cours d´essai gratuit ici :   www.skapago.eu

Erreurres

Tu ne peux pas t´imaginer combien de fois nous avons lu et relu ce livre avant sa publication. Cependant, nous ne pouvons être certain qu´aucune faute ne soit passée inaperçue. Si pendant ta lecture, tu en débusques une, merci d´envoyer un mail à : nils@skapago.eu. Tu recevras un message personnel de la part de Nils pour te remercier !

La meilleure méthode de norvégien jamais publiée ?

Lorsque nous avons commencé ce travail, notre objectif était de créer la meilleure méthode de norvégien jamais publiée, mais bon, gardons les pieds sur terre. Dis-nous ce que tu en penses ! Y a-t-il des exercices que tu n´aimes pas, des explications que tu ne comprends pas, des textes ennuyeux, des images inadaptées ? N´hésites pas à envoyer des commentaires ou des idées d´amélioration, ou si tu as juste envie de dire bonjour à Nils, à : nils@skapago.eu

C'est parti !

C'est le moment de te présenter le premier texte norvégien. Il est bien plus difficile que ce que tu aurais pu t'imaginer, et le but n'est pas d'apprendre tous les mots dans le texte. Tout d'abord, je voudrais te montrer à quoi le norvégien ressemble aussi bien visuellement qu'à l'écoute. Écoute-le plusieurs fois tout en lisant le texte (retrouve les fichiers audios sur www.skapago.eu/nils/fr/outils). Puis, essayes de comprendre autant que tu peux sans regarder la version française.

Ensuite tu peux regarder la traduction. Le texte est le préambule de l'histoire que tu vas découvrir tout au long du livre.

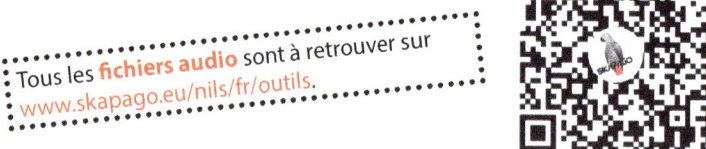

Tous les fichiers audio sont à retrouver sur www.skapago.eu/nils/fr/outils.

Ernas drøm

En mann kommer langs veien.
En turist? Nei.
Erna kjenner mannen. Han smiler.
Det er mannen fra stasjonen.
Hun smiler også.

Mannen går forbi.
Hun roper etter ham. Men han hører ikke.
Han forsvinner.

Adressen. Hun må skrive adressen!
Hvor er adressen?

Nå ser hun tre personer:
En gutt – han spiser sjokolade.
Ei dame – hun gir ei bok til en mann.
Erna tenker:
Nei, ikke spis sjokoladen!
Ikke gi ham boka!

Erna våkner. Hun ler.
Men hun tenker: Hva med adressen?

Le rêve d'Erna

Un homme est en train de descendre la rue.
Un touriste ? Non.
Erna connaît cet homme. Il sourit.
C'est l'homme de la gare.
Elle sourit aussi.

L'homme passe devant.
Elle l'appelle. Mais il ne l'entend pas.
Il disparait.

L'adresse. Elle doit écrire l'adresse !
Où est l'adresse ?

Maintenant elle voit trois personnes :
Un garçon – il mange du chocolat.
Une femme – elle donne un livre à un homme.
Erna pense :
Non, ne mange pas le chocolat !
Ne lui donne pas le livre !

Erna se réveille. Elle rit.
Mais elle pense : Et l'adresse ?

Qu´as-tu compris de ce texte ?

 Rien du tout

Ne t´inquiète pas.
Dans le chapitre 1, nous partons de zéro ! Nous n´avons jamais eu d´étudiant qui n´a pas réussi à apprendre le norvégien. Veille à ne pas t´en demander trop, et fais une pause à chaque fois que tu en as besoin.

 Un peu

Finalement, le norvégien n´est pas aussi compliqué que ça, n´est-ce pas ?

 Presque tout

Tu as probablement déjà appris une langue similaire, ou ta lange maternelle est l´allemand, le néerlandais, le suédois ou le danois. Super ! Apprendre le norvégien sera un jeu d´enfant pour toi.

Avant d´aller plus loin

Tu as peut-être noté certaines particularités en comparant le norvégien et la version française du texte :

Trois drôles de lettres : Æ, Ø, Å

Elles se trouvent à la fin de l´alphabet (ne vas donc pas chercher à la rubrique des A s´il te faut un numéro de téléphone à Ålesund). L´aperçu sur la prononciation à la fin du livre t´apprendra comment les prononcer.

Des mots similaires

Entre le français et le norvégien il y a un certain nombre de mots qui se ressemblent. Après tout, les vikings sont venus jusqu´en France au moyen âge, ce qui veut dire que des mots ont pu être échangés entre les deux langues.

La prononciation norvégienne

… peut te paraitre un peu étrange. Tu trouveras les indications relatives aux prononciations irrégulières dans les listes de mots, en commençant par le chapitre 1, avec une vue d´ensemble des prononciations à la fin du livre. Des vidéos sur la prononciation sont disponibles en ligne :
www.skapago.eu/nils/fr/outils

Prêt pour le chapitre 1 ?

Tu vas rencontrer
- **Erna**, une dame norvégienne de 84 ans
- **Lise** (48), sa fille
- **Susanne** (8), la fille de Lise, et aussi les autres membres de la famille de Lise
- Des nombreuses personnes originaires des différentes régions norvégiennes

... et, bien sûr, **Nils** !

Mais qui est Nils exactement ? Tu devras le découvrir par toi-même.

Profite de l´histoire, et apprends le norvégien avec plaisir !

Ressources
qui te seront utiles :

- fichiers audio
- vidéos sur la prononciation
- ... et bien davantage

actualisés et en accès libre

sur
www.skapago.eu/nils/fr/outils

1

Tu trouveras les fichiers audio ainsi que les vidéos sur la prononciation sur https://www.skapago.eu/nils/fr/outils

Lise: Erna, hva gjør du?
Erna: Jeg lager en gave til Susanne. Hun har bursdag.
Lise: Hva er det?
Erna: Det er en nisse.
Lise: Jeg forstår ikke. En nisse?
Erna: Ja. Susanne trenger en liten venn. Derfor lager jeg en nisse.

Erna sitter og arbeider. Nå er hun nesten ferdig.

hva [va]*	que, quoi
gjør [jør]	fais
du	tu
jeg [jæj]	je
lager	fabrique
en	un
en gave	un cadeau
til	pour, à
hun	elle
har	a
en bursdag	anniversaire
er [ær]	est
det [de]	ce, ça, ceci
nisse	lutin
forstår [får-]	comprends
ikke	ne pas
ja	oui
trenger	ai besoin
liten	petit, petite
en venn	un ami
derfor [dærfår]	pour cette raison, pourquoi
sitter	est assise
og [å]	et
arbeider	travaille
nå	maintenant
nesten	presque
ferdig [æ]	fini

Comment travailler ce texte

- Ecoute le fichier audio plusieurs fois tout en lisant le texte. Tu trouveras les fichiers audio en allant sur www.skapago.eu/nils/fr/outils.
- Essaye de comprendre les mots. Puis cherche-les sur la liste de vocabulaire.
- Essaye maintenant de comprendre des phrases entières. Si tu veux, tu peux les traduire dans ta propre langue.
- Lis le texte à haute voix plusieurs fois et assure-toi de bien prononcer chaque mot en suivant les fichiers audio.

Erna sitter og arbeider.

---

* Malheureusement, le norvégien comporte des mots avec une prononciation irrégulière. En regardant les mots entre crochets, tu pourras voir comment les mots auraient dû s´écrire si on avait suivi l´orthographe norvégienne de manière cohérente. C´est à dire : nous écrivons **hva**, mais nous disons **va** (le **h** n´est pas prononcé). Plus d´info et des vidéos sur la prononciation sur notre site web www.skapago.eu/nils/fr/outils et sur la page 226.

Verbes et pronoms

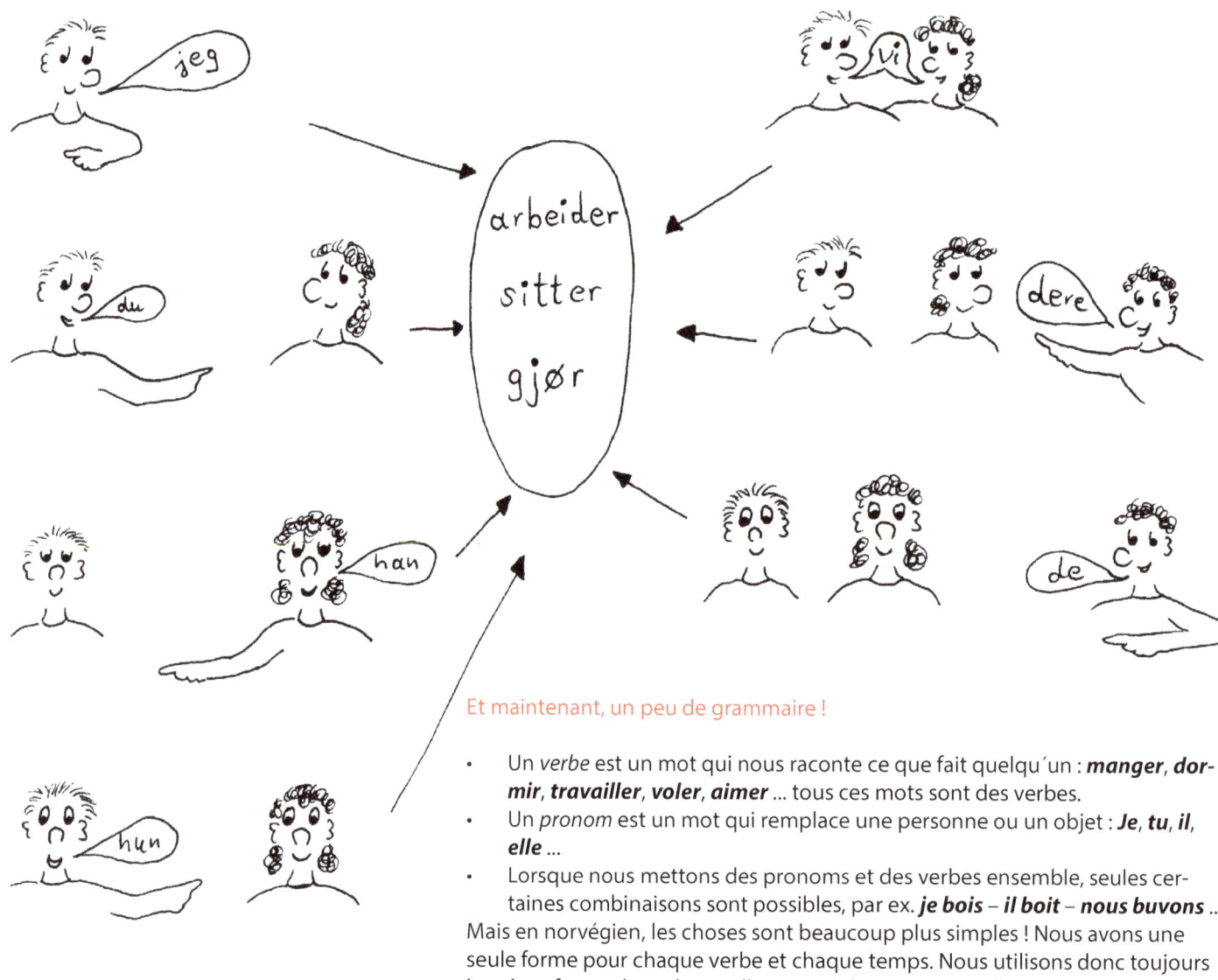

jeg	je
du	tu
han	il
hun	elle
vi	nous
dere	vous
de [di]	ils/elles

Et maintenant, un peu de grammaire !

- Un *verbe* est un mot qui nous raconte ce que fait quelqu'un : **manger**, **dormir**, **travailler**, **voler**, **aimer** … tous ces mots sont des verbes.
- Un *pronom* est un mot qui remplace une personne ou un objet : **Je**, **tu**, **il**, **elle** …
- Lorsque nous mettons des pronoms et des verbes ensemble, seules certaines combinaisons sont possibles, par ex. **je bois – il boit – nous buvons** … Mais en norvégien, les choses sont beaucoup plus simples ! Nous avons une seule forme pour chaque verbe et chaque temps. Nous utilisons donc toujours la même forme du verbe quelle que soit la personne exécutant une action.

Le plus souvent, cette forme finit par un **-r** au présent.

Quelques remarques relatives aux pronoms :
- Le vouvoiement n'est plus utilisé en Norvège. Tout le monde se dit **du** – l'emploi de **dere** signifie forcément plusieurs personnes.
- Il y a également un pronom pour les choses, mais on y reviendra dans le chapitre 3.

La construction de la phrase

Dans la phrase norvégienne, le verbe est toujours le *deuxième élément d´information* donné. C´est la règle la plus importante de la syntaxe norvégienne. Donc, s´il fallait en retenir qu´une, c´est celle-là !

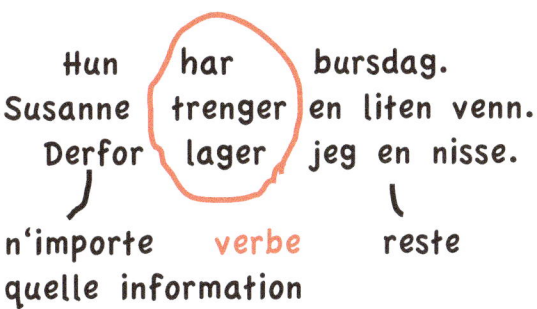

Jeg forstår ikke.

Jeg forstår ikke.	Je ne comprends pas.
Kan du gjenta det?	Peux-tu répéter ?
Jeg snakker bare litt norsk.	Je parle juste un peu le norvégien.
Hva betyr ... på engelsk?	Que veut ... dire en anglais ?

1 Complète.
Erna ____ en gave til Susanne. Susanne ___ bursdag. Det ___ en nisse. Lise forstår _____ . Erna sitter ____ arbeider. Hun er nesten _____ .

Il n´y a pas beaucoup de place ici.
C´est parce-que je voudrais que tu rédiges les exercices sur une feuille libre au lieu de les faire dans le livre. De cette manière tu peux les refaire en cas d´erreurs ou les répéter (oui, oui, c´est ce que tu devras faire). Tu trouveras les corrections à la page 211.
Pour plus d´exercices rends-toi sur www.skapago.eu/nils/fr/outils.

2 Construis des phrases. Utilise tous les mots.
a) Lise   ikke   forstår
b) Erna   nesten   ferdig   er
c) venn   trenger   Susanne   en   liten
d) lager   Erna   bursdag   Susanne har   gave   en   og

3 Modifie les phrases suivantes : commence par « Nå … »
Ceci va modifier l´ordre des mots.

Exemple: Erna er nesten ferdig. → Nå …
Nå er Erna nesten ferdig.

a) Hun lager en gave til Susanne. → Nå …
b) Susanne har bursdag. → Nå …
c) Susanne trenger en liten venn. → Nå …
d) Erna arbeider. → Nå …
e) Erna er nesten ferdig. → Nå …

2

Susanne våkner. Er det onsdag i dag? Nei, det er torsdag allerede! Og hva betyr det?

Selvfølgelig! Hun har bursdag. Nå er hun åtte år gammel. Lise kommer.

Lise: God morgen, Susanne. Gratulerer med dagen!
Susanne: God morgen. Tusen takk!
Lise: Vi spiser frokost nå. Skolen begynner snart.

Susanne står opp. Hun spiser frokost: et egg, et rundstykke og ei brødskive med ost. Hun drikker en kopp varm sjokolade.

«Gratulerer med dagen!»

Comment apprendre des nouveaux mots

- ne jamais dépasser 5-7 nouveaux mots par jour
- écris les mots sur des cartes : Le mot français d'un côté, le mot norvégien de l'autre
- répète-les tous les jours
- regarde le mot français et essaie de te rappeler ce qu'il signifie en norvégien
- mets les mots difficiles de côté, répète-les plus souvent
- ou utilise notre coach de vocabulaire sur www.skapago.eu/nils/fr/outils

å* våkne	se réveiller
onsdag	mercredi
i dag	aujourd'hui
nei	non
torsdag [å]**	jeudi
allerede	déjà
å bety	signifier
selvfølgelig [sellfølgelli]	bien sûr
åtte	huit
et år	un an
åtte år	huit ans
gammel	âgé/âgée
å komme [å]	venir
god [go]	bon/bonne
en morgen [mårn]	un matin
god morgen	bonjour
gratulerer med dagen	bon anniversaire
tusen	mille
takk	merci
tusen takk	merci beaucoup
vi	nous
å spise	manger
(en) frokost [-kåst]	petit-déjeuner
skolen	l'école
å begynne [bejy-]	commencer
snart	bientôt
å stå opp	se lever
et egg	un œuf
et rundstykke [runns-]	un petit-pain
ei brødskive [brø-]	une tranche de pain
med [me]	avec
(en) ost	fromage
å drikke	boire
en kopp [å]	une tasse
varm	chaud
(en) sjokolade	chocolat
en kopp sjokolade	une tasse de chocolat

* L' **å** fonctionne ici comme l'introduction du verbe à l'infinitif. En français il correspond à **à** dans **à faire**. Tu en découvriras davantage au chapitre 6.
** Parfois la prononciation irrégulière ne concerne qu'une seule lettre. Dans l'exemple ci-présent nous prononçons [tårsdag].

Les genres

en  kopp → masculin

ei  brødskive → féminin

et  rundstykke → neutre

Comme tu peux le constater, les tasses norvégiennes sont masculines, les tranches de pain féminines et les petits pains sont neutres. Cela te semble bizarre ? En effet, c´est bizarre. Mais c´est tout simplement la façon dont cette langue fonctionne. En norvégien nous avons donc trois façons de dire *un/une* et non deux comme en français :
      en (pour les personnes/noms communs masculins)
      ei (pour les personnes/noms communs féminins)
      et (pour les personnes/noms communs neutres)
En outre : tu ne peux pas dire **et kopp** – c´est tout simplement faux. On doit dire **en kopp**, parce-que *tasse* est un mot masculin.

Mais comment peux-tu savoir que *tasse* est un mot masculin et non pas féminin ou neutre ? Malheureusement – tu ne peux pas. Tu dois apprendre le genre de tous les mots par cœur. Désolé ! Nous retrouvons d´ailleurs ce concept dans bien d´autres langues tel que le français, l´allemand, l´espagnol ou le russe.

Pour rajouter un peu à la confusion des mots, il y a encore autre chose : En norvégien les mots féminins (et uniquement les mots féminins !) peuvent aussi être masculins. Donc – tu peux dire **en brødskive** au lieu de **ei brødskive**, mais tu ne peux pas dire **ei kopp** au lieu de **en kopp**. Pourquoi est-il ainsi ? Si tu veux mon conseil, il vaut mieux ne pas demander. Mais si tu as vraiment, vraiment envie de savoir, tu trouveras la réponse en te plongeant dans les livres d´histoire de la langue norvégienne.

Les chiffres de 1–10

0	null
1	en
2	to
3	tre
4	fire
5	fem
6	seks
7	sju (tu peux aussi dire : syv)
8	åtte
9	ni
10	ti

Comment répéter les chiffres

Essaye de compter autant (et aussi vite) que tu peux ! À chaque fois que tu bloques, regarde la liste et recommence à partir de 0.

Bonjour et au revoir

god morgen	bonjour
god kveld [kvell]	bonsoir
hei	salut (*en arrivant*)
god natt	bonne nuit
ha det [ha de]	salut (*en partant*)
ha det bra	au revoir

et rundstykke	un petit-pain
et brød [-ø]	un pain
(en) ost	fromage
et eple	une pomme
(et) smør	beurre
en salami	un salami
(en) honning [å]	miel
et egg	un œuf
(en) kaffe	café
(en) te	thé
(ei) frokostblanding	céréales
(ei) melk	lait
(en) juice [jus]	jus de fruits
(et) syltetøy	confiture

Une fois que tu as étudié ces mots, cache les et nomme les éléments sur la photo jusqu'à ce que tu te souviens de tout !

1 Complète avec le bon article (*en*, *ei* ou *et*).
a) ___ gave
b) ___ egg
c) ___ brødskive
d) ___ rundstykke
e) ___ kopp

2 Réponds aux questions.
a) Er det onsdag i dag?
b) Er Susanne ni år gammel?
c) Hva spiser Susanne?

3 Hva spiser du til frokost?

4 Relie les chiffres.

0   en
1   fire
2   åtte
3   tre
4   ni
5   fem
6   sju
7   to
8   null
9   seks

5 Emploi les pronoms personnels.
Un exemple (et eksempel): Erna og Susanne snakker. → De snakker.

Du og jeg arbeider. →
Martin har bursdag. →
Du, Erna og Susanne våkner. →
Lise sitter. →
Erna, Susanne og Martin spiser. →
Du og Lise kommer ikke. →
Susanne og jeg står opp. →

Erna:	Gratulerer med dagen, Susanne! Du må få en klem.
Susanne:	Takk. Får jeg en gave også?
Erna:	Ja, selvfølgelig. Her er den.
Susanne:	Hva er det?
Erna:	Vil du ikke åpne den først?
Susanne:	Er det en smarttelefon?
Erna:	Jeg forstår ikke. Hva er en «smarttelefon»?
Susanne:	Det er en telefon. Du kan ikke bare ringe, men også sende e-post, gå på Internett og ta bilder.
Erna:	Te-post? Hva betyr te-post?
Susanne:	E-post, bestemor. Elektronisk post.
Erna:	Men det koster mye, ikke sant?

«Det er en nisse, Susanne.»

å måtte, *présent* : **må**	devoir
å få	avoir, recevoir, obtenir
en klem	un câlin
også [åså]	aussi
her [æ]	ici, voici, voilà
den	le, la *(uniquement pour les noms féminins et masculins, voir l´explication de grammaire)*
å ville, *présent* : **vil**	vouloir
å åpne	ouvrir
først	d´abord
en telefon	un téléphone
en smarttelefon	un smartphone
å kunne, *présent*: **kan**	pouvoir
bare	uniquement, seulement
å ringe	appeler
men	mais
å sende [senne]	envoyer
(en) e-post [å]	e-mail, courriel
å gå	marcher, aller
på	à, sur
på Internett	sur Internet
å gå på Internett	aller sur Internet
å ta	prendre
et bilde	une photo
bilder	des photos
ei bestemor	une grand-mère
elektronisk	électronique
å koste [å]	coûter
mye	beaucoup
sant	vrai
... ikke sant?	... n´est-ce pas ?

Susanne svarer ikke. Hun vil ikke vente.

Erna: Det er en nisse, Susanne. Han heter Nils.
Susanne: Aha.
Erna: Er du ikke glad?
Susanne: Jo.

Men det er ikke sant. Erna føler det. Hun er litt trist. Susanne er ikke glad. Det kan hun se. Men hvorfor ikke? Er en telefon så mye bedre?

å svare	répondre
å vente	attendre
å hete	s´appeler
Han heter Nils.	Il s´appelle Nils.
aha	ah, ah
glad [gla]	content, heureux
jo	si
å føle	sentir
litt	un peu
trist	triste
å se	voir, regarder
hvorfor [vorfår]	pourquoi
så	si, tellement, tant, aussi
bedre	mieux, meilleur

Deux verbes dans une phrase

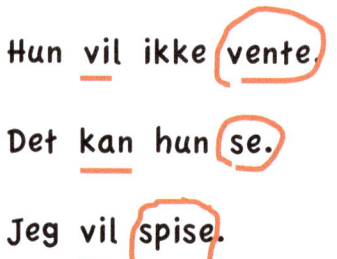

Nous avons déjà parlé des verbes dans le premier chapitre. Lorsqu´il y a deux verbes dans une phrase, le deuxième verbe sera employé à l´infinitif, soit la forme initiale du verbe, celle que nous retrouvons dans le dictionnaire, sans aucune terminaison particulière.

Si le français est ta langue maternelle, tu ne seras pas dépaysé, c´est la même chose !

Questions

Nous avons deux sortes de questions. Commençons par celles auxquelles on peut répondre par **oui** ou par **non**.
Ces questions commencent par le verbe.

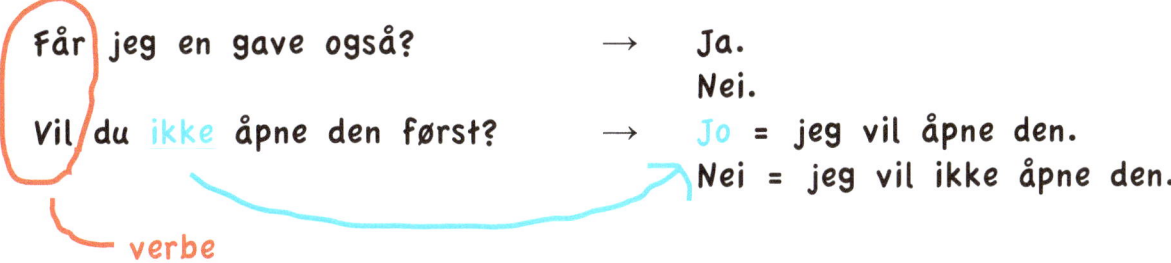

ja - jo - nei
Lorsque tu réponds à une question qui inclut le mot **ikke** (*ne ... pas*), tu ne peux pas répondre par **oui** – tu dois utiliser le mot **jo** (*si*), comme en français, ou **nei** dans le cas d´une réponse négative.

Les questions avec les mots interrogatifs commencent par le mot interrogatif (logique, non ?).

den/det

Lorsqu'on parle d'une personne, nous employons **han** pour le masculin et **hun** pour le féminin. Nous pouvons évidemment parler des objets aussi, mais on va retenir que les choses ont un genre tout aussi bien que les personnes ! Nous avons donc plusieurs mots qui correspondent à *il* et à *elle* en français.

- Nous utilisons **den** pour les choses masculines / féminines.
    Susanne vil ha en telefon. Den koster mye.

- Nous utilisons **det** pour les choses neutres.
    Susanne vil ha et rundstykke. Det koster ikke mye.

Parfois nous ne savons pas à quel mot nous faisons référence. En conséquence, nous ne connaissons pas le genre du mot non plus. Lorsque nous ne savons pas qui est à l'origine d'une action, nous utilisons **det** : Par exemple *il pleut* – à quoi ou à qui fait-on référence ici ? Nous n'en avons aucune idée ... Ça se traduit **det regner** en norvégien.

Merci !

A l'inverse du français, il n'existe pas, en norvégien, un seul mot pour dire **s'il vous plait**. Par contre, il y a des multitudes de façons pour dire **merci**. En plus de de celles dans la boîte de dialogue, tu peux retenir :

Takk for maten! = Merci pour le repas !

(Il est de bon ton d'ainsi remercier ses hôtes après un repas chez une famille norvégienne.)

Takk for sist! = Merci pour la dernière fois !

(C'est une expression employée lorsque tu revois quelqu'un que tu n'as pas vu depuis un certain temps. « Un certain temps » peut en fait signifier une semaine, un mois ou un an ...)

Gratulerer med dagen! — Bon anniversaire!
Takk! — Merci!
Tusen takk!
Mange takk!
Takk skal du ha! — Merci beaucoup!

1 Réponds aux questions.
a) Hva får Susanne?
b) Hvorfor er Erna trist?
c) Hvorfor er Susanne ikke glad?

2 Réponds aux questions par *ja* ou *jo*.
a) Er Erna trist?
b) Får Susanne en gave?
c) Spiser hun ikke frokost?
d) Koster en smarttelefon mye?

3 Complète par *det* ou *den*.
a) Koster en smarttelefon mye? – Ja, ____ koster mye.
b) Har du et rundstykke? – Ja, her er ____ .
c) Spiser Susanne ei brødskive? – Ja, hun spiser ____ .
d) ____ er torsdag i dag.
e) Hva er ____ ? – ____ er et egg.

4 Utilise le temps approprié des verbes (infinitif ou présent).
a) vente: Susanne vil ikke ____ .
b) vente: Susanne ____ ikke.
c) ha: Susanne vil ikke ____ en nisse.
d) spise: Hun ____ et rundstykke med ost.
e) gratulere: Erna ____ .
f) åpne: Susanne ____ en gave.
g) forstå: Erna ____ ikke.
h) spise: Kan jeg ____ et rundstykke?
i) stå: Jeg vil ikke ____ opp.
j) svare: Susanne ____ ikke.
k) koste: En telefon ____ mye.

5 Relie les mots de la colonne de gauche avec ceux de la colonne de droite pour former des phrases cohérentes.

Susanne åpner	ikke sant.
Jeg forstår	ei brødskive.
Hun spiser	år gammel.
Det er	en gave.
En telefon	bare litt norsk.
Susanne er åtte	koster mye.
Kan du	ikke.
Gratulerer	med dagen.
Erna drikker	en kopp kaffe.
Jeg snakker	gjenta?

4

Susanne ser på Nils. Hun er skuffet. Hva skal hun gjøre med en nisse? Hun vil så gjerne ha en smarttelefon.

Hun ser ut av vinduet. Hva skal hun gjøre nå? Leke med nissen?

Hun tar Nils i hånda.

«Hei» sier hun.

Nils svarer ikke.

«Jeg heter Susanne. Jeg kommer fra Norge. Hva heter du?»

Nils svarer ikke.

«Hvor kommer du fra? Kommer du fra skogen?»

Nils sier ingenting.

«Hvor gammel er du?»

Nils svarer ikke.

«Du er kjedelig.»

Nå vil hun ikke leke med Nils lenger.

Hvor skal hun sette nissen? Ikke på senga, i hvert fall. På bordet og på kommoden er det ikke plass. Men kanskje i et skap eller på en stol? Ja, Nils kan sitte på en stol. Eller ved vinduet? Nei, han kan sitte ved siden av døra.

Han kan sitte ved siden av døra.

skuffet	déçu(e)
å skulle, *présent*: **skal**	devoir
å gjøre [jø-]	faire
gjerne [jær-]	volontiers, avec plaisir, tellement
å ha	avoir
hun vil gjerne ha	elle voudrait tellement avoir
ut	dehors
av [a]	par, à travers
et vindu	une fenêtre
å leke	jouer
ei hånd [hånn]	une main
hei	salut
å si, *présent*: **sier**	dire
Hva heter du?	Comment t´appelles-tu ?
fra	de
Norge [å]	Norvège
hvor [vor]	où
hvor kommer du fra?	d´où viens-tu ?
en skog	une forêt
ingenting	rien
hvor gammel	quel âge
kjedelig [-li]	ennuyant
ikke ... lenger	ne...plus
å sette	mettre, poser
ei seng	un lit
hvert [vært]	chaque, chacun
i	dans
i hvert fall	en tout cas
et bord [bor]	une table
en kommode	une commode
(en) plass	de la place
kanskje	peut-être
et skap	une armoire
eller	ou
en stol	une chaise
ved [ve]	près de
ved siden av	à côté de
ei dør	une porte

La construction de la phrase

Le norvégien est une langue facile au niveau des terminaisons (tu ne me crois pas ? Fais un tour à la librairie du coin et ouvre n´importe quel livre de grammaire russe, allemande ou française). Cependant, la façon dont la phrase est construite est très importante en norvégien. C´est la raison pour laquelle nous allons y revenir encore, puis encore et encore. Essaie d´imaginer la phrase norvégienne comme un *train*. Dans chaque wagon, seulement certains éléments d´information ont pris leurs places. Le premier wagon est plus ou moins ouvert à tout le monde. En revanche, le deuxième wagon est toujours réservé au *verbe*.

Souvent dans une phrase, il y a de multiples éléments, mais chaque phrase n´a pas nécessairement besoin de tous les éléments. Certaines phrases ne comportent que le sujet (la personne ou l´objet qui fait quelque chose) et le verbe (l´action qui est exécutée). C´est le strict minimum de toute phrase norvégienne. Elle peut fonctionner sans les autres éléments – dans ce cas de figure, les autres wagons restent vides.

Le sujet constitue bien souvent le premier élément dans la phrase, mais ce n´est pas toujours le cas. S´il n´est pas à la première place, il doit être à la troisième place (après le verbe) parce-que le verbe doit se trouver dans le deuxième wagon. Ceci n´a probablement pas beaucoup de sens si le français est ta langue maternelle.

Changeons d´angle : si dans une phrase il n´y a que le sujet et le verbe, le sujet doit se trouver à la première place. Pourquoi ? Car si non, le verbe serait à la première place, alors qu´il DOIT se trouver à la deuxième place.

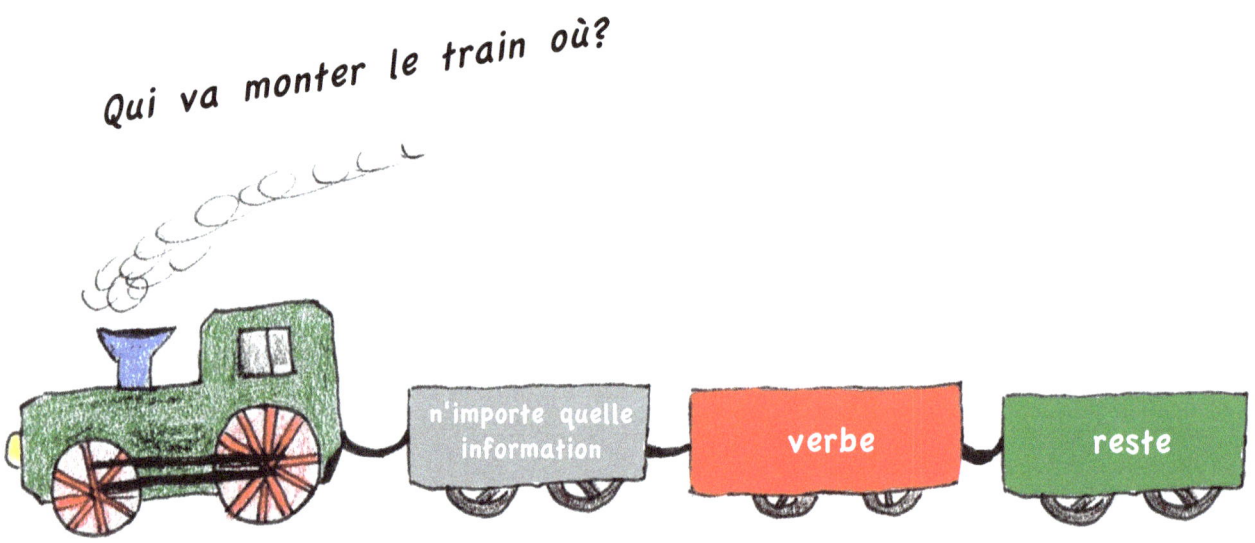

Pour l´instant nous allons laisser de côté les wagons qui se placent après le verbe. C´est pourquoi je n´ai mis qu´un seul wagon après le verbe. Les autres wagons ont aussi toute leur importance, mais je ne veux pas t´embrouiller dès maintenant.

Autre chose : il est possible que le premier élément d´information soit extrêmement long. Par exemple :
    På bordet og på kommoden er det ikke plass.
    På bordet og på kommoden
    → premier wagon (de l´information supplémentaire relatif à un endroit qui répond à la question « où ? »)
    er → verbe, dans le deuxième wagon
    det → sujet

Relier les phrases

Avec **og**, nous pouvons relier les phrases. Lorsque nous avons le même sujet, nous ne sommes pas obligés de le répéter.
    Erna sitter. Erna arbeider.
    → Erna sitter og (Erna) arbeider.

Pour résumer : si tu trouves ceci bieeen trop difficile, voici tout ce que tu dois retenir pour l´instant :
Le verbe est le 2ème élément d´information dans la phrase.

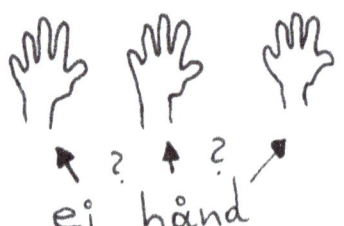 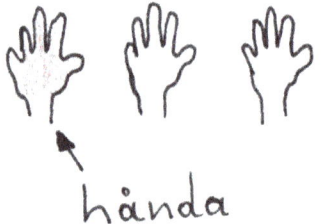

L´article défini

En norvégien nous n´avons pas vraiment de mot pour exprimer **le(s)** et **la**. À la place, nous mettons le déterminant à la fin du mot à qui il appartient comme tu peux voir ci-dessous :
>   une fenêtre → et vindu
>   la fenêtre → vinduet

Si tu viens d´un pays dans lequel il n´y a pas de différence entre **une fenêtre** et **la fenêtre** (comme la Russie, la Pologne etc.), ceci peut te paraître un peu compliqué. L´essentiel de cette différence est illustré dans l´image ci-dessus : si nous parlons de n´importe quel fenêtre, nous disons **et vindu** (*une fenêtre*). Si nous parlons d´une fenêtre en particulier (par exemple la seule fenêtre dans une pièce, ou une fenêtre dont nous venons de parler), nous disons **vinduet** (*la fenêtre*).

Étape suivante : rappelons-nous l´utilisation des genres en norvégien (voir chapitre 2). C´est à dire que non seulement nous avons trois façons d´exprimer **un/une**, mais aussi trois manières de dire **le/la**. Souvenons-nous que le mot se conjugue avec le genre, donc :
- les noms neutres se terminent par **-et**
- les noms masculins se terminent par **-en**
- les noms féminins se terminent par **-a**

Pour te faciliter la chose, tu peux considérer les noms féminins comme des noms masculins et leur donner une terminaison en -**en** (mais jamais le contraire).

Attention ! Les noms neutres se terminent par -**et**, mais le -**t** ne se prononce pas. Il ne se prononce pas non plus à la fin du mot **det**. À part ça, le -**t** en norvégien se prononce partout !

Le « det » indéfini

Cette rubrique est assez avancée. Si tu considères que tu as fait assez de grammaire pour l'instant, tu peux faire l'impasse. Reprenons notre phrase de toute à l'heure :

På bordet og på kommoden er det ikke plass.
Sur la table et sur la commode il n'y a pas de place.

Je disais que le sujet était le petit mot **det** dans cette phrase. Lorsque nous ne savons pas qui fait quelque chose dans une phrase, nous employons tout simplement **det**. Tu te souviens de **det regner** ? Qui ou quoi pleut exactement ? *Il pleut*. Puisque nous ne connaissons pas l'identité de « il », nous utilisons **det**.

Nous allons appliquer la même règle pour la phrase **På bordet og på kommoden er det ikke plass**.
På bordet og på kommoden n'est pas le sujet puisque c'est relatif à l'endroit où l'action se déroule sans mention de qui l'exécute. Qui fait quelque chose ici ? Comme nous ne le savons pas, nous mettons **det**. Que fait **det** ici ? Il ne fait qu'exister, donc **er**.

Mais tout ceci te paraît peut-être un peu trop philosophique, non ? Bon, je t'avais dit que ce serait compliqué. Mais ne t'inquiète pas, encore quelques exemples et ce sera comme une seconde nature pour toi.

Meubles

Apprends les nouveaux mots et retrouve les images correspondantes :

en TV [teve]	une télé
et skrivebord [-r]	un bureau
ei lampe	une lampe
ei bokhylle	une bibliothèque, étagère à livres
en komfyr	une cuisinière
en ovn [å]	un four
en vask	un évier, un lavabo
en kaffemaskin	une cafetière
et kjøleskap	un réfrigérateur
ei dør	une porte
en datamaskin	un ordinateur

Comment se présenter et faire une conversation informelle

En Norvège, les gens sont plutôt informels et tu peux dire « hei » à quasiment tout le monde sauf au roi : « God dag, Deres Majestet. » :-)

Hei! — Salut !
Jeg heter ... — Je m´appelle ...
Hva heter du? — Comment t´appelles-tu ?
Hva gjør du? — Que fais-tu ? / Qu´est-ce que tu fais ?
(cette question peut concerner ce que tu es actuellement en train de faire, ou le métier que tu exerces, selon la situation)
Jeg er elektriker. — Je suis éléctricien(ne).

Hyggelig å hilse på deg. [-li] — Enchanté de faire votre/ta connaissance.
(la première fois que tu rencontres quelqu´un)

Hyggelig å treffe/møte deg. — Ça me fait plaisir de vous/te voir.
(aux personnes que tu as déjà rencontré)

Jeg kommer fra ... — Je viens de ...
Hvordan går det? — Comment vas-tu ?
Takk, det går bra. — Je vais bien, merci.
Takk, ikke så verst. [æ] — Comme ci comme ça.
(pas trop mal, mais pas très bien non plus)

Det går dårlig. — Ça ne va pas.
Hva med deg? [dæj] — Et toi ?

God helg! — Bon week-end !
I like måte! [lige måde] — À toi aussi !
(mais cette expression ne se limite pas qu´aux week-ends, tu peux très bien t´en servir lorsque quelqu´un te souhaite quelque chose, une bonne journée par exemple.)

Hvor kommer du fra? — D´où viens-tu ?
Hvor bor du? — Où habites-tu ?
Hvor gammel er du? — Quel âge as-tu ?
(Ok, on va faire un peu attention avant de la poser celle-là ...)

Les mots interrogatifs

Hvor?	Où ?
Hva?	Quoi ?
Hvem?	Qui ?
Hvorfor?	Pourquoi ?
Når?	Quand?
Hvor gammel ...?	Quel âge ...?
Hvordan?	Comment?

Pour poser des questions on peut combiner **hvor** avec des adjectifs, par exemple:
- **hvor mye** (« *où beaucoup* ») = *combien*
- **hvor ofte** (« *où souvent* ») = *combien de fois*
- **hvor gammel er du** (« *où vieux es tu* ») = *quel âge as-tu*

1 Tu n´as pas compris les mots marqués « XXX ». Écris la question correspondante.

Eksempel: Jeg heter XXX. → Hva heter du?

a) Jeg kommer fra XXX.
b) Hun heter XXX.
c) Hun vil spise XXX.
d) Nils sier XXX.
e) Jeg sitter ved XXX.
f) Jeg er XXX år gammel.
g) Vi kommer fra XXX.
h) De heter XXX.

2 Transforme les mots en employant l´article défini.

Eksempel: en nisse → nissen

a) et skap
b) en telefon
c) ei brødskive
d) en kommode
e) ei dør
f) en gave
g) en venn
h) et egg
i) et bord
j) en kopp
k) en stol
l) et rundstykke
m) ei hånd
n) ei seng
o) et vindu

3 L´article défini ou indéfini ? Fais le bon choix !

Nils er en nisse/nissen. Susanne er ikke glad i en nisse/nissen. Hun vil gjerne ha en telefon/telefonen. Men en telefon/telefonen koster mye.
Susanne ser ut av et vindu/vinduet. Hun tar Nils i ei hånd/hånda.
Susanne har ei seng/senga. Kan Nils sitte på ei seng/senga? Nei. Han kan sitte ved siden av ei dør/døra.

**4 Réécris les phrases en commençant par le mot indiqué.
Fais attention à l´ordre des mots !**
a) Jeg vil ikke sitte ved bordet. → Ved bordet …
b) På bordet er det ikke plass. → Det …
c) Jeg vil ikke spise et egg. → Et egg …
d) Ved vinduet sitter Erna. → Erna …
e) Hun vil ikke leke med Nils nå. → Nå …
f) Hun har bursdag i dag. → I dag …

5 Trouve une réponse qui convient.

Hva heter du?	Takk, ikke så verst. Hva med deg?
Hvor gammel er du?	Jeg er elektriker.
Hvor bor du?	Ha det bra!
Hvordan går det?	I Bergen.
Hva gjør du?	Jeg heter Truls.
Jeg må gå.	Jeg er fra Oslo.
Hvor kommer du fra?	Hyggelig å hilse på deg! Jeg er Nils.
God helg!	Jeg er 36 år.
Hei, jeg heter Irene.	I like måte!

5

Dagen etter bursdagen er Susanne i stua med familien: Mora heter Lise og er 48 år gammel. Faren heter Lars og er 52 år gammel. Broren til Susanne heter Per og er 16 år gammel. Og selvfølgelig Susanne – hun er åtte år gammel. Erna er ikke der. Hun bor ikke sammen med dem.

«Susanne, hvor er Nils?», spør Lise.

«Jeg vet ikke.»

«Vil du ikke lete etter ham?»

«Nei, egentlig ikke. Jeg er ikke glad i ham.»

«Det er synd. Jeg liker Nils.»

«Du kan gjerne ha Nils. Jeg vil heller ha en smarttelefon.»

«Susanne, du må ikke være frekk. En smarttelefon er veldig dyr. Erna har ikke penger til den. Det er hyggelig av henne å gi deg en nisse. Men han kan være på kjøkkenet sammen med meg. Jeg liker Nils.»

Susanne går og henter Nils. Hun gir ham til mora.

«Bra. Nå vil jeg se på TV med dere. Per, vil du se på TV med oss?»

«Vil du ikke lete etter ham?»

etter	après
ei stue	un salon
en familie	une famille
ei mor	une mère
en far	un père
en bror	un frère
der [æ]	là
å bo	habiter
sammen	avec
dem	eux
å spørre, *présent*: spør	demander, demande
å vite, *présent*: vet	savoir, sais
å lete etter	chercher
ham	le, lui
egentlig [-li]	en fait, en réalité
synd [synn]	dommage
det er synd	c´est dommage
å like	apprécier, aimer
heller	plutôt
å være, *présent*: er [ær]	être
frekk	insolent(e), impertinent(e)
veldig [-di]	très
dyr	cher
penger	de l'argent
hyggelig [-li]	agréable, sympathique
henne	la, lui
å gi [ji]	donner
deg [dæj]	te, toi
et kjøkken	une cuisine
meg [mæj]	moi
å hente	récupérer, aller chercher
bra	bien
(en) TV	une télé
å se på TV	regarder la télé
dere	vous
oss [å]	nous

Chiffres

		formes alternatives	notes / prononciation
0	null		
1	en/ei/ett		en = masculin, ei = féminin, ett = neutre
2	to		
3	tre		
4	fire		
5	fem		
6	seks		
7	sju	syv	
8	åtte		
9	ni		
10	ti		
11	elleve		[ellve]
12	tolv		[tåll]
13	tretten		
14	fjorten		
15	femten		
16	seksten		[sæjsten]
17	sytten		[søtten]
18	atten		On retient : **atten** = 18, **åtti** = 80
19	nitten		
20	tjue	tyve	
21	tjueen	enogtyve	
22	tjueto	toogtyve	
30	tretti	tredve	
31	trettien	enogtredve	
40	førti	førr	
50	femti		
60	seksti		
70	sytti		[søtti]
80	åtti		
90	nitti		
100	(ett) hundre		
101	(ett) hundreogen		**og** vient après **hundre** ...
143	(ett) hundreogførtitre		
200	tohundre		
1000	(ett) tusen		
1015	(ett) tusenogfemten		... même quand il n´y a pas de **hundre**
5130	femtusenetthundreogtretti		Ici on ne peut pas se contenter de dire **hundre** pour exprimer la centaine. Lorsqu´il s´agit de chiffres supérieurs à 1000, il faut dire **ett hundre**.
1 000 000	en million		

Certaines chiffres peuvent prendre plusieurs formes :
7, 20, 30, 40.
Appelées « formes anciennes » par beaucoup de méthodes, ces formes sont pourtant utilisées par beaucoup de jeunes norvégiens et je préfère pour ma part le terme « formes alternatives ». Tu peux utiliser la forme que tu préfères – les deux sont correctes et tu vas entendre aussi bien l´une que l´autre.

Lorsque tu comptes au-delà de vingt, tu as deux possibilités :
- compter comme en français en utilisant la forme « normale » : **tjueen** (*vingt-et-un*)
- compter comme en allemand en utilisant la forme « alternative » **enogtyve** (*un-et-vingt*)

Pronoms personnels – compléments d´objet

Dans le chapitre 4, je t´ai parlé de la construction de la phrase et des sujets. J´ai dit que les sujets sont les personnes (ou les objets) qui font une action. Dans chaque phrase il doit y avoir un sujet.
Une phrase peut également inclure un (ou plusieurs) complément(s) d´objet. Un complément d´objet est une personne (ou objet) qui ne fait rien en particulier, mais qui est en quelque sorte la « victime » de l´action faite par le sujet. Ceci te laisse peut-être perplexe, mais réfléchis à quel point ça peut nous aider à éviter un malentendu : *Je t´aime* n´est certainement pas toujours la même chose que *tu m´aimes*.

Imagine la phrase suivante :
　　　　Susanne henter Nils.
De toute évidence, Susanne fait quelque chose (elle récupère Nils), tandis que Nils reste passif (il se fait récupérer) – donc Susanne est le sujet et Nils est le complément d´objet.
Nous pouvons utiliser des pronoms (voir chapitre 1) comme sujet et comme objet. Mais la forme du pronom change souvent lorsque le pronom remplit la fonction de complément d´objet. Regarde :

SUJET	OBJET
jeg	meg
du	deg
han	ham (han)
hun	henne
den	den
det	det
vi	oss
dere	dere
de	dem
	seg

- Reste vigilant à la différence entre **seg** et **ham/henne/dem** :
  ham/henne/dem = une autre personne
  seg = lui-/elle-même/eux-mêmes
- Tu as le droit de remplacer **ham** par **han**.
- La deuxième personne prend plusieurs formes comme en français, mais on retient que **dere** (*vous*) signifie la présence de plusieurs personnes :

Où es-tu, Tom ?	Hvor er du, Tom?
Je voudrais te parler, Tom.	Jeg vil snakke med deg, Tom.
Où-êtes vous, Tom et Betty ?	Hvor er dere, Tom og Betty?
Je voudrais vous parler, Tom et Betty.	Jeg vil snakke med dere, Tom og Betty.

Appartenir à quelqu´un

broren til Susanne

Le mot **til** s'emploie de manière à montrer clairement qu´il s´agit du frère de Susanne. De toute évidence, son frère n´est pas la propriété de sa sœur à proprement parler, mais tu m´as compris. N´oublie pas que le mot qui précède **til** doit prendre l´article défini. Tu ne peux pas dire ~~**bror til Susanne**~~.

Tu peux utiliser cette forme pour les personnes et pour les objets (par ex. **bordet til Susanne** fonctionne aussi).

å like – å være glad i

Ces deux expressions signifient quasiment la même chose :
   Jeg liker Nils. = Jeg er glad i Nils.
D´ailleurs, tu peux également les combiner à un autre verbe :
   Jeg liker å bo i Oslo.
   Jeg er glad i å bo i Oslo.

Familie (La famille)

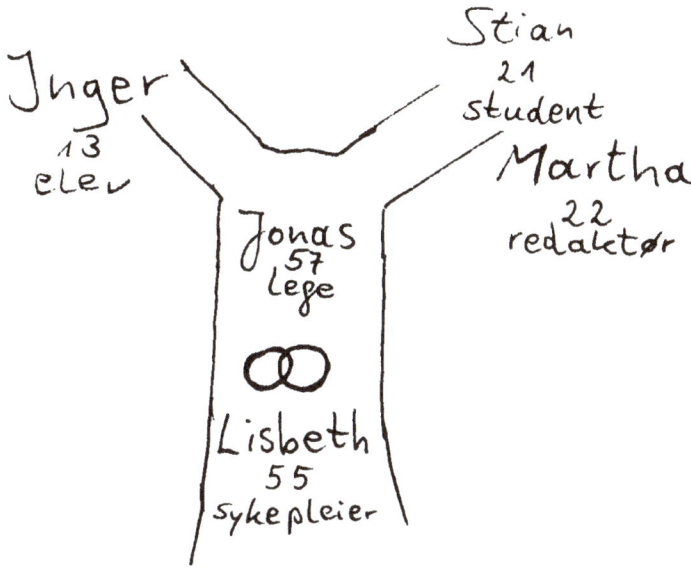

Jeg heter Stian og kommer fra Trondheim.
   Nå bor jeg i Oslo, men min familie bor i Trondheim. Min familie, det er Jonas, min far, Lisbeth, min mor, og Inger, min søster.
   Min far er lege, og min mor er sykepleier. Jeg studerer økonomi. Min kjæreste, Martha, arbeider som redaktør. Vi vil gifte oss snart. Mine besteforeldre arbeider ikke – de er pensjonister.

Quelques remarques sur le vocabulaire de la famille : Pour désigner les personnes, nous employons **min** (*mon/ma*) pour une personne et **mine** pour deux ou plusieurs personnes : **min far** mais **mine besteforeldre**. Nous en parlerons davantage au chapitre 10. Le norvégien a une façon singulière pour nommer les grands-parents. La mère de ta mère est appelée **mormor**, la mère de ton père **farmor**, ainsi de suite.

On retient :
Stian er en gutt.
Inger er ei jente.
Lisbeth er ei dame.
Jonas er en mann.

en lege	un médecin
en sykepleier	un/e infirmier/ère
en student	un/e étudiant/e
en elev	un/e élève
en redaktør	un/e rédacteur/trice
min	le mien/la mienne; mon/ma
ei søster	une sœur
å studere	étudier
økonomi	économie
en kjæreste	un(e) petit/e ami/e
som [å]	comme; en tant que
å gifte [ji-] seg [sæj]	se marier
mine	les miens/les miennes; mes
(beste-)foreldre [å]	(grands-)parents
en pensjonist	un retraité
en gutt	un garçon
ei jente	une fille
ei dame	une dame
en mann	un homme
ei kone	une femme, une épouse
en mann	un mari, un époux
et søsken	une fratrie
en sønn	un fils
ei datter	une fille

Réponds aux questions suivantes :
Hva gjør Stian?
Hvor bor han?
Hva heter kona til Jonas?
Hvor bor familien til Stian?
Hva gjør foreldrene til Stian?
Hvem er Martha?
Hva gjør en pensjonist?
Hvor gammel er Jonas?
Hvem er Ingers bror?
Hvor gammel er Lisbeth?
Er faren til Stian sykepleier?
Hvem er søsknene i familien?

1 Lis les chiffres.

| 18 | 80 | 17 | 27 | 14 | 93 | 22 | 46 | 64 | 98 | 12 | 16 | 23 |
| 836 | 5322 | 8818 | 312 | 4067 | 9900 | 2147 | 1987 | 1818 | 1511 | 951 | 777 | 787 |

2 Trouve le pronom complément d´objet approprié et complète.

a) Her kommer Per. Ser du ...?
b) Jeg er her. Ser du ...?
c) Vet du hvor Per og Susanne er? Jeg kan ikke se ...
d) Nina! Anders! Hyggelig å treffe ...!
e) Her er et rundstykke. Vil du spise ...?

3 Complète avec le pronom qui convient. Rappelle-toi qu'il faut choisir la bonne forme. Dans cet exercice, le pronom pourra être aussi bien un sujet qu'un complément d'objet.

a) Maria er glad: Martin kommer til ... i dag. ... kommer kl. 07. Maria vil spise frokost sammen med ...
b) Jeg vet ikke hvor Runar og Karina er. Skal jeg ringe ...?
c) Liker du Karina? Jeg liker ikke ..., men ... liker Marthe.
d) Jan og jeg spiser frokost med Runar og Karina. ... spiser med ...

4 Trouve le membre de la famille du sexe opposé qui correspond et complète.

Eksempel: père → mère

a) bror   b) mor   c) far   d) datter
e) bestemor   f) mormor   g) kone

5 Qu'est-ce-que tu aimes ou que tu n'aimes pas (faire) ?
Emploi *liker* et *er glad i* .

Eksempel: Jeg er glad i Norge. Jeg liker ikke å vente.

6 Décris la famille de Suzanne.

Susanne er ... til Per.
Per er ... til Susanne.
Per er ... til Lise.
Susanne er ... til Lars.
Erna er ... til Per.
Lise er ... til Susanne.
Lars er ... til Susanne.
Lars er ... til Lise.
Lise er ... til Lars.

6

Klokka er seks. Nils hører noe. Hva er det? Å ja. Det er Lars, faren til Susanne. Han lager kaffe. Så spiser familien frokost. Lars spiser brød med smør og syltetøy. Susanne spiser frokostblanding med melk. Per og Lise spiser brød med ost og skinke.

«Mamma! Nils beveger seg!» roper Susanne.

Nils er skremt. Han sitter helt rolig nå.

«Susanne, nå tuller du.»

«Nei, jeg ser det!»

Per flirer. Så dum hun er! tenker han.

«Susanne, nå er det nok. Nå spiser du opp, pusser tennene, vasker deg, og så går du på skolen. Jeg vil ikke høre en dum historie», sier faren.

En dum historie? Nils er sjokkert.

Han lever ikke? Hvorfor tenker Lars, Lise og Per det? Det er bare i Susannes fantasi, tror de. Men det stemmer ikke. Selvfølgelig lever han. Han kan snakke, han kan gå, han kan bevege seg, han kan tenke, han kan glede seg – men nå er han redd. Han slutter å bevege seg og sitter helt stille. Endelig er familien ferdig med frokosten. Nå kan han slappe av og bevege seg igjen.

«Mamma! Nils beveger seg!»

ei klokke [å]	une montre, une horloge
Klokka er seks.	Il est six heures.
å høre	entendre
noe	quelque chose
å	ah
(ei) skinke	du jambon
mamma	maman
å bevege seg	bouger
å rope	crier
skremt	effrayé
helt	complètement
rolig [-li]	tranquille
å tulle	plaisanter, blaguer
å flire	sourire d'un air suffisant
dum [o]	bête
Så dum hun er!	Qu'est-ce qu'elle est bête!
å tenke	penser
nok [å]	assez
å pusse	brosser
tennene	les dents
å vaske	laver, nettoyer
en historie	une histoire
sjokkert	choqué
å leve	vivre
(en) fantasi	imagination
å tro	croire
å stemme	être juste
det stemmer ikke	ce n'est pas vrai
å snakke	parler
å glede seg	se réjouir
å være redd	avoir peur
å slutte	arrêter
stille	calme, silencieux
endelig [-li]	enfin
å slappe av	se détendre
igjen [ijen]	encore, à nouveau

Les verbes pronominaux

Il arrive parfois qu´une seule et même personne soit à la fois le sujet et le complément d´objet. Par exemple, tu peux *te laver*. Ces verbes sont appelés des verbes pronominaux et se construisent avec des pronoms réfléchis. Certains de ces verbes ont besoin d´un complément d´objet – et s´il n´y a pas d´autres complément d´objet disponible, il faut se référer au sujet :
par ex. **å glede: Jeg gleder meg, du gleder deg ...**

Appartenir à quelqu´un (2ème partie)

Au lieu de dire **broren til Susanne** (voir chapitre 5) tu peux également dire **Susannes bror**.

On remarque que dans la deuxième version **bror** s´écrit avec l´article indéfini. La deuxième version est peut-être plus élégante, mais en norvégien parlé, la première est plus courante. Lorsque le nom finit par **-s**, **-x** ou **-z**, nous écrivons : **Lars' far**.

Deux verbes dans une phrase
– on y revient

Au chapitre 3, je t´ai dit où placer les verbes dans une phrase lorsqu´il y en a deux. Tu t´en souviens ? Retournes-y si non. Aujourd´hui je voudrais aborder un autre aspect. Peut-être as-tu remarqué qu´il y a toujours le petit **å** devant les mots à l´infinitif sur les listes de vocabulaire ? Par exemple dans **å gjøre**, **å arbeide** …

Rappelle:
- le deuxième verbe dans une phrase doit se conjuguer à l´infinitif
- nous mettons le **å** devant les mots à l´infinitif

Donc si nous regardons la phrase suivante:
    Han slutter å bevege seg.
… nous voyons que cette règle s´applique.

Mais que dire de la phrase suivante ?
    Han kan snakke.
De toute évidence **snakke** est conjugué à l´infinitif, mais il n´y a pas de **å**. Pourquoi ?

La réponse se trouve dans le verbe **kan**. **Kan** est un verbe modal. Qu´est-ce qu´un verbe modal ? Si tu demandes la définition à deux linguistes, tu auras trois réponses différentes. La meilleure à mon sens est la définition selon laquelle les verbes modaux expliquent ce que nous voulons/pouvons/devons faire. En d´autres termes, ils nous racontent quelque chose sur notre lien à l´action dans une phrase. Regardons les exemples suivants (l´action=rentrer) :

Jeg vil gå hjem.	→ lien : envie / souhait
Jeg må gå hjem.	→ lien : obligation
Jeg kan gå hjem.	→ lien : capacité
Jeg skal gå hjem.	→ lien : décision
Jeg bør gå hjem.	→ lien : conseil

En norvégien, les verbes suivants sont des verbes modaux :
å ville (jeg vil)
å måtte (jeg må)
å kunne (jeg kan)
å skulle (jeg skal)
å burde (jeg bør)

… Et dans certaines situations (tu en apprendras davantage plus tard) :
å få (jeg får)

Donc – si ces explications t´enthousiasment peu, tout ce que tu as à faire, c´est d´apprendre ces cinq verbes modaux par cœur. On retient qu´il n´y a pas de **å** dans une phrase où le verbe modal constitue le verbe principal.

Le passé (optionnel)

Les leçons ne comporteront pas de textes au passé avant le chapitre 12. Ce qui veut dire que tu n´es pas obligé de l´étudier tout de suite si tu trouves que ça fait déjà beaucoup. Mais si tu as envie de raconter à tes amis norvégiens, dès maintenant, ce que tu as fait hier, voilà ce qu´il faut faire :

Nous allons aborder l´équivalent de l'imparfait (en norvégien : *preteritum*). Heureusement, le *preteritum* n´a qu´une seule forme pour chaque verbe :

    jeg gikk, du gikk, han gikk, vi gikk, dere gikk, de gikk

Ça, c´était la bonne nouvelle – et voici la mauvaise. Comment peut-on trouver le *preteritum* d´un verbe donné ? Dans le cas d´un verbe irrégulier, on ne peut pas, il faut juste le savoir. Voici une liste de verbes irréguliers que tu as déjà rencontrés :

    jeg gjør   → jeg gjorde
    jeg går   → jeg gikk
    jeg (for)står   → jeg (for)sto
    jeg sitter   → jeg satt
    jeg får   → jeg fikk
    jeg tar   → jeg tok
    jeg ser   → jeg så
    jeg sier   → jeg sa

(reste vigilant à la différence entre **jeg så/jeg sa**!)

    jeg setter   → jeg satte
    jeg må   → jeg måtte
    jeg er   → jeg var
    jeg gir   → jeg ga
    jeg spør   → jeg spurte

Si le verbe est régulier, il y a quatre terminaisons possibles, et il n´est pas toujours évident de savoir laquelle est la bonne :

terminaison –et: å våkne   → jeg våknet
        å arbeide   → jeg arbeidet
(la plupart des verbes avec deux consonnes/qui se terminent en -te/-de à l´infinitif)
terminaison –te: å spise   → jeg spiste
(la plupart des verbes avec une seule consonne)
terminaison –de: å leve   → jeg levde
(la plupart des verbes qui se terminent en -ve, -eie à l´infinitif)
terminaison –dde: å bo   → jeg bodde
(la plupart des verbes qui finissent par une voyelle)

Ce serait peut-être une bonne idée d´apprendre le *preteritum* pour tous les verbes – même pour les réguliers. Le *preteritum* figurera sur les listes de vocabulaire à partir du chapitre 12. Tu trouveras le *preteritum* pour l´ensemble des verbes jusqu´au chapitre 11 inclus à la page 100.

Voici une règle qui mérite d´être retenue. En norvégien, nous essayons d´éviter trois consonnes qui se suivent, et dans le cas de deux consonnes consécutives auxquelles il faut en rajouter une, nous enlevons l´une des deux consonnes au départ :

    jeg begynner   → jeg begynte

(Notons que ce verbe constitue un bien mauvais exemple des règles ci-dessus : il comporte deux consonnes, mais se termine tout de même par -**te**.)
Une dernière remarque : un petit nombre de verbes peuvent appartenir à deux groupes différents, ce qui nous arrange puisque le risque d´erreur diminue automatiquement. Le verbe **å lage** est un parfait exemple : tu peux dire lagde ou laget.

L´heure

15.00   Klokka er tre.

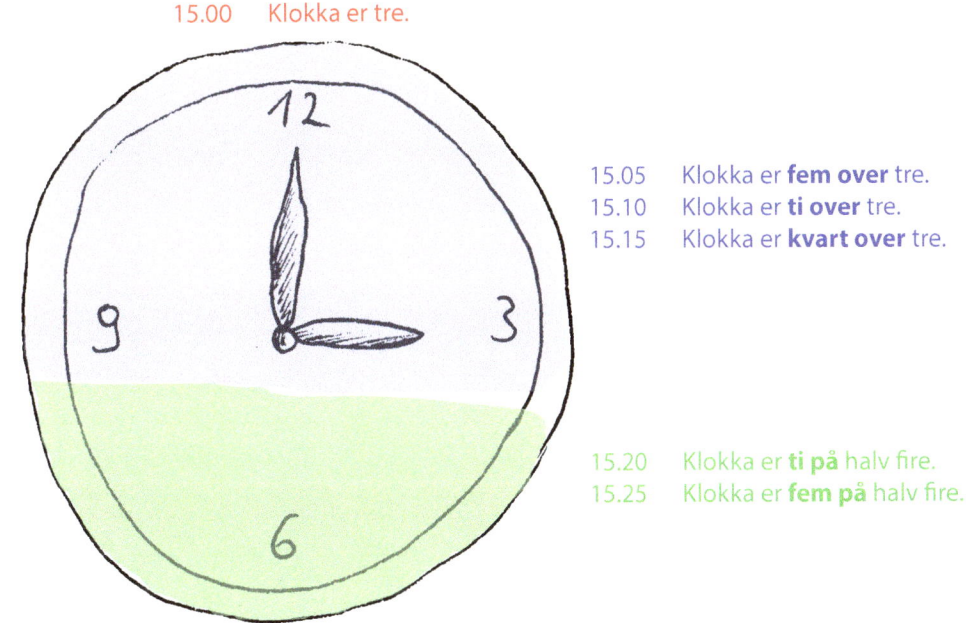

15.55   Klokka er **fem på** fire.
15.50   Klokka er **ti på** fire.
15.45   Klokka er **kvart på** fire.

15.05   Klokka er **fem over** tre.
15.10   Klokka er **ti over** tre.
15.15   Klokka er **kvart over** tre.

15.40   Klokka er **ti over** halv fire.
15.35   Klokka er **fem over** halv fire.

15.20   Klokka er **ti på** halv fire.
15.25   Klokka er **fem på** halv fire.

15.30   Klokka er halv fire.

En Norvège nous utilisons l´heure militaire dans des situations précises et aux endroits tels que la gare ferroviaire, etc. Dans ce cas nous lisons l´heure comme ceci :
          18.37 atten trettisju
On retient l´utilisation des 24 heures. Dans le langage courant, on comptera les minutes par cinq et nous comptons jusqu´à douze (tu comprendras selon le contexte s´il s´agit de l´après-midi ou le soir). Par conséquence, lorsqu´il est 17h04, nous ne disons pas « dix-sept heures quatre », mais plutôt « cinq heures cinq. »

Pour demander l´heure :
                    Hva er klokka?
ou: Hvor mye er klokka?
La réponse :   Klokka er ...
Si nous voulons exprimer qu´une action se déroule **à huit heures**, nous disons simplement **klokka åtte** :
          Skolen begynner klokka åtte.
          L´école commence à huit heures.

Ukedager = les jours de la semaine

mandag	lundi	i dag	aujourd´hui
tirsdag	mardi	i går	hier
onsdag	mercredi	i morgen [mårn]	demain
torsdag [å]	jeudi		
fredag	vendredi	på mandag	ce lundi/lundi dernier
lørdag	samedi	på mandager	tous les lundis
søndag	dimanche		

1 Complète avec le pronom approprié.
a) Jeg vasker ...
b) Vi vasker ...
c) Dere vasker ...
d) Du vasker ...
e) Han vasker ...
f) De vasker ...
g) Hun vasker ...

2 Hva er klokka?
08.00   12.00   06.00   19.00   21.00   14.00   15.30   07.30   10.30   22.30   21.15   09.15
03.10   15.50   09.45   08.55   16.50   05.05   17.25   13.40   13.00   06.40   11.35   23.25

3 Når gjør du hva? Que fais-tu à quel moment ?
Cet exercice comporte quelques nouveaux mots. Note-les et apprends-les.

Kl. 06.30 ...   spiser jeg frokost.

Kl. 11.30 ...   begynner skolen.

Kl. 20.00 ...   står jeg opp.

Kl. 08.00 ...   spiser jeg kveldsmat.

Kl. 06.45 ...   spiser jeg lunsj.

Kl. 16.00 ...   legger jeg meg.

Kl. 22.30 ...   spiser jeg middag.

4 Complète avec le mot approprié.
Per sier:
Jeg ... Per. Jeg kommer ... Norge. Jeg er 16 ... gammel og bor i Oslo. Jeg ... på skolen. Skolen ... kl. 8, mandag til fredag. Jeg liker skolen, men jeg er ... glad i engelsk. Jeg har ... søster. Hun heter Susanne. Hun ... bare åtte år gammel. Egentlig liker jeg ..., men hun er ofte frekk.

5 Trouve une autre façon d´exprimer les locutions suivantes.
Eksempel: Susannes bror → broren til Susanne
a) Lises far
b) familien til Susanne
c) Ernas telefon
d) kommoden til Erna
e) Lars' skap
f) Susannes kopp
g) døra til Per
h) Kristines brød
i) kjøkkenet til Lise

6 L´infinitif avec ou sans *å* ?
a) Jeg må (å) vaske opp.
b) Hun slutter (å) flire.
c) Nils kan ikke (å) høre noe.
d) Vil du endelig (å) være stille?
e) Når vil du (å) stå opp?
f) Lars begynner (å) arbeide kl. 08.00.

7 Hva gjør du på mandag? Hva gjør du på tirsdag? ...

8 Le passé (exercice facultatif) : Mets les textes suivants au *preteritum*.
Klokka er seks. Nils hører noe. Hva er det? Å ja. Det er Lars, faren til Susanne. Han lager kaffe. Så spiser familien frokost. Lars spiser brød med smør og syltetøy, Susanne spiser frokostblanding med melk. Per og Lise spiser brød med ost og skinke.

Nils slutter å bevege seg og sitter helt stille. Endelig er familien ferdig med frokosten. Nå kan han slappe av og bevege seg igjen.

7

Etter frokost, rundt klokka sju, går Susanne og Per til skolen. Lise og Lars går på jobb. Da er det helt stille i huset. Nå kan Nils gjøre hva han vil. Han ser seg rundt på kjøkkenet. På bordet ser han kopper, glass og tallerkener. Nils vil hjelpe litt. Han vil rydde bordet. Han hopper opp på bordet og tar en kopp. Så hopper han til oppvaskmaskinen, med koppen i hånda. Da hører han plutselig et skrik: «Stopp! Er du gal? Hva driver du med?»

Nils er redd. Han ser mot døra. Men han kan ikke se noen der.

«Ta koppen ut av oppvaskmaskinen», sier personen. Hvem sier det? Da – plutselig – ser Nils en bevegelse. En liten, brun bamse står ved siden av kjøkkenbenken og ser opp mot oppvaskmaskinen. «Hei», sier Nils. Han er veldig usikker. «Hvem er du?»

Bamsen svarer ikke – han gjentar bare: «Ta koppen ut av oppvaskmaskinen, og sett den tilbake på bordet.» «Men hvorfor?» sier Nils. «Det bor mennesker her. De tenker: Du lever ikke, og du kan ikke bevege deg. Men du kan det. De må ikke vite det.» «Hvorfor ikke?» «Sett koppen tilbake, så forklarer jeg det til deg.»

Nils tar koppen og setter den tilbake på bordet.

«Er du gal? Hva driver du med?»

Bamsen smiler. «Unnskyld. Jeg er veldig direkte, men jeg vil ikke skremme deg. Jeg heter Emil.» «Hyggelig å treffe deg. Jeg heter Nils.» «Hvor kommer du fra, Nils?» «Jeg vet ikke.»

«Du vet ikke? Det må du finne ut. Er du veldig ung?» «Ja, det tror jeg.» «Ok, da vet du ikke mye. Jeg skjønner. Kom til stua. Jeg vil forklare deg noe.»

rundt	environ
en jobb [å]	un travail
på jobb	au travail
da	à ce moment, quand
et hus	une maison
å se seg rundt	regarder autour de soi
et glass	un verre
en tallerken	une assiette
å hjelpe [je-]	aider
å rydde	ranger
å hoppe [å]	sauter
en oppvaskmaskin	un lave-vaisselle
plutselig [-li]	soudainement, tout d´un coup
et skrik	un cri
stopp [å]	arrêter (arrête !)
gal	fou
å drive	faire marcher
Hva driver du med?	Qu'est-ce que tu fiches?
mot	contre, vers
noen	quelqu´un
en person [æ]	une personne
hvem [vem]	qui
en bevegelse	un mouvement
brun	marron
en bamse	une peluche
en kjøkkenbenk	un plan de travail
usikker	incertain, peu confiant
å gjenta [jen-]	répéter
tilbake	retourner/remettre (à sa place)
et menneske	un humain
å forklare [får-]	expliquer
å smile	sourire
unnskyld [-yll]	pardon
direkte	directe
å skremme	faire peur
å treffe	rencontrer
å finne	trouver
å finne ut	découvrir
ung [o]	jeune
å skjønne	comprendre

D´un à plusieurs

to, tre, mange ... kopper

to, tre, mange ... dører

to, tre, mange ... vinduer

Lorsque nous avons plusieurs objets/personnes, nous ajoutons simplement un **-er** aux noms norvégiens.

Si nous avons déjà un nom qui se termine par **-e**, nous n´en ajoutons pas une deuxième :

en nisse → to nisser

Mais sois vigilant ! Les noms neutres et courts (à savoir noms avec une seule syllabe) ne changent pas :

et glass

to glass

Malheureusement, certains noms comportent un pluriel irrégulier. À partir de ce chapitre, nous rajouterons le pluriel pour les noms irréguliers sur les listes de vocabulaire. Les mots suivants que tu connais déjà (ou devrais connaitre – tu as fait tes devoirs, n´est-ce pas ?) ont un pluriel irrégulier :

ei hånd → to hender
ei mor → to mødre
en bror → to brødre
en far → to fedre
ei søster → to søstre
ei datter → to døtre
en mann → to menn

noe/noen

Fais attention au -n:
noe = quelque chose
noen = quelqu´un

Au chapitre 18 tu vas apprendre plus sur **noe** et **noen**.

Demander à quelqu´un de faire quelque chose

Une façon directe de demander à quelqu´un de faire quelque chose est l´utilisation de l´*impératif*. Nous prenons l´infinitif en retirant le -**e** (s´il y en a un). Dans le cas d´une terminaison par -**mm** ou -**rr**, on retire un **m/r**.

        å ta →   Ta koppen.
        å sette →   Sett den på bordet.
        å komme →   Kom til stua.
        å spørre →   Spør meg.

Si tu as envie d´être un peu plus poli, tu peux formuler la question en employant **kan** + l´infinitif.

        Kan du ta koppen?
        Kan du sette den på bordet?
        Kan du komme til stua?

Au chapitre 13, tu vas apprendre comment on peut être encore plus poli.

På kjøkkenet
Dans la cuisine

Jeg trenger: J´ai besoin de:

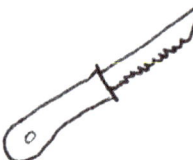  

en kniv   en gaffel   ei skje
un couteau   une fourchette   une cuillère

Kan du vaske opp? — Peux-tu faire la vaisselle ?
Kan du dekke bordet? — Peux-tu mettre la table ?
Kan du rydde bordet? — Peux-tu débarrasser la table ?
Kan du skjære opp brødet? — Peux-tu couper le pain ?
Kan du gi meg vannet? — Peux-tu me passer l´eau ?

Vi koker suppe.
å koke [å] = faire bouillir/cuire
ei suppe = une soupe

Vi steker fisk.
å steke = faire frire/cuire
fisk = poisson

Vi baker kaker.
å bake = faire des gâteaux/de la pâtisserie
ei kake = un gâteau

en général :
Vi lager mat.
Nous faisons à manger.

Le quotidien

Voici un bon exemple d'une journée type. Lis le texte, apprends les mots nouveaux, et essaie de décrire ton quotidien en t'aidant par les phrases ci-dessous.

Jeg står opp klokka 7. Så spiser jeg frokost og dusjer. Kl. 8 går jeg ut av huset og tar bussen til byen. Jeg er på kontoret kl. 9. Der arbeider jeg til kl. 11. Da spiser vi lunsj.
  Fra kl. 11.30 til kl. 17 arbeider jeg igjen. Etterpå tar jeg bussen hjem og spiser middag. Kl. 19 spiller jeg tennis med en venn. Så ser jeg på TV og spiser kveldsmat. Kl. 23 legger jeg meg og sover.

Hvordan er din dag?

Jeg står opp kl. ...   Je me lève à ... heures.
Så ...   Ensuite ...
Etterpå ...   Après ...
Kl. ...   À ... heures ...
Da ...   À ce moment ...
Fra ... til ...   De ... jusqu´à ...

å dusje	prendre une douche
en buss	un autobus, un car
en by	une ville
et kontor	un bureau
etterpå	après
å spille	jouer
tennis	tennis
å sove [å]	dormir
din	le tien/la tienne

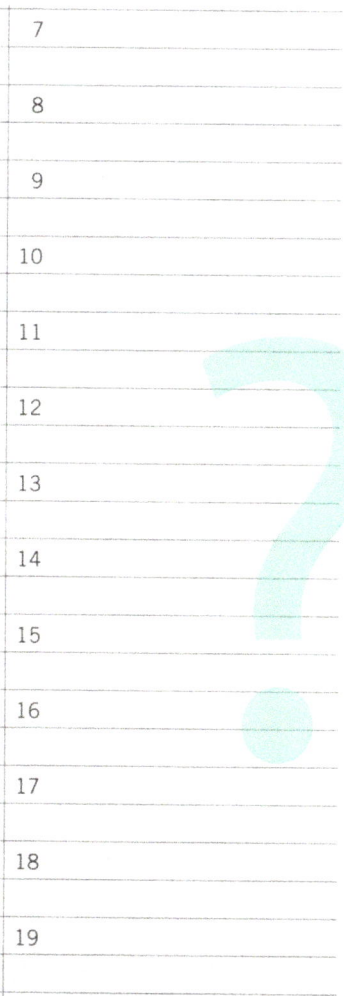

1 D´un à plusieurs:

Eksempel: et vindu → mange vinduer

ei seng → et bord → en kommode → en stol → et egg →
et rundstykke → et år → en kopp → ei brødskive → en gave →
en telefon → et bilde → et skap → et rom → ei dør →
et kjøkken → en historie → ei stue →

Il y a aussi quelques formes irrégulières. Les as-tu retenues ?

ei hånd → ei mor → en bror → en far → ei søster →

2 Familles : Complète avec le mot approprié.

Hvert menneske har en ... og ei mor. Vi har to bestefedre og to ...: en ..., ei farmor, en morfar og ei ... Noen har også søstre og ...

Susanne har bare en ... Han heter Per. ... heter Lars, og ... heter Lise. ... heter Erna. Hun er mora til Lise – derfor er hun ... til Susanne. Susanne er ... til Lise og Lars, og Per er ... til Lise og Lars.

3 Hva trenger du?

De quoi as-tu besoin pour effectuer les tâches suivantes ? Utilise *for å = pour*.

Eksempel: å skjære brød → Jeg trenger en kniv for å skjære brød.

å dekke bordet → å vaske opp → å drikke kaffe → å spise suppe → å spise fisk →

4 Transforme les phrases à partir de et vers l´impératif.

Eksempel: Du må gjøre noe! → Gjør noe!

Gå!
Svar nå!
Du må ringe meg i dag!
Spør Erik!
Du må spise frokost!
Vent på meg!
Du må komme til meg!
Sitt og ta litt mat!
Du må sitte og arbeide!
Gjør noe!

«Sånn. Nå vil jeg fortelle deg noe», sier Emil og hopper opp i sofaen.

«Du vet jo allerede en viktig ting: Folk må ikke skjønne at du lever. Det betyr: Du må ikke bevege deg når noen kan se deg. Du må heller ikke si noe, og du må alltid komme tilbake til samme sted.»

«Ja, jeg skjønner. Men Emil, vi lever jo. Hvorfor må vi skjule det for menneskene?»

«Det kan være farlig for dem. Ikke for barn, men for voksne. Mange barn tenker at vi lever. Men voksne tenker ikke det. De blir overrasket eller sjokkert når de ser noe rart – ja, de kan til og med dø av skrekk.»

«Å. Og de tenker: Det er rart at vi lever?»

«Ja. Faktisk. *Det* er rart, ikke sant?»

«Absolutt.»

«Derfor sier vi ikke at vi lever, og vi viser det ikke. Det er en viktig avtale mellom alle bamser, nisser og dukker. Én ting til: Vet du hva en eske er?» spør Emil.

«Nei», sier Nils.

«En eske er en stor beholder. Når et menneske kommer med

«*Og de tenker: Det er rart at vi lever?*»

sånn	bon, ok, voilà
å fortelle [å]	raconter
en sofa	un canapé
viktig [-i]	important
en ting, mange ting	une chose
folk [å] (*pluriel*)	gens
at	que
når	quand
heller ikke	non plus
alltid [-ti]	toujours
samme	pareil, même chose
et sted, mange steder	un endroit
jo	si
å skjule noe (for)	cacher quelque chose (à)
farlig [-li]	dangereux
et barn, mange barn, barna	un enfant
en voksen [å], mange voksne	un adulte
å bli	devenir
overrasket [å]	surpris
rar	étrange
noe rart	quelque chose d´étrange
til og med	même
å dø	mourir
(en) skrekk	terreur
faktisk	en fait, en réalité, vraiment
absolutt	absolument
å vise	montrer
en avtale	un accord
mellom	entre
alle	tous, toutes, tout le monde
en dukke	une poupée
til	*ici*: encore
én ting til	encore une chose
en eske	un carton
stor	grand
en beholder [-håller]	un récipient

en eske, må du prøve å gjemme deg så fort som mulig. Store esker betyr nemlig at folk rydder opp. Og da legger de deg kanskje i en eske, og du må bo i en bod eller i en kjeller, eller for eksempel i et mørkt skap. Det er dumt, ikke sant?»

«Ja, selvfølgelig.»

«Så* du må alltid passe på det. Ellers kan du egentlig ikke gjøre så mye galt. Hva vil du gjøre i dag? Vil du kanskje se deg litt rundt i leiligheten?»

å prøve	essayer
å gjemme [je-] (seg)	(se) cacher
fort	vite
mulig [-li]	possible
så fort som mulig	le plus vite possible
nemlig [-li]	en effet, à savoir
å rydde opp	ranger
å legge	mettre
en bod	une remise, un débarras
en kjeller	une cave
for eksempel	par exemple
mørk	sombre
å passe på	faire attention, être vigilant
ellers	sinon, autrement
galt	mal
en leilighet [leilihet]	un appartement

---

* **Så** peut, de même que **men** et **og**, se trouver à la place n°0. Tu en apprendra plus au chapitre 26.

Adjectifs

Les adjectifs sont des mots qui nous racontent quelque chose sur les caractéristiques d´une personne ou d´un objet (par ex. **vert**, **grand**, **cher**, **sombre**, **possible** ...).

Les adjectifs s´accordent
- selon le *genre* du mot qu´ils décrivent
- selon le *nombre* des choses (singulier ou pluriel, par ex. un ou plusieurs)

```
en stor kopp
ei stor brødskive
et stort rundstykke
mange store kopper/brødskiver/rundstykker
```

Il y a une exception : Les adjectifs qui finissent par **-ig** (**mulig, farlig, viktig** ...) ne peuvent pas prendre un **-t** à la fin :

```
et hyggelig rom
```

L´article défini (pluriel)

Au chapitre 4, tu as appris que nous avons trois possibilités pour exprimer le mot français *le/la* : selon le genre du nom, il peut prendre la terminaison suivante : -**en**, -**a**, ou -**et**. Le moment est maintenant venu pour te présenter la quatrième (et heureusement la dernière) possibilité de terminaison, soit l´accord pluriel (en français *les*). Il s´agit encore une fois d´une terminaison : -**ene**. Bonne nouvelle : lorsque nous accordons le pluriel, il n´y a pas de différence de genre – nous employons toujours la même terminaison.

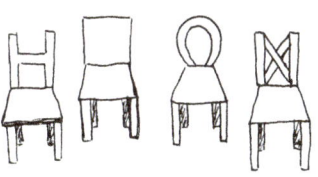

Det er mange stoler her.

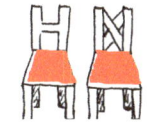

Stolene der er oransje.

kopp**ene**	les tasse**s**
brødskiv**ene**	les tranche**s** de pain
rundstykk**ene**	les petits pain**s**

La construction de la phrase (encore)

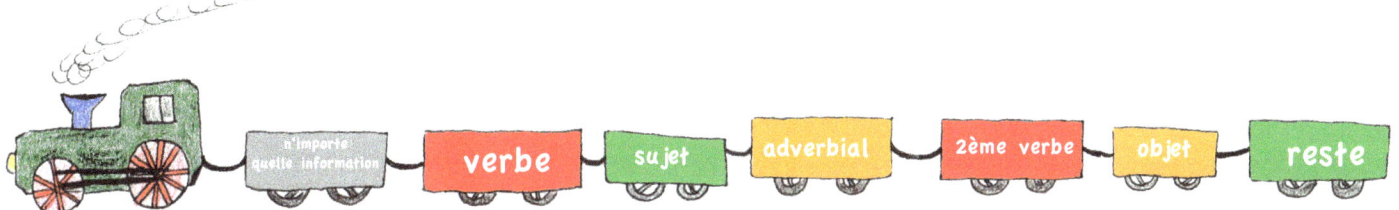

Est-ce que tu te rappelles d´un détail très important concernant la construction de la phrase ? Te souviens-tu de quoi il s´agissait ? Tu as raison : le verbe se trouve à la deuxième place. Ok. Mais alors, si nous avons deux verbes – qu´en est-il du deuxième verbe ? Avant de te donner la réponse, je voudrais rajouter deux nouveaux wagons à notre « train de la phrase ».

Le premier étant les compléments d´*objet*. Bon, à vrai dire, nous avons déjà parlé des compléments d´objet, non ? Dans le chapitre 5, tu as appris où placer les mots **meg**, **deg**, etc. Nous les mettons après le deuxième verbe (s´il y en a un).

Mais il y a toujours deux wagons entre les verbes. L´un d´entre eux contient le *sujet*. Mais dans beaucoup de phrases (je dirais même dans la plupart des phrases), le sujet se place avant le premier verbe, dans le wagon gris. En conséquence, le wagon sujet (qui arrive immédiatement après le premier verbe) est souvent vide. Il ne se remplit que si nous commençons la phrase par autre chose que le sujet. Derrière le wagon sujet, nous avons un autre wagon qui est réservé à l´*adverbial*. D´accord, mais qu´est-ce que c´est ? Je vais te donner quelques exemples : **ikke**, **gjerne**, **egentlig**. Les adverbiales donnent en quelque sorte une toute autre signification à la phrase. Regarde **ikke** : ce mot change le sens de la phrase à 100%, n´est-ce pas ?

Jeg er fra Norge.
Jeg er ikke fra Norge.

L´emploi de **gjerne** et **egentlig** n´implique pas nécessairement un changement total de la signification de la phrase, mais cela contribue toutefois à donner un autre « ton » au sens de la phrase. Et ces mots sont placés entre les verbes.

Ellers kan du egentlig ikke gjøre så mye galt.

Petit rappel : dans une phrase il nous faut juste un sujet et le premier verbe, les autres éléments ne sont pas obligatoires, donc ils peuvent être présents ou pas. S´ils ne sont pas là, leurs wagons restent vides tout simplement.

Hvor er ...?
Où se trouve ...?

over
over bordet — au dessus de la table

i/på
En règle générale nous utilisons **i** lorsque quelque chose est à l´intérieur de quelque chose (par ex. **i skapet**) et **på** lorsque quelque chose est sur quelque chose (**på bordet**). Mais malheureusement, ce n´est pas toujours vrai à 100%. Étudions les exemples suivants :

på rommet	dans (à l´intérieur de) la pièce
på kjøkkenet	dans la cuisine
på kino	au cinéma
på restaurant	au restaurant
	Mais:
i stua	dans le salon

Quand il s´agit d´endroits, nous utilisons **i** pour les villes et les pays, et nous utilisons **på** pour les îles et les endroits plus petits :

    i Norge, i Oslo
    på Grønland, på Finnsnes

ved
ved vinduet — près de la fenêtre
ved døra — à côté de la porte

bak/ved
bak bordet — derrière la table
ved bordet — à table (pas *sur* la table)

foran
foran bordet — devant la table

under
under bordet — sous la table

1 Finn den riktige artikkelen og bruk ordet *stor* (grand) i den rette formen.
Trouve l´article approprié et complète avec le bon accord du mot *stor* (grand).
Eksempel: vindu → et stort vindu

seng →   rom →   dør →   rundstykke →   kopp →   brødskive →
gave →   telefon →   bilde →   kjøkken →   stue →   bord →
kommode →   stol →   egg →   skap →

2 Finn så mange meningsfylte kombinasjoner som mulig.
Cherche les combinaisons logiques entre les mots. Essaie d´en trouver autant que possible :

en	stor	far
ei	ung	skog
et	hyggelig	rom
	mørk	person
	viktig	kjeller
		leilighet
		eske
		vindu

3 Svar på spørsmålene.
Réponds aux questions.
a) Hvor er Emil?
b) Hva må Nils alltid gjøre?
c) Hvorfor er esker farlige?

4 Lag setninger med alle ordene. Pass på ordstillingen.
Construis des phrases en utilisant tous les mots et en restant vigilant à la structure de la phrase.
a) ofte lager mat han
b) for å trenger seng sove jeg ei
c) å begynner jeg arbeide kl. 7.00
d) ikke åpne skal du døra
e) frokostblandingen koster mye ikke
f) vil en leke barnet venn med
g) fra kommer jeg England
h) bor Oslo gjerne jeg i
i) spørre kan meg du
j) i hører noen jeg kjelleren
k) deg tenker på ofte jeg

l) jeg forklare det skal
m) stua må vi rydde i
n) familien hjelpe Nils vil

5 Familiehuset – hvem bor hvor? Finn ut hvem som bor i hvilket rom. Bruk bildet av huset som hjelp og skriv ned hva du allerede vet.
Trouve la pièce qui correspond à chaque membre de la famille. Aide-toi de la maison ci-dessous afin de noter ce que tu sais déjà ou que tu peux deviner.

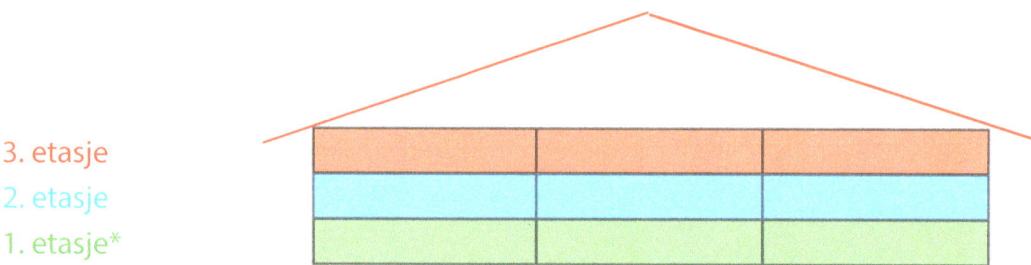

3. etasje
2. etasje
1. etasje*

* Les maisons norvégiennes n´ont pas de rez-de-chaussée.

Huset har ni rom, og de er på tre etasjer. Seks mennesker bor i huset.
Ingen bor over dattera (Lise).
Mora og faren til Lise har soverommet ved siden av badet.
Ingen bor i rommet under soverommet til foreldrene.
Lises mormor og morfar bor mellom stua og boden.
Over mora og faren bor Lises bror Per.
Ingen bor mellom stua og kjøkkenet: Der har vi døra.
Under soverommet til besteforeldrene er stua.
Boden er ved siden av rommet til broren.

en etasje	un étage
ingen	personne
et soverom	une chambre
et bad	une salle de bain
foreldre	parents (toujours pluriel)
besteforeldre	grand-parents (toujours pluriel)

9

Nils liker leiligheten. Rommene er store og fine. Fra stua og fra kjøkkenet ser man ei trang gate, og fra soverommene ser man en bakgård. Det er mange fine møbler i leiligheten. Skapene i stua er svært gamle, forteller Emil. Men stolene og sofaen er moderne.

Kjøkkenet kjenner Nils allerede. De går videre til badet. Emil forklarer: «Menneskene vasker seg og dusjer. Derfor har de et bad. Dette er en dusj, dette er en vask, og dette er et toalett.»

Gangen er lang. Nils liker gulvene. De er av tre. Men de har tepper i stua.

«Sånn, Nils. Det er alt», sier Emil. «Men nå må vi finne ut: Hvor kommer du fra? Hva husker du?»

«Jeg husker en bursdag. Jeg husker ikke noe mer.»

«En bursdag? Susannes bursdag?»

«Ja. Susannes, ja.»

«Aha. Da vet jeg det. Du kommer fra Erna. Du er en bursdagsgave fra Erna til Susanne.»

«Hvordan vet du det?»

«Av Lise. Hun snakker om deg av og til. Da snakker hun om en nisse, og nissen er en gave fra Erna, sier hun.»

Nils er fornøyd. Nå vet han mer om seg selv.

«Dette er en dusj, og dette er et toalett.»

fin	bon, beau
man	on
trang	étroit
ei gate	une rue
et rom, rommet, mange rom, rommene	une pièce
et soverom [såv-]	une chambre
en bakgård [-går]	arrière-cours, patio
møbler (*pluriel*)	meubles
svært	très
moderne [modær-]	moderne
å kjenne	connaître
videre	plus loin, plus en avant
et bad	une salle de bains
dette	ceci
en dusj	une douche
et toalett	des toilettes
en gang	un hall
lang	long/longue
et gulv	un sol
av tre	en bois
et teppe	un tapis
alt	tout
å huske	se rappeler, se souvenir
mer	plus
en bursdagsgave	un cadeau d´anniversaire
å snakke om [åm]	en parler
av og til	de temps en temps
fornøyd [får-]	content/e
seg selv [sæj sell]	soi-même

Pas beaucoup de nouveaux éléments de grammaire dans ce chapitre ! Tu mérites une pause.
Toutefois, il y a quelques choses dont je dois te parler :

å kjenne – å vite

Å kjenne veut dire *connaitre*, **å vite** veut dire *savoir*.

Jeg kjenner Nils.
= Je connais Nils.
Jeg kjenner Oslo.
= Je connais Oslo.

Jeg vet hva han heter.
= Je sais comment il s´appelle.
Jeg vet ikke hvor han bor.
= Je ne sais pas où il habite.

man

Si nous ne savons pas qui fait quelque chose, nous employons **man** (*on*).
　　　Man ser ei trang gate.
　　　On voit une rue étroite.

Adjectifs irréguliers

Te rappelles-tu que les adjectifs tels que **viktig**, **rolig** ne se terminent jamais par **-t** ? Malheureusement, il y a quelques exceptions que tu devrais connaitre. Commençons par le plus faciles.

Aucun changement
Certains adjectifs ne changent jamais :
　　　en moderne leilighet – et moderne hus
　　　mange moderne leiligheter/hus

Pas de **-t** supplémentaire
La plupart des adjectifs terminant par **-sk**, et des nombreux adjectifs terminant par **-t** ne peuvent pas prendre de **-t** supplémentaire :
　　　et norsk hus
　　　et svart bord
(Cependant, ils prennent le **-e** : mange norske hus)

Double **-t**
Certains adjectifs prennent un double **-t** au neutre : on parle ici surtout des adjectifs courts :
　　　et nytt hus/et blått hus/et grått hus
　　　ny　　= nouveau
　　　blå　　= bleu
　　　grå　　= gris

Le **-e** au pluriel n´est pas obligatoire pour **blå** et **grå** :
　　　mange blå hus, mange grå hus (mais: mange nye hus)

Deux dernières remarques sur la forme écrite :
1) Nous cherchons à éviter trois consonnes. Par exemple, pour l´adjectif **grønn** nous écrivons :
　　　et grønt hus (nous retirons un **n**)

2) Nous cherchons à éviter une terminaison avec la combinaison **e**-consonne-**e** :
　　　en gammel historie – to gamle historier
(c´est d´ailleurs également un exemple de la première règle puisque nous retirons un **m**)

Parler de soi-même

Hva driver du med?	Que fais-tu ?
Har du (fast) jobb?	As-tu un emploi (à temps-plein) ?
Jeg studerer medisin.	J´étudie la médecine.
Jeg leter etter en jobb.	Je cherche un emploi.
Jeg er pensjonist.	Je suis retraité.
Jeg går på skolen.	Je vais à l´école.

En parlant du métier que nous faisons, nous le faisons comme en français, sans article :

Jeg er lærer.	Je suis enseignant/e.
Hege er elektriker.	Hege est électricienne.
Mario er kokk.	Mario est cuisinier.

Tu peux parler de tes origines de la façon suivante :

Jeg er engelsk.	Je suis anglais / viens d´Angleterre.
Hege er norsk.	Hege est norvégienne.
Mario er italiensk.	Mario est italien / vient d'Italie.
Sébastien er fransk.	Sébastien est français.

Tu peux également dire :
Jeg kommer fra England/Norge/Italia/Frankrike ...

Un peu plus d´informations sur toi :

Âge:	**Jeg er ... år gammel.**
Ton lieu de domicile :	**Jeg bor i ...**
Ce que tu aimes :	**Jeg liker ...**

En travel dag
Une journée chargée

Jeg …

… gjør papirarbeid.

… har en idé.

… leter etter
- en binders
- ei saks

… gjør notater.

… ringer en kunde.

… lager kaffe.

… skriver en rapport.

… sender en e-post.

en idé	une idée
(et) arbeid	un travail
(et) papirarbeid	paperasse, formalité administrative
en binders	trombone
ei saks	des ciseaux
å ringe	appeler, téléphoner
en kunde	un client
å gjøre notater	prendre des notes
en rapport	un rapport
en e-post [å]	un email, un courriel

Hva gjør du?

Farger
Couleurs

Les couleurs constituent des bons exemples de toutes sortes d'adjectifs – à la fois réguliers et irréguliers. Essaie de deviner les couleurs avant de regarder la traduction française.

gul	rød [rø]	blå	grønn	svart	hvit [vit]	grå	oransje	brun
jaune	rouge	bleu	vert	noir	blanc	gris	orange	brun

Les couleurs suivantes font parties des adjectifs irréguliers :
- **Oransje** ne change jamais.
- **Svart** ne prend jamais de **-t** (mais **hvit** si).
- Concernant **blå**, **grå** et **grønn**, voir le texte ci-dessus sur les adjectifs.

1 Trouve le nombre associé à la couleur.

svart – brun – gul – hvit – blå – grå – grønn – rød – oransje

2 Répète l´exercice 1, mais cette fois-ci en couvrant les mots.

3 Quelle est la couleur de ces objets ? Utilise l´article défini.
Eksempel: Vinduet er grått.

4 Décris l´emplacement des objets sur la photo. Fais-le en te référant à un autre objet à chaque fois.
Eksempel: Telefonen er på bordet.

5 Fais le bon choix : *å kjenne* **ou** *å vite* **? Trouve la forme appropriée du verbe.**
a) Emil ... Nils.
b) Nils ... ikke Oslo.
c) Emil ... mye.
d) Nils ... hvor han kommer fra.

6 Décris ton appartement.

10

Det er natt. Nils sover i senga. Det er egentlig ikke hans seng – det er ei lita pute på Lises stol på kjøkkenet. Men han bruker puta hennes som seng.

Plutselig våkner han. Rommet er mørkt. Han ser nesten ingenting. Men han har veldig vondt i magen. Og han er kvalm, så kvalm. Hva skal han gjøre?

Han hopper ut av senga. Smertene blir ikke bedre av det – nei, de blir bare verre.

Kanskje kan Emil hjelpe? Ja, selvfølgelig. Han må finne Emil. Men Nils må også være forsiktig. Menneskene må ikke våkne. Han husker historien med kaffekoppen og oppvaskmaskinen.

Han går til stua. Der ser han ingen. Men han hører noe. Noen ligger på sofaen og sover. Er det Emil? Nils går litt nærmere. Ja, han kjenner ham igjen. «Emil!» roper han. Bamsen våkner med en gang. «Nils! Hva gjør du midt på natta?»

«Emil! Jeg er syk.»

«Jeg er syk. Jeg føler meg kvalm. Og så har jeg forferdelig vondt i magen.» «Har du vondt i brystet ditt også?» «Nei, det har jeg ikke.» «Det er bra. Smerter i brystet kan være veldig farlige.» «Kan du hjelpe meg?» «Jeg er verken lege eller sykepleier. Men jeg skal prøve så godt jeg kan. Ta av deg skjorta di.»

Nils gjør det. Da begynner Emil å trykke på magen. «Gjør det vondt?» «Ja, men ikke mer enn før.» «Aha. Kanskje bør jeg lytte

ei natt, netter	une nuit
hans	le sien/la sienne (à lui)
liten/lita/lite	petit/petite
ei pute	un coussin, oreiller
å bruke som [såm]	utiliser/employer comme
hennes	la sienne/le sien (à elle)
å ha vondt	avoir mal
en mage	un estomac, ventre
vondt i magen	mal au ventre
kvalm	mal au cœur
en smerte [æ]	une douleur
verre [æ]	pire
forsiktig [å]	attentif, vigilant
å ligge	être couché
nærmere	plus près
med en gang	tout de suite
midt på natta	au milieu de la nuit
syk	malade
forferdelig [fårfærdeli]	terrible
et bryst	une poitrine
din/di/ditt/dine	ton/ta/tes; le tien/la tienne/les tiens/les tiennes
verken ... eller [vær-]	ni ... ni
å ta av	enlever
ei skjorte	une chemise
å trykke	appuyer
(mer) enn	(plus) que
før	avant
å burde, *présent:* **bør**	devoir
å lytte på	écouter

på lungene dine. Det gjør alle leger.» Emil legger øret på brystet hans. «Nei, det er ikke noe galt her, tror jeg.» Han kjenner på magen igjen. «Men det er noe rart her. Jeg tror du har noe i magen din. Kanskje et lite stykke papir.»

«Papir? Hva er papir?» «Menneskene skriver på papir. Bøker er av papir også.» «Men hvorfor skriver noen i magen min?» «Jeg vet ikke, men papirlappen gjør sikkert veldig vondt.»

«Så hva skal jeg gjøre?» «Snu deg et par ganger. Da blir det sikkert bedre snart.»

«Er det nok?» «Ja. Jeg kan ikke gjøre noe mer uansett.»

Nils setter seg ned på sofaen og snur seg. Én gang, to ganger, tre ganger, fire ganger. Han føler seg fortsatt kvalm, men smertene er bedre. Kanskje blir han snart frisk igjen?

en lunge [o]	un poumon
et øre	une oreille
å kjenne på	sentir, toucher
et stykke	un bout, une partie
(et) papir	(un) papier
et stykke papir	un morceau de papier
å skrive	écrire
ei bok, bøker	un livre, livres
av papir	en papier
en papirlapp	un bout de papier, une note
sikkert	sûr
å snu	(se) retourner / tourner
én gang	une fois
et par	une paire
et par ganger	quelques fois, deux-trois fois
uansett	de toute façon, dans tous les cas, quoi qu´il en soit
ned [ne]	en bas, vers le bas
fortsatt [å]	encore
frisk	en bonne santé

Liten
Petit

Liten est un adjectif totalement irrégulier. Malheureusement, il faut apprendre les accords par cœur.

en liten gutt	un petit garçon
ei lita jente	une petite fille
et lite hus	une petite maison
mange små gutter/jenter/hus	beaucoup de petit(e)s garçons/filles/maisons

Mange – mye

Lorsque les choses sont quantifiables, c´est à dire que nous pouvons les compter, nous utilisons **mange**.
Si nous ne pouvons pas les compter, nous utilisons **mye**.

Verken ... eller

Equivalent du français **ni ... ni**. Pas grand-chose à rajouter à cela.

La possession des choses (et des personnes)

Bien sûr, nous avons aussi, en norvégien, les petits mots pour dire **mon/ma**, **ton/ta** et ainsi de suite. D´ailleurs, on les appelle *pronoms possessifs*. Mais tu te souviens sans doute que les noms ont aussi un genre, n´est-ce pas ? Ce qui veut dire que lorsque quelque chose m´appartient, je vais adapter mes mots en fonction du genre et du nombre de la chose en question :

```
min kopp
min brødskive
mitt rundstykke
mine kopper/brødskiver/rundstykker
```

Il y a une deuxième façon de dire exactement la même chose, et tu devrais apprendre à l´utiliser :

```
leiligheten min
brødskiva mi
huset mitt
leilighetene/brødskivene/husene mine
```

On peut noter deux choses :

1. Lorsque nous mettons le pronom devant, nous utilisons l´article indéfinit (**mitt hus**). Si le pronom est placé à la fin, nous utilisons l´article définit (**huset mitt**). Il n´y a pas d´autres combinaisons possibles (il ne faut donc jamais dire ~~mitt huset~~ ou ~~hus mitt~~).

2. J´ai écrit **min brødskive**, mais **brødskiva mi**. Le **-n** manquant n´est pas une erreur. Nous employons le féminin du pronom possessif uniquement quand nous mettons le pronom à la fin. Dans les autres cas, nous devons utiliser le masculin du pronom même pour les noms féminins.

Tu te demandes peut-être si les norvégiens n´auraient pas un petit souci avec l´identité du genre ? Eh bien ...

À la prochaine page, je vais tout t'expliquer :

min sønn sønnen min
min datter dattera mi
mitt barn barnet mitt
mine sønner sønnene mine

din sønn sønnen din
din datter dattera di
ditt barn barnet ditt
dine sønner sønnene dine

hans sønn sønnen hans
hans datter dattera hans
hans barn barnet hans
hans sønner sønnene hans

hennes sønn sønnen hennes
hennes datter dattera hennes
hennes barn barnet hennes
hennes sønner sønnene hennes

vår sønn   sønnen vår
vår datter   dattera vår
vårt barn   barnet vårt
våre sønner   sønnene våre

deres sønn   sønnen deres
deres datter   dattera deres
deres barn   barnet deres
deres sønner   sønnene deres

deres sønn   sønnen deres
deres datter   dattera deres
deres barn   barnet deres
deres sønner   sønnene deres

Kroppen
Le corps

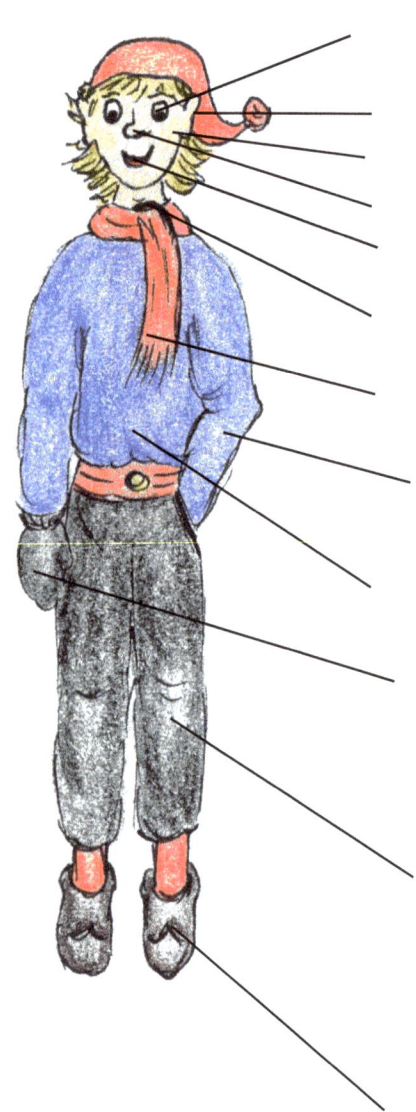

Cache la traduction française et essaie de placer la bonne étiquette correctement sur le corps de Nils.

et hode	une tête
et kne, knær	un genou
et øre	une oreille
en hals	un cou, une gorge
en arm	un bras
et bryst	une poitrine
ei nese	un nez
en munn	une bouche
ei hånd, hender	une main, des mains
en mage	un ventre, un estomac
en fot, føtter	un pied, des pieds
et øye, øyer/øyne	un œil, des yeux

Hos legen
Chez le médecin

Avant de regarder la traduction française, essaie d'imaginer ce que dit le médecin et ce que dit le patient.

Det gjør vondt her.	Ça fait mal ici.
Jeg har vondt i magen.	J'ai mal au ventre.
Jeg har diaré.	J'ai la diarrhée.
Kan du ta av skjorta?	Peux-tu enlever la chemise ?
Pust inn / pust ut.	Inspire / expire.
Jeg må kaste opp.	J'ai envie de vomir.
Du må ta legemidler.	Tu dois prendre des médicaments.
Kan jeg kjøpe det på apoteket uten resept?	Puis-je l'acheter à la pharmacie sans ordonnance ?
Temperaturen din er høy.	Tu es chaud/e.
Du må holde senga.	Tu dois rester au lit.
Må du hoste ofte?	Est-ce que tu tousses souvent ?

1 Réponds aux questions.
a) Hvor sover Nils?
b) Hvorfor våkner han?
c) Hvor er Emil?
d) Hva gjør Emil?
e) Hvorfor har Nils vondt?
f) Hva skal Nils gjøre?

2 Construis des phrases qui ont du sens. Essaie d'en faire autant que tu peux. N'oublie pas de mettre les mots dans le bon ordre.

Nils	våkner	med Emil	vondt
Emil	han	ikke	i sofaen
Derfor	må	snakke	i magen
Smertene	har	verre	i brystet
Han	blir	seg	
	snur	et par ganger	
	sover		

3 Complète avec un pronom complément d'objet approprié (meg, deg …).
Nils sier til Emil: «Kan du hjelpe …?»
Emil sier: «Ja, jeg kan hjelpe …»
Emil hjelper Nils. Han hjelper …

Vi er syke. Kan legen hjelpe …?
Ja – legen sier: «Jeg kan hjelpe …»

Susanne er syk. Kan Emil hjelpe …?

Susanne og Per er syke. Kan legen hjelpe …?

4 En option : Mets le texte dans le chapitre 10 au passé.
(Que si tu as déjà étudié le passé, évidemment.)

5 *Mange* ou *mye* ? Rappelle-toi que les noms s'accordent au pluriel à l'emploi de *mange*.
Eksempel: Har vi nok melk til å bake ei kake? Nei, vi har ikke så mye melk.
Forstår dere litt fransk? – Ja, vi forstår _____ _____.
Kjenner du alle menneskene her? – Nei, ikke så _____ _____.
Vil du ha mer mat? – Ja, _____ _____, takk!
Har du venner i Amerika? – Ja, jeg har _____ _____ der.
Er det noen som vil spise rundstykker? – Ja, jeg vil spise _____ _____.
Har du brødre? – Ja, jeg har _____ _____.
Trenger du fem personer for å hjelpe deg? – Nei, ikke så _____ _____.
Har du kjøpt sju kilogram smør? – Nei, ikke så _____ _____.

6 Complète avec le pronom possessif approprié.

a) min/mi/mitt/mine
For å jobbe trenger jeg ...
____ kunder, kundene _____,
____ saks, saksa _____,
____ binders, bindersen _____,
____ idéer, idéene _____,
____ rom, rommet _____.

b) din/di/ditt/dine
For å jobbe trenger du ...
____ kaffe, kaffen _____,
____ e-poster, e-postene _____,
____ skrivebord, skrivebordet _____,
i ____ stue, i stua _____,
____ rapport, rapporten _____.

c) vår/vårt/våre
Vi liker ...
____ arbeid, arbeidet _____,
____ mor, mora _____,
____ jobber, jobbene _____,
____ bror, broren _____,
____ barn, barnet _____.

7 Utilise un pronom possessif.
Eksempel: telefon (du) → din telefon/telefonen din

a) kjøkken (vi)
b) brødre (jeg)
c) kniv (hun)
d) gafler (han)
e) skje (de)
f) tallerkener (du)
g) glass (dere)
h) mat (jeg)
i) bord (han)
j) restaurant (de)
k) kake (du)
l) syltetøy (vi)
m) kaffe (dere)
n) skinke (hun)

As-tu répété les mots de vocabulaire aujourd'hui ?

La répétition de nouveaux mots est l'une des activités les plus importantes de l'apprentissage d'une langue. Pourquoi ? Faisons un peu de maths.

En moyenne, un locuteur natif utilise activement entre 10 000 et 15 000 mots, et bien d'autres d'une manière passive (c'est-à-dire qu'il les comprend, mais qu'il ne les utilise pas). Si tu arrives à apprendre un nouveau mot par jour, il te faudra plus de 30 ans avant de maîtriser une langue comme un locuteur natif. Si tu apprends dix mots chaque jour, tu y seras au bout de trois ans.

10000 *nombre de mots qu'un locuteur natif peut utiliser*

Est-ce réaliste ? Probablement pas. Premièrement, tu ne le feras pas tous les jours. Tu seras trop occupé ou tu oublieras de le faire tout simplement. Deuxièmement, selon mon calcul, tu dois te souvenir de tous les mots appris. Maintenant que tu es déjà bien habitué à apprendre le norvégien – combien de fois as-tu besoin de répéter un mot pour être sûr de l'apprendre pour toujours ? Probablement 3-5 fois. Ce qui veut dire que pour maintenir un niveau d'apprentissage de 10 nouveaux mots par jour, il faudrait répéter 30-50 mots par jour, 365 jours par an.

Voilà pourquoi il est tout simplement peu probable de maîtriser une langue aussi bien qu'un locuteur natif au bout de trois ans.

4000 *nombre de mots qu'une personne qui parle couramment une langue étrangère peut utiliser*

Mais j'ai une bonne nouvelle pour toi. En réalité – tu n'as pas besoin de connaître autant de mots qu'un locuteur natif pour parler couramment, et encore moins pour te débrouiller au quotidien. 500 mots devraient suffire pour un niveau touriste, 2000 pour un niveau correct dans un contexte professionnel – mais il te faudra, si tu cherches à vraiment bien parler une langue, autour de 4000 mots. Alors comment peux-tu atteindre cet objectif ?

La seule façon d'y arriver est de travailler régulièrement, prends donc l'habitude d'apprendre de nouveaux mots tous les jours. Fixe-toi des objectifs réalisables, soit 3-5 nouveaux mots par jour, pas plus. La plupart des gens (j'en fais partie) trouvent que c'est assez difficile de travailler tous les jours. C'est tellement facile de faire une pause ... et puis, tout d'un coup, tu te rends compte

2000 *nombre de mots dont tu as besoin pour te débrouiller au quotidien*

500 *nombre de mots utilisés par un touriste*

que tu n'as pas travaillé tes nouveaux mots depuis une semaine ou plus. Il y a certaines choses que tu peux faire pour te faciliter la tâche : tu peux utiliser notre coach de vocabulaire (www.skapago.eu/nils/fr/outils). Tu peux aussi demander à ta/ton compagne/compagnon/enfant/colocataire/trice de te rappeler que tu dois répéter tes mots tous les jours. D'ailleurs, je recommande fortement de réserver un moment qui sera consacré à cette activité. Ça peut être dix minutes avant le petit-déjeuner, ou la première chose que tu fais quand tu rentres à la maison, ou la dernière chose que tu fais avant de te coucher – à toi de trouver ce qui marche le mieux pour toi, mais assure-toi d'en faire une habitude au même titre que le brossage des dents. Augmente ton efficacité en restant totalement concentré pendant ces dix minutes (si le patron t'appelle au téléphone, ne réponds pas, rappelle-le – seule exception à la règle: s'il y a le feu).

Comment peux-tu mettre en œuvre ce travail d'une manière efficace ? Une bonne idée est l'utilisation de cartes de mémoire : tu écris les nouveaux mots en norvégien sur un côté, puis dans ta langue maternelle de l'autre. Prends soin d'y mettre l'article indéfini pour les noms, les conjugaisons des verbes au passé, ainsi que toute forme irrégulière. Rédige 3-5 nouvelles cartes par jour. Mélange-les et essaie de les répéter. Lorsque tu répètes, ne regarde pas le côté norvégien. Ça serait trop facile, non ? Ce n'est pas qu'une question de compréhension, il faut aussi que tu connaisses les mots norvégiens d'une manière active. Commence donc par regarder l'autre côté de la carte, essaie de trouver la solution, écris-le, et ensuite, tu tournes la carte pour vérifier ta réponse. Si tu t'es trompé, mets la carte de côté. Il faut répéter les cartes difficiles autant de fois que nécessaire pour les apprendre. Puis, répète les cartes de la veille selon le même système. Une fois par semaine, il faut prendre toutes les cartes de la semaine précédente, et une fois par mois, toute une série de vieilles cartes.

Et enfin : dès que ce travail commence à être frustrant, arrête et continue le lendemain. Ne sois pas trop dur avec toi-même. Après tout, on est censé s'amuser quand on apprend une langue, non ?

3 ans
8 mois
3 semaines
5 jours
le temps qu'il faudra pour pouvoir parler couramment si tu apprends 4 mots tous les jours

11

Erna handler mye i dag. Hun trenger mye mat fordi alle skal komme på besøk i morgen og spise middag hos henne. Hun vil lage fiskesuppe, karbonader med poteter og grønnsaker – og vaniljepudding til dessert. Nå er hun i butikken.

Trenger hun noe mer? Kanskje noe av den billige osten på tilbud? Eller det gode brødet fra bakeriet i byen?

Hva slags grønnsaker skal hun kjøpe?

Hun tenker på gulrøtter, løk og selvfølgelig poteter. Er det best med store eller med små poteter? Erna tenker litt. Så tar hun en liten pose med de små potetene. Hvilken kaffe skal hun kjøpe? Og så må hun kjøpe litt såpe, toalettpapir og en ny oppvaskbørste. Den gamle oppvaskbørsten er nemlig ødelagt.

Nå har hun alt. Hun vil betale.

«Vil du ha en pose?» spør kassereren.

«Ja, takk.»

Erna handler mye i dag.

å handle	acheter, faire les courses
(en) mat	de la nourriture
fordi [å]	parce que
et besøk	une visite
å komme [å] på besøk	rendre visite
(en) middag	un diner
hos	chez
ei suppe	une soupe
en fisk	un poisson
ei fiskesuppe	une soupe de poisson
en karbonade	steak haché (mélangé)
en potet	une pomme de terre
grønnsaker (*toujours au pluriel*)	légumes
en pudding	un flan
vanilje	vanille
en dessert [dessær]	un dessert
en butikk	un magasin
billig [-li]	bon marché
et tilbud	une promotion, une offre
på tilbud	en solde
et bakeri	une boulangerie
en slags	une sorte
ei gulrot, gulrøtter	une carotte, carottes
(en) løk	un oignon
best	mieux, meilleur
en pose	un sac, une poche
hvilken, hvilket, hvilke	lequel, laquelle, lesquelles, lesquels
(ei) såpe	du savon
toalettpapir	du papier toilette
ny	nouveau/nouvelle
en børste	une brosse
en oppvaskbørste [åpp-]	une brosse à vaisselle
ødelagt	cassé
å betale	payer
en kasserer, mange kasserere	caissier/e, caissiers

«Medlemskort?»
«Hva sier du?»
«Har du medlemskort?»
«Nei, jeg er ikke medlem.»
«Betaler du med kort?»
«Ja, vær så snill.»
«Sånn, da setter du kortet inn i kortleseren, og så må du slå koden.»
Erna venter litt.
«Kvitteringen?» spør kassereren.
«Nei, takk.»
Erna legger alt i en pose og går.
«Ha det bra, og god helg!» sier kassereren.
«Takk, i like måte!» svarer Erna.
Da hun kommer ut av butikken, ser hun en ung mann. Han står på fortauet og kommer rett bort til henne. Så spør den unge mannen: «Unnskyld, jeg leter etter jernbanestasjonen. Hvor er den?»

et kort [å]	carte
et medlem, medlemmet, mange medlemmer	un membre, un adhérant
et medlemskort	une carte de membre, adhérant
hva sier du?	qu´est-ce que tu dis ?
vær så snill	s´il te plaît, s´il vous plaît
inn	dans, dedans
en kortleser, mange kortlesere	un lecteur de carte bancaire
å slå	taper
en kode	un code
å slå koden	taper le code
en kvittering	un reçu
å stå	rester debout
et fortau	un trottoir
rett	droit
bort	vers, s´en aller
en stasjon	une gare
en jernbane [jæ-]	chemin de fer
en jernbanestasjon	une gare ferroviaire

Fais ton choix : hvilken

Hvilken signifie *lequel/laquelle*. Malheureusement, nous devons prendre en compte le genre et le nombre :

Hvilken kaffe skal hun kjøpe?	masculin
Hvilken dør skal hun åpne?	féminin
Hvilket hus liker du?	neutre
Hvilke poteter skal hun kjøpe?	pluriel

Adjectifs – l'article défini

Au chapitre 8, tu as étudié les adjectifs. J'ai dit que la terminaison variait en fonction du genre et du nombre. Je dois avouer que je ne t'ai pas tout dit, mais il est temps maintenant de te dévoiler toute la vérité, aussi affreuse qu'elle soit : les adjectifs doivent aussi s'accorder selon l'article défini ou indéfini.

Tout d'abord, regardons ce que cela voulait dire pour les noms : pour savoir la différence entre l'article défini ou indéfini, il faut savoir s'il s'agit de n'importe quel objet (ou personne) ou de quelqu'un (ou quelque chose) de précis. Par exemple :

en kopp (une tasse) → n'importe quelle tasse
→ article indéfini
koppen (la tasse) → une tasse que nous connaissons/dont nous avons déjà parlé
→ article défini

Imaginons maintenant une tasse qui est *grande*. En employant l'article indéfini, nous avons :

en stor kopp

Mais disons que ce n'est pas n'importe quelle tasse, mais une certaine tasse : **la grande tasse**. Dans ce cas nous disons :

den store koppen

et pour les autres genres :

den store brødskiva
det store rundstykket

et au pluriel :

de store koppene/brødskivene/rundstykkene

On peut noter deux choses :
1) L'article défini de l'adjectif se termine toujours par **-e**. Facile !
2) L'article défini de l'adjectif n'a pas envie de se retrouver tout seul avec le nom. Est-ce que tu vois qu'il s'accompagne toujours par **den** (pour les noms féminins et masculins), **det** (pour les noms neutres) et **de** (au pluriel) ? En réalité, si tu as bien fait tes devoirs, tu connais déjà ces mots – dans un autre contexte (regarde le chapitre 3 en cas de doute). On pourrait dire que ces mots seraient la traduction de **la/le/les** en français. Mais ce ne serait pas correct à 100% puisque *la tasse* se traduit par **koppen** (et non pas **den koppen**), n'est-ce pas ? À moins que ton objectif soit de passer l'examen de traducteur, ce débat est peut-être un peu trop profond à ton goût, mais voici ce qu'il faut retenir : chaque fois que nous employons l'article défini d'un adjectif, nous devons également employer l'*article déterminant* approprié (c'est le terme de grammaire correct pour les mots **den, det, de** dans ce contexte).

Te rappelles-tu de l'adjectif **liten** ? (retourne au chapitre 10 et répète les formes !)
L'article défini est **lille** (**den lille gutten, den lille jenta, det lille huset**), et le pluriel est **små** (**de små guttene, de små jentene** ...).

On va comparer encore une fois :

koppen <-> den store koppen

... tandis que **store koppen** est faux.

Si tu n'aimes pas trop l'article défini, j'ai une bonne nouvelle pour toi. À chaque fois que l'adjectif se place *après* le nom qu'il décrit, il prendra l'article indéfini. Par exemple :

Den store kjelleren er mørk.
Det store rommet er mørkt.
De store rommene er mørke.

Le futur

Nous avons plusieurs façons de parler des évènements à venir :

> Alle skal komme på besøk.
> Erna vil lage fiskesuppe.

Il y a une différence de sens entre **skal** et **vil** : lorsque tu es sûr de faire quelque chose, nous employons **skal**. Si ce n´est pas encore sûr à 100%, nous employons **vil**. Souviens-toi de l´exemple suivant :

Jeg skal gå på kino kl. 20.00.	= J´ai déjà acheté mon billet.
Jeg vil gå på kino kl. 20.00.	= Je n´ai pas encore acheté mon billet.

On remarque que **skal** et **vil** ont tous les deux un deuxième sens, qui n´est pas nécessairement en relation avec le futur :

Hva skal hun kjøpe?	= Que devrait-elle acheter? (conseil)
Hun vil betale.	= Elle veut payer. (un souhait)

Une dernière chose concernant **vil** : chaque fois qu´il va se passer quelque chose que nous ne pouvons pas changer, nous utilisons **vil**. Nous utilisons **skal** uniquement pour les choses que nous avons décidées nous-même.

> Det vil regne i morgen.   = Il va pleuvoir demain.

(Nous ne pouvons pas agir sur le temps, donc nous n´employons pas **skal**.)

Slags

Le mot **slags** peut prêter à la confusion puisqu´il finit par un **-s**, mais ce n´est pas un pluriel. De plus, l´article se décline avec le nom qui suit **slags** (étrange, non ?)
Le singulier et le pluriel sont les mêmes. Nous disons :

    en slags potet   une sorte de pomme de terre
    en slags ost   une sorte de fromage
    et slags brød   une sorte de pain
    mange slags ost/poteter   plusieurs sortes de fromage/
                                        pomme de terre

Si tu n´aimes pas trop **en slags**, tu peux aussi utiliser **en type** :
    mange typer ost/poteter

Nourriture

Retrouve la nourriture sur la liste de vocabulaire sur les images. Qu´est-ce que tu aimes/n´aimes pas ? Que manges-tu dans ton pays ?

en melon	un melon
en appelsin	une orange
(ei) frukt	des fruits
en paprika	un poivron
en salat	une salade
en sopp [å]	un champignon
en agurk	un concombre
en banan	une banane
(mange) druer	raisins (*plusieurs*)
(en) laks	du saumon
(et) kjøtt	de la viande
(et) svinekjøtt	de la viande de porc
ei reke	une crevette
(en) kylling	du poulet
(ei) skinke	du jambon
ei kake	un gâteau
en tomat	une tomate
(et) pålegg	*tout aliment que l´on peut mettre sur une tranche de pain*
(en) pasta	des pâtes
ei pære	une poire
et eple	une pomme

	I Norge:	I hjemlandet ditt:
Når spiser vi frokost?	ca. kl. 7	
Når spiser vi lunsj?	ca. kl. 11	
Når spiser vi middag?	ca. kl. 16	
Når spiser vi kveldsmat?	ca. kl. 20	

Quoi acheter et où

Quels articles peux-tu acheter/quelles courses peux-tu faire dans quel magasin ? Associe les articles avec le magasin approprié. Quelles sont les horaires d´ouverture des magasins ? Quels sont tes moyens de paiement ?

En Norvège, les horaires d´ouverture du samedi sont le plus souvent indiqués entre parenthèses (comme sur cette page). Les autres horaires d´ouverture sont données pour les jours de la semaine (lundi-vendredi). À l´exception des supermarchés, stations-service etc., la plupart des magasins ferment assez tôt (et plus tôt encore pendant l´été). Aujourd´hui, il est très courant de payer en carte bleue, mais puisque nous voulons pratiquer le norvégien, il y a quelques magasins sur cette page dans lesquels tu es obligé de payer en espèces.

Eksempel: Bensinstasjonen er døgnåpen. Bakeriet er åpent fra kl. 8 til 16 mandag til fredag og fra kl. 9 til 12 på lørdager. På apoteket kan man betale kontant eller med kort.

- brød
- bensin
- et tidsskrift
- sko
- ei avis
- melk
- en paraply
- kosmetikk
- legemidler
- mat
- klær
- ei kake
- en billett
- ost
- et håndkle

en matbutikk	un magasin alimentaire, un supermarché
et apotek	une pharmacie
et legemiddel, legemidler	un médicament, médicaments
en klesbutikk	magasin de vêtements
klær *(seulement pluriel)*	des vêtements
(en) kosmetikk	produit de beauté, cosmétique
en kiosk	*mélange entre kiosque à journaux, bureau de tabac et petite épicerie*
en billett	un ticket, billet
ei avis	un journal
et tidsskrift	une revue
en skobutikk	un magasin de chaussures
en sko, mange sko	une chaussure
en bensinstasjon	une station-service
(en) bensin	de l'essence
å betale kontant/med kort	payer en espèces/en carte
å kjøpe på kreditt	acheter à crédit
døgnåpen [døyn-]	ouvert 24h sur 24h
åpningstider	les horaires d´ouverture

Pays

Associe les langues (à droite) avec les pays appropriés (à gauche).

Eksempel: I Norge snakker man norsk.

Norge
Hellas
Brasil
Canada
Tyrkia
Sveits
Storbritannia
Østerrike
Russland
Argentina
Polen
Island
Vatikanstaten
Sverige

engelsk
svensk
fransk/tysk/italiensk
portugisisk
polsk
russisk
italiensk/latin
spansk
islandsk
tyrkisk
tysk
gresk
fransk/engelsk
norsk

1 Transforme les phrases en employant l'article défini.

Eksempel: en dyr leilighet → den dyre leiligheten

a) et brunt skap
b) en varm kopp
c) et stort brød
d) ei rød dør
e) røde senger
f) store vinduer
g) en rar person
h) et rolig hus
i) en mørk skog

2 Complète avec l'adjectif à la forme adéquate.

god	Brødet er …
billig	Rundstykkene er …
liten	Jeg vil ha en … leilighet.
stor	Huset er …
god	Jeg vil kjøpe fem … rundstykker.
fin	Vi trenger mange … poteter.
dyr	Dette huset er …
billig	Dette er et … hus.

3 Drapeaux, pays et couleurs

Quelle couleurs voit-on sur ces drapeaux ?
Trouve la nation, utilise la forme défini (c'est "le" drapeau italien) et mets l'adjectif dans la forme correcte.
et flagg = un drapeau
Eksempel: Det norske flagget er rødt, hvitt og blått.

irsk – svensk – gresk – italiensk – tysk – sørafrikansk – østerriksk

4 Décrit ton appartement : sa situation, son aspect, le nombre de pièces, comment il est meublé, les magasins les plus près et si tu y habites avec quelqu´un.

5 Hva liker du å spise? Hva spiser du til frokost/lunsj/middag?

6 Complète avec *hvilken*/*hvilket*/*hvilke*.

a) _____ hus bor du i?
b) _____ telefon ringer?
c) _____ bilder liker du?
d) _____ oppvaskmaskin er god?
e) _____ jobb vil du ha?
f) _____ smerter er farlige?
g) _____ butikk er billig?
h) _____ bord vil du kjøpe?

12

Erna er forvirret. En turist spør etter jernbanestasjonen. Det er egentlig ikke noe uvanlig med det. Men hun har følelsen av å være i en gammel film igjen. En ung mann – blid, høflig – spør etter veien. Han bærer en koffert. Slik var det den gang også. Nøyaktig her. For så mange år siden.

«Vet du ikke hvor den er?» spør den høflige unge mannen.

Erna våkner av dagdrømmen. «Jo, det vet jeg. Du går ned denne gata, og så går du til høyre ved det første krysset. Ser du disse små, grønne husene der borte? Der må du gå til høyre. Etter omtrent 100 meter går du til venstre, rett ved et lite hotell. Deretter går du rett fram til du ser stasjonen.»

«Tusen takk!» Den unge mannen smiler og går. Han smiler ... nøyaktig som en annen ung mann smilte, og på nøyaktig det samme stedet, for mange, mange år siden. Den andre unge mannen hadde også en koffert med seg. Bare klærne – han hadde selvfølgelig andre klær på seg. Men ansiktet, ansiktet! Det var så kjent. Og språket – dette språket. Det var nøy-

«Vet du ikke hvor den er?»

å forvirre, forvirret [å]	confondre, confus
forvirret [å]	confus
en turist	un/une touriste
uvanlig [-li]	inhabituel, rare
en følelse	un sentiment
en film	un film
blid [bli]	souriant, aimable
høflig [-li]	poli
en vei	une route
å spørre etter veien, spurte	demander la route, demander les directions
å bære, bar	porter, a porté
tung [o]	lourd
en koffert	une valise
slik	comme ça, comme ceci
var (*pret. de* å være)	était
den gang	à l´époque, à cette époque, à ce moment-là
nøyaktig [-ti]	précisément, exactement
for ... siden	il y a ....
en drøm, drømmer	un rêve, rêve
en dagdrøm	une rêverie
denne	ce, cette
til høyre	à droite
et kryss	un carrefour
borte	absent
omtrent	environ, à peu près
til venstre	à gauche
et hotell	un hôtel
deretter [dær-]	puis, après, ensuite
rett fram	tout droit
en annen	un autre
ei anna	une autre
et annet	autre (*avec l´article du neutre*)
den/det/de andre	l´autre/l´autre/les autres
et ansikt	un visage
kjent	familier
et språk	une langue

97

aktig den samme uttalen ...

Den gang bodde Erna ikke her ennå, men hun dro ofte til byen. Da møtte hun den unge mannen – han sto her på dette fortauet, spurte etter veien, hadde en koffert i hånda ...

Alt etterpå er så trist. Hun kan aldri glemme det, men hun kan heller ikke snakke om det. Hun føler at hun må snakke om det. Men det er så vanskelig. Så utrolig vanskelig.

Minnene kommer tilbake, som en stor bølge. Erna kan ikke gå hjem nå. Nei, hun må ordne tankene først.

en uttale	une prononciation
ennå	encore
å dra, dro	partir, parti, aller, allé
ofte [å]	souvent
aldri	jamais
å glemme, glemte	oublier, oublié
vanskelig [-li]	difficile
utrolig [-li]	incroyable
et minne	un souvenir
en bølge	une vague
hjem [jem]	à la maison
å ordne, ordnet [å]	ranger, rangé
en tanke	une pensée

denne – dette – disse

En français, ces trois mots peuvent se traduire par **ce, ceci, cette, ces**. Alors pourquoi en faire toute une histoire ? Tu le sais, non ? C´est encore à cause du genre :

> **denne koppen**
> **denne brødskiva**
> **dette rundstykket**
> **disse koppene/brødskivene/rundstykkene**

Ok? Masculin + féminin, neutre, pluriel – rien de plus normal. Avec toute ton expérience de grammaire norvégienne, tu commences à t´ennuyer, non ?
Juste une chose ! On note qu´il faut toujours employer l´article définit d´un nom (et d´un adjectif, si tu en emploies un) après **denne/dette/disse**. Pourquoi ? C´est tout à fait logique ! Lorsque tu emploies **ce/ceci/cette/ces**, tu ne parles jamais d´un quelconque objet/personne, alors l´article définit s´impose.

Lorsque nous voulons dire **ceci est** ... nous disons **dette er** ... (nous employons la forme du neutre même si le genre ne correspond pas au nom qui suit) :

> **Dette er en dusj.**

En mouvement ou immobile

Ces mots (pour les mordus de grammaire : ce sont des *adverbes de lieu*) ont une chose en commun : à chaque fois que nous nous déplaçons, nous les employons comme indiqué sur la liste à gauche (le plus souvent sans la terminaison en **-e**). Si nous restons sur place, nous les employons comme sur la liste à droite.

Han **går** opp.

... ned
... inn
... ut
... hjem
... dit
... hit
... bort

Han **er** oppe.

... nede
... inne
... ute
... hjemme
... der
... her
... borte

Le passé

Il est temps de regarder en arrière ! Tu savais qu´on y viendrait – le temps est venu d´apprendre la conjugaison au passé, si tu ne l´as pas encore fait, retourne au chapitre 6. On se retrouve ici dans une minute !

Voici tous les verbes que tu as appris jusqu´ici, classés selon les groupes de *preteritum* auxquels ils appartiennent :

-et

å arbeide
å bevege
å dekke
å dusje
å forvirre
å gifte
å glede
å hente
å hoppe
å hoste
å huske
å kaste
å koste
å lage
å lytte
å ordne
å passe på
å pusse
å puste
å rydde
å slappe av
å slutte
å snakke
å trykke
å tulle
å vaske
å vente
å våkne
å åpne

-dde

å bety
å bo
å snu
å tro

-te

å bake
å begynne
å betale
å bruke
å flire
å forklare
å føle
å gjemme
å glemme
å gratulere
å hete
å hilse
å høre
å kjenne
å kjøpe
å koke
å leke
å lete
å like
å møte
å ringe
å rope
å sende
å skjule
å skjønne
å skremme
å smile
å spille
å spise
å steke
å stemme
å studere
å svare
å tenke
å trenge
å trykke
å vise

-de

å lage
å leve
å prøve

Malheureusement, il y a quelques verbes irréguliers (*uregelmessige verb*) que tu as déjà vus et que tu dois apprendre par cœur également :

Infinitiv	Presens	Preteritum
å bli	blir	ble
å burde	bør	burde
å bære	bærer	bar
å dra	drar	dro/drog
å drikke	drikker	drakk
å drive	driver	drev
å dø	dør	døde
å finne	finner	fant
å forstå	forstår	forsto
å fortelle	forteller	fortalte
å få	får	fikk
å gi	gir	gav/ga
å gjenta	gjentar	gjentok
å gjøre	gjør	gjorde
å gå	går	gikk
å ha	har	hadde
å hjelpe	hjelper	hjalp
å holde	holder	holdt
å komme	kommer	kom
å kunne	kan	kunne
å legge	legger	la
å ligge	ligger	lå
å måtte	må	måtte
å se	ser	så
å sette	setter	satte
å si	sier	sa
å sitte	sitter	satt
å skjære	skjærer	skar
å skrive	skriver	skrev
å skulle	skal	skulle
å slå	slår	slo
å sove	sover	sov
å spørre	spør	spurte
å stå (opp)	står	sto/stod
å ta	tar	tok
å treffe	treffer	traff
å være	er	var
å ville	vil	ville
å vite	vet	visste

Donner des directions (et les comprendre)

Unnskyld, hvordan kommer jeg til … / hvor ligger … / hvor er … ?

… skolen (3)?
Du går til venstre ved det første krysset (2). Ved det andre krysset (7) ser du skolen til høyre (3).

… parkeringsplassen (5)?
Du går til venstre ved det første krysset (2). Så går du rett fram. I rundkjøringen tar du første utkjørsel (4). Så ligger parkeringsplassen til høyre.

Maintenant, c´est à toi :
- Hvor ligger restauranten (9)?
- Hvordan kommer man fra parkeringsplassen til parken (10)?
- Hvordan kommer man fra restauranten (9) til kinoen (8)?

en parkeringsplass	un parking
en rundkjøring [runn-]	un rond-point
en utkjørsel	une sortie *(de route, d'autoroute)*
en restaurant [-rang]	un restaurant
en bar	un bar
en kino	un cinéma

1 Svar på spørsmålene.
a) Hvor er Erna?
b) Hva vet du om turisten?
c) Hvorfor er Erna forvirret?
d) Hva slags minner har Erna?
e) Hvorfor kan hun ikke gå hjem?

2 Complète avec *denne/dette/disse*.
Hva skal Erna kjøpe? Kanskje ... gulrøttene? Eller ... potetene?
... oppvaskbørsten er for dyr. Men hun skal i hvert fall kjøpe ... osten. Er ... brødet godt?

for *ici*: trop

3 Hvordan var dagen din?
Tu te souviens de la routine quotidienne que tu as écrite au chapitre 7? Écris-la au passé. Puis, écris ta routine d'hier, au passé, bien entendu!

4 On s'entraîne au passé.
Si tu n´avais pas appris le passé avant ce chapitre, tu devrais faire les excercises en option au chapitre 6 (n° 8) et chapitre 10 (n° 4).

5 Choisis la forme adéquate.
a) Er butikken (der/dit)?
b) Hvor er bakeriet? – Du må gå (nede/ned) denne gata.
c) Apoteket ligger (her/hit).
d) Kommer du (hjem/hjemme)?
e) Skal han vente (der/dit)?
f) Det er to senger her, men jeg vil ikke sove (oppe/opp).
g) Vi må sende (ut/ute) mange e-poster i dag.
h) Vil du gå (ut/ute) med oss på lørdag?
i) Må vi sitte (inn/inne) i dag?
j) I dag arbeider Stian (hjem/hjemme).
k) Kommer du (her/hit)?
l) Bakeriet er (der/dit) (borte/bort).

13

Erna sitter på en rolig kafé. Hun har nettopp drukket to kopper kaffe, og kaffen var sterk. Nå føler hun seg litt bedre.

«Vil du ha noe å spise også?»

Erna er litt usikker. Skal hun bestille noe? Hun kan ikke bare drikke kaffe. Hun har ikke spist ennå. «Ja, takk. Kan jeg få menyen?» «Ja, et øyeblikk.»

Servitøren kommer tilbake. Menyen er ikke særlig fristende. Hamburger, pizza, kjøttkaker, kylling. Har de ikke salater eller fisk? Jo, der: Dagens fisk med ris og grønnsaker. «Jeg tar dagens fisk», sier Erna til servitøren.

Hun venter på maten og ser ut av vinduet. Det snør nå, og det blåser ganske kraftig. Hun tenker på den unge mannen. Og så tenker hun på Susannes bursdag. Susanne likte ikke gaven. Det var en dum idé å gi henne nissen. Og det var en dum idé med papirlappen også. Hvorfor la hun lappen i nissen? Susanne vil aldri finne denne lappen! Men Erna vil absolutt gjøre noe med denne saken. Hun har aldri snakket om den. Hun har alltid ventet.

Det vil si – én person vet det. Hun må vite det. De har aldri snakket om det, men det med hytta var jo Heges idé.

Og så tenker hun på Susannes bursdag.

en kafé	un café
nettopp [å]	juste
å drikke, drakk, drukket [o]	boire
sterk [ær]	fort
å bestille, bestilte	commander, commandé
en meny	un menu
et øyeblikk	un instant / un moment
en servitør	un serveur
særlig [-li]	particulièrement, spécialement
fristende [-enne]	tentant
ei kjøttkake	une boulette de viande
(en) fisk	du poisson
dagens fisk	le poisson du jour *(en plat du jour)*
(en) ris	du riz
å snø, snødde	neiger, neigé
å blåse, blåste	souffler *(vent)*
ganske	assez, relativement
kraftig [-ti]	fortement, beaucoup de *(vent)*
en sak	un cas / une affaire
Det vil si ...	C'est à dire ...
ei hytte	un chalet

Hun har aldri stilt spørsmål. Men hun vet sikkert alt. Kanskje bør hun besøke Hege? Hun klarer det sikkert med Heges hjelp. Men Hege bor i Tromsø nå.

Papirlappen var en typisk Erna-idé: Man kan ikke både holde noe hemmelig og samtidig fortelle om det. Enten må hun snakke om teksten på lappen med familien eller holde det skjult for resten av livet.

Servitøren kommer med maten. «Vær så god!»

Erna begynner å spise, men maten smaker ikke.

Nå har hun levd med denne hemmeligheten i så lang tid. Og hun er gammel. 84 år. Hun føler seg frisk, men det er på tide å fortelle sannheten til familien. Eller er det allerede for sent?

«Kan jeg få regningen?»

«Så klart. Vil du betale kontant?»

«Nei, med kort.»

«Det blir 243 kroner.»

Erna slår koden, bekrefter og tar kvitteringen.

«Takk skal du ha. Ha en fin dag!» sier servitøren.

«Takk, i like måte. Ha det bra!» svarer Erna.

Erna går ut av kaféen. Det har snødd i mange timer, og det er vanskelig å gå. Hun må være forsiktig.

å stille, stilte spørsmål	poser des questions
å besøke, besøkte	rendre visite
å klare, klarte	accomplir, se débrouiller
Tromsø	*Ville au nord de la Norvège*
typisk	typiquement
både – og	à la fois
å holde, holdt, har holdt [hålle]	tenir, a tenu, tenait
hemmelig [-li]	secret
samtidig [-di]	en même temps
å fortelle om, fortalte om [får-]	raconter
enten – eller	soit - soit
en tekst	un texte
skjult	caché
en rest	un reste
resten av	le reste de (du)
et liv	une vie
vær så god	tiens, tenez; je vous/t'en prie
å smake, smakte	goûter
en hemmelighet	un secret
en tid	un temps
det er på tide å ...	il est temps de ...
en sannhet	une vérité
sent, for sent	tard, trop tard
en regning [ræj-]	une facture, l'addition
så klart	bien sûr
det blir ...	ça fait ...
å bekrefte, bekreftet	confirmer
ha en fin dag	bonne journée
en time	une heure

L´heure

Klokka er 14.30.

14.20	→ **for** ti minutter (*minutes*) **siden**	→ **il y a** dix minutes
14.40	→ **om** ti minutter	→ **dans** dix minutes
fra kl. 14.20 til kl. 14.30	→ **i** ti minutter	→ **pendant/durant** dix minutes

> Une chose importante:
> Les mots **il y a** se traduisent **for ... siden**. N'oublie pas le **for**.

Utilise ces explications avec ce que tu vas apprendre sur le *preteritum* et le *presens perfektum* à la page suivante (reviens à cette page une fois que tu l´as lu) :

Jeg har ventet på deg i ti minutter. → J´ai commencé à attendre à 14h20 et j´attends toujours.
Jeg ventet på deg i ti minutter. → J´ai commencé à attendre, disons 14h15, et tu es venu à 14h25.

Être poli

Comme je t´ai déjà dit, il n´y a pas un seul mot pour dire ***s´il vous plait*** en norvégien. Mais pour dire ***merci***, il y a plein de façons différentes (voir chapitre 3).
Lorsque tu demandes quelque chose, il y a plusieurs manières d´être poli sans utiliser l´expression ***s´il vous plait*** :

- en posant une question :
  Kan jeg få menyen?
  au lieu de ~~Jeg vil få menyen.~~
- utilise **kunne** (preteritum de **kan**):
  Kunne jeg få menyen? Kunne du hjelpe meg?
  C´est plus poli que **kan**.
- utilise **gjerne**:
  Jeg vil gjerne ha en kopp kaffe.
  au lieu de ~~Jeg vil ha en kopp kaffe.~~
- utilise **vennligst** ou **vær så snill**:
  Vennligst legg igjen en beskjed etter pipetonen. (Veuillez laisser un message après le bip.)
  Vær så snill og hjelp meg.
  C´est presque pareil que ***s´il vous plait***, mais nous ne l´employons que dans des situations formelles ou à l´écrit.
- dis **takk** lorsque tu passes une commande :
  Jeg vil gjerne ha et glass vann, takk.

Il existe, en effet, une expression qui est équivalente de ***je vous en prie***, la voici :
  Vær så god!
Donc, si jamais tu entends un norvégien te dire que c´est plus facile d´être poli en français, tu exprimeras ton désaccord. Il y a plein de façons d´être poli en norvégien aussi !

Presens perfektum (passé composé)

Te rappelles-tu de la conjugaison au passé ? J´ai expliqué que le *preteritum* s´emploie le plus souvent comme l´emploi du *passé composé*. Mais, nous avons une autre forme en norvégien, appelée *presens perfektum* qui se construit comme le passé composé mais qui s'emploie comme le passé composé et l'imparfait silmultanément. Mais tu vas voir, ce ne va pas être trop compliqué puisque tu connais déjà le *preteritum*. En gros, ce que nous faisons, c'est de combiner **har** + *presens perfektum*. Tout ce que tu as à faire maintenant est d´apprendre le *presens perfektum* pour chaque verbe. Tout d´abord, une mauvaise nouvelle : si le verbe est irrégulier, il faudra l´apprendre par cœur. Désolé. Tu trouveras les formes des verbes irréguliers à la page suivante. Mais, dans le cas des verbes réguliers, c'est très, très facile de passer du *preteritum* au *presens perfektum*. Tout ce que tu auras à faire est de reproduire la forme du *preteritum* et d'enlever un **-e** à la fin. Et quand il n´y a pas de -e à la fin, comme à **våknet** ? Eh bien, dans ce cas-là on ne change rien du tout.

terminaison –et: å våkne → jeg har våknet
terminaison –t: å spise → jeg har spist
terminaison –d: å leve → jeg har levd
terminaison –dd: å bo → jeg har bodd

Pourquoi avons-nous besoin de *presens perfektum* puisque nous avons déjà le *preteritum* ? Ici, la règle à retenir est : si l´évènement qui s´est passé a une relation quelconque avec le présent, nous employons le *presens perfektum*.

Regardons quelques exemples du texte :
　　　Erna har drukket to kopper kaffe.
　　　→ Nå føler hun seg litt bedre.
Nous utilisons le *presens perfektum* parce-que le café que Erna a bu (l´action au passé) agit sur le présent (elle se sent mieux).

　　　Hun har ikke spist ennå.
La relation au présent n´est pas dans le texte, mais elle est de toute évidence là : Erna voudrait commander à manger, et le fait qu´elle n´a pas encore mangé décrit sa situation actuelle (au présent).

Cette relation au présent peut également indiquer une action commencée dans le passé, et toujours en cours.
　　　Hun har alltid ventet.
… et elle attend toujours.

Compare avec les situations dans lesquelles nous employons le *preteritum* :
　　　Susanne likte ikke gaven.
C'est arrivé le jour de son anniversaire, mais ça n´a aucun effet sur le présent.

Bien sûr, des fois (en réalité, assez souvent), on peut discuter de la pertinence du présent. À titre d´exemple, regardons la phrase suivante :
　　　Det var en dum idé å gi henne nissen.
Si Erna ne fait que relever un fait, le *preteritum* est un bon choix (ce n´est pas en lien avec le présent). Mais Erna pourrait se demander si elle devrait offrir un autre cadeau à Susanne. Le *presens perfektum* serait alors un meilleur choix. Mais nous n´allons pas en faire une science. Tu entendras souvent les norvégiens faire le « mauvais choix », alors gardons l´esprit ouvert, d´accord ?

Il faudra surtout retenir ceci :

Ida og Per har vært gift i tre år.
Presens perfektum – ils sont toujours mariés.

Ida og Per var gift i tre år.
Preteritum – ils ne sont plus mariés.

Pour résumer, nous employons …

Preteritum
- tout ce qui est fini
- lorsque nous précisons à quel moment une action s´est déroulée

Presens perfektum
- les actions en cours
- ce qui a une relation au présent

Les verbes irrégulières

å bære	har båret	å kunne	har kunnet
å bli	har blitt	å ligge	har ligget
å burde	har burdet	å måtte	har måttet
å dra	har dradd/dratt	å se	har sett
å drikke	har drukket	å sette	har satt
å drive	har drevet	å sitte	har sittet
å få	har fått	å skrive	har skrevet
å finne	har funnet	å skulle	har skullet
å forstå	har forstått	å slå	har slått
å fortelle	har fortalt	å sove	har sovet
å gå	har gått	å spørre	har spurt
å gi	har gitt	å stå (opp)	har stått (opp)
å gjenta	har gjentatt	å ta	har tatt
å gjøre	har gjort	å treffe	har truffet
å ha	har hatt	å være	har vært
å hjelpe	har hjulpet	å ville	har villet
å komme	har kommet	å vite	har visst

Manger dehors

Bien souvent, il n´y a pas de serveurs dans les restaurants norvégiens : tu vas au comptoir pour passer ta commande. Dans ce cas, il n´est pas coutume de donner un pourboire. Même si le pourboire n'est pas obligatoire, tu peux laisser un peu plus si tu es content du service.

À l´université et au sein de grandes entreprises, il y a des cantines (**kafeteria**), où l´on trouve souvent des plats chauds. Mais au déjeuner, beaucoup de norvégiens préfèrent amener leur déjeuner, (appelé **matpakke**), par exemple une salade, un sandwich ou des tartines. Tu as surement remarqué que le coût d´un repas au restaurant peut être très élevé. Mais avant 18h, beaucoup de restaurants font des promos, et il serait donc opportun d´envisager de diner tôt.

Regarde les phrases suivantes et trouve une réponse appropriée :

Har du et ledig bord for fire personer?	Ja. Kan vi få menyen?
Kan vi sitte her?	Selvfølgelig. Det er mulig.
Vil dere spise?	Jeg tar et glass øl, takk.
Kan du anbefale noe?	Nei, dessverre.
Hva vil du drikke?	Ja, det kan du. Hvordan vil du betale?
Har dere italiensk rødvin?	Ja, selvfølgelig.
Er det mulig å få dagens suppe uten kjøtt?	Ja, men den står ikke på menyen.
Er det svinekjøtt i denne retten?	Ja, her ved vinduet.
Har dere vegetariansk mat også?	Nei, bare kylling.
Kan jeg få regningen?	Ja, dagens fisk, for eksempel.

ledig [-di]	libre, disponible
å anbefale, anbefalte	recommander
(en) rødvin	vin rouge
en rett	un plat
vegetariansk	végétarien
en regning [ræj-]	une facture, l´addition
(et) øl	bière
en øl	une bière
dessverre [-ærre]	malheureusement

1 Svar på spørsmålene.
a) Hvor er Erna?
b) Liker hun menyen?
c) Hva bestiller hun?
d) Hva vil hun klare med Heges hjelp?
e) Har hun snakket om hemmeligheten med Hege?
f) Hvorfor er det på tide å snakke om hemmeligheten?
g) Hvordan betaler Erna?
h) Hvorfor må hun gå forsiktig?

2 Crée des repas qui ont du sens. Aide-toi d´un dictionnaire pour les mots que tu ne comprends pas. Il y a plusieurs possibilités en fonction de tes goûts.

potetsalat	med	potetmos
råkost	med	grønnsaker og potet
kokt laks	med	ertestuing, brun saus og potet
kjøttkaker	med	fiskegrateng
stekte pølser	med	kylling
svinekotelett	med	kald roastbeef
ris og salat	med	potet og agurksalat

3 Mets les phrases au *presens perfektum*.

a) Per våkner.
b) Maria kommer til kaféen.
c) Hun spiser sjokolade.
d) Hun begynner ikke å arbeide.
e) Stefan åpner vinduet.
f) Han sender en e-post.
g) Susanne får en gave.
h) Hun går på Internett.
i) Jeg tar bussen kl. 6.40.
j) Jeg venter i en time.
k) De ser ikke det grønne huset.
l) Jeg gjør mye i dag.
m) Martha bor i Bergen.
n) Hun sier ikke mye.
o) Jeg spør etter veien.
p) Jeg ser det på TV.
q) Jeg hører deg.
r) Stefan slutter å arbeide.
s) Han snakker med meg.
t) Barnet prøver å gjemme seg.
u) Nils føler seg bedre.
v) Jeg lytter på radio.
w) Pål skriver ei bok.
x) Det snør i to timer.
y) Erna kjøper mat.
z) Familien kommer på besøk.
æ) Hun betaler 345 kroner.
ø) Jeg drar til Oslo.
å) Mannen står på fortauet.

4 Tor n´est pas quelqu´un de poli. Comment pourrait-il être plus poli en modifiant les phrases suivantes ?
a) Du må hjelpe meg.
b) Kom til meg.
c) Jeg vil ha en kopp kaffe.
d) Gi meg menyen.
e) Nå betaler jeg.

5 Efface les expressions soulignées et transforme-les en expressions avec *i/om/for ... siden* et *timer/dager ...*
Det er onsdag. Klokka er 17.00.
a) Kl. 19.00 skal jeg treffe en venn.
b) Kl. 16.00 var jeg ferdig på jobben.
c) På fredag skal jeg reise til Oslo.
d) På lørdag, søndag og mandag skal jeg være i Oslo.
e) På mandag var jeg i Bergen.
f) Fra kl. 20.00 til kl. 22.00 skal jeg snakke med Tor.
g) Kl. 23.00 skal jeg legge meg.

6 Essaie de réécrire les phrases en employant tes propres mots. Tu ne peux pas utiliser les mots soulignés.
Eksempel: Maten er ikke særlig god.
→ *Maten er ikke særlig fristende.*
a) Dagens suppe er ikke veldig dyr. →
b) Det er helt rolig i huset. →
c) Den unge mannen stiller mange spørsmål. →
d) Erna har skjult papirlappen i Nils. →
e) Det stemmer ikke. →
f) Jeg har levd i Oslo i 20 år. →
g) Vær så snill å gi meg menyen. →
h) Det blir 340 kroner. →
i) Han bærer en eske. →
j) Maten koster rundt 200 kroner. →

k) Deretter skal jeg legge meg. →
l) Erna er norsk. →

7 Quelle partie du corps fait quoi ? (Cherche les mots que tu ne connais pas.)
Eksempel: ei hånd (hender) – å gripe
→ *Med hendene kan man gripe.*

et øye (øyne)	å se
en fot (føtter)	å gå
en nese	å nikke
en finger	å spise og å drikke
en munn	å føle
ei tunge	å tenke
et øre	å smake
et hode	å puste
en hjerne	å lukte
en lunge	å bite
en tann (tenner)	å høre
en hud, en finger	å gripe

14

Natten har vært tung. Nils har følt seg veldig syk. Men nå er han mye bedre. Magen har sluttet å gjøre vondt, og han er ikke kvalm lenger.

Det er ganske sent. Nils hører verken Lars eller barna, de har gått på skolen og på jobb. Bare Lise er hjemme. Hun er på badet, og man hører dusjen. Etterpå pusser hun tennene. Så kommer hun ut av badet. Hun bærer ei bøtte med vann. På kjøkkenet begynner hun å vaske gulvet. Så går hun tilbake til badet med bøtta, tømmer den i doen og tar støvsugeren ut av et skap. Støvsugeren bråker forferdelig. Nils klarer nesten ikke å vente til hun er ferdig. Endelig slår Lise av støvsugeren.

Hva skjer nå? Lise kommer tilbake og begynner å rydde. Å nei, tenker Nils. Kommer hun med en eske? Han er nervøs. Men Lise tar bare ei bok fra bordet og setter den inn til de andre bøkene i hylla. Så tar hun koppene, knivene, gaflene, skjeene, tallerkenene og glassene og setter dem i oppvaskmaskinen. Etter det støvsuger hun i stua og i gangen. Det tar lang tid.

Lise kommer tilbake og begynner å rydde.

Så kommer hun tilbake og ser på Nils.

Med et fast grep tar Lise ham, går inn i stua, setter seg på sofaen sammen med Nils og slår på TV-en.

hjemme [je-]	à la maison
ei bøtte	un seau
å tømme, tømte	vider, a vidé
en do	des toilettes
å slå av	déconnecter
en støvsuger	un aspirateur
å bråke, bråkte/bråket	faire du bruit
til	*ici* : jusqu´à
å skje, skjedde	se passer
nervøs [nær-]	nerveux
ei hylle	une étagère
å støvsuge	passer l'aspirateur
et grep	une prise
fast	ferme
å slå på	connecter, allumer

La grammaire sur ces deux pages est en option ! Tu peux l'étudier maintenant, ou lorsque tu arrives au chapitre 25. Ou quand tu veux entre les deux ...

Plus dur, mieux, plus rapide, plus fort

La comparaison est assez aisée en norvégien :
　I Trondheim er det kaldere enn i Oslo.

Tout ce qu'il faut faire est d'ajouter **-ere** à l'adjectif. Heureusement, la nouvelle forme **kaldere** (on l'appelle le *comparatif*) reste la même pour tous les genres et nombres :
　Den er kaldere/det er kaldere/de er kaldere ...

Mais chaque règle a son exception. Certains adjectifs ne peuvent pas prendre le **-ere**. Avec ces adjectifs nous allons utiliser le mot **mer** pour faire la comparaison :
　Min leilighet er mer moderne enn din leilighet.

C'est le cas des
- adjectifs longs, souvent originaires d'autres langues, comme **moderne**, **interessant**
- adjectifs longs qui se terminent par **-sk**: **politisk**, **skandinavisk**
- adjectifs qui proviennent des verbes : **skuffet** (vient de **å skuffe**)
- ... et ceux qui se terminent par **-s**, mais ils sont très rares. Alors on va oublier ceux-là.

Des fois nous utilisons le comparatif sans avoir réellement quelque chose à comparer :
　en eldre mann

Nous aurions pu dire **en gammel mann**, mais nous voulons être plus poli. Pour mieux comprendre ce concept, imagine que nous comparons quelque chose à une moyenne ou un standard :
　en eldre mann → plus vieux qu'un homme d'âge moyen

Le plus dur, le meilleur ...

Le superlatif est aussi facile que le comparatif.
Au lieu de **-ere** (comparatif), nous employons **-est** :

　kald – kaldere – kaldest

Concernant les adjectifs pour lesquels nous employons **mer** au comparatif, nous employons **mest** au superlatif :

　moderne – mer moderne – mest moderne

Les adjectifs qui se terminent en **-ig** prennent uniquement un **-st** à la fin :

　viktig – viktigere – viktigst

Certaines méthodes de norvégien mettent **den kaldeste** au lieu de **kaldest**. Techniquement, ce n'est pas 100% correct – ce qui est important est que **den kaldeste** est la forme de l'article défini, que nous employons quasiment toujours avec le superlatif. Pourquoi ? Eh bien, il peut y avoir beaucoup de coureurs *rapides*, mais un seul parmi eux est *le plus rapide*, et justement parce qu'il détient le record, ce n'est pas n'importe quel coureur, mais quelqu'un de bien connu, donc nous employons l'article défini. Cependant, ce n'est pas toujours le cas. Étudions les exemples suivants :
　Oslo er den største byen i Norge.
Mais:
　Oslo er størst.
Dans la première phrase, **største** décrit la ville. Or, dans la deuxième phrase l'adjectif **størst** vient après le mot qu'il décrit (ici **Oslo**). Et chaque fois que c'est ainsi, nous utilisons l'article indéfini de l'adjectif, n'est-ce pas ? (Si tu ne t'en souviens pas, relis le chapitre 11.)

Malheureusement, il y a également quelques adjectifs irréguliers. Il faudra les apprendre par cœur. C'est comme ça ! Tu les trouveras à la page suivante.

Les adjectifs irréguliers

Apprends-les !

få	færre	færrest
bra/god	bedre	best
gammel	eldre	eldst
lang	lengre	lengst
lite(n)	mindre	minst
mange	flere	flest
mye	mer	mest
stor	større	størst
tung	tyngre	tyngst
ung	yngre	yngst
ille/ond/vond*	verre	verst

ille*	mauvais
ond*	méchant
vond*	douloureux

enn/som

Une dernière remarque sur les comparaisons. Lorsqu´il y a une différence, nous employons le comparatif et **enn** :

    Oslo er større enn Bergen.   Oslo est plus grande que Bergen.

S´il n´y a pas de différence, nous employons **like**/**så** et **som** :
    Skien er like stor som Sarpsborg.   Skien est aussi grande que Sarpsborg.
    Skien er så stor som Sarpsborg.

---

* **Ille** signifie à peu près la même chose que **dårlig** ; le plus souvent c´est l´expression idiomatique qui déterminera lequel utiliser. **Vond** est plutôt utilisé en cas de douleur physique, tandis que **ond** est associé à un aspect moral. Cependant, la différence entre ces mots n´est pas à 100% clairement établie.

Travailler à la maison

Hva må hun gjøre?

Hun må ...
... vaske gulvet.
... mate katten.
... leke med barnet.
... ringe tante Hilde.
... stryke klær.
... gå en tur med hunden.
... vaske klær.
... feie trappa.

å mate, matet	donner à manger
en katt	un chat
å stryke, strøk, har strøket	repasser
å gå en tur, gikk, har gått	promener
en hund [hunn]	un chien
å feie, feide [æ]	balayer
ei trapp	un escalier

1 L'infinitif avec ou sans *å* ? Vérifie les explications au chapitre 6 en cas de doute.
a) Kan du (å) snakke fransk?
b) Liker du (å) lage mat?
c) Mia prøver (å) skrive norske tekster.
d) Har du prøvd (å) ringe meg?
e) Skal jeg (å) hjelpe deg med oppvasken?
f) Min far begynner (å) arbeide kl. 7.00.
g) Hva vil du (å) ha til middag?
h) I går måtte vi (å) dra til legen med sønnen vår.
i) Han kan ikke (å) se.
j) Jeg vil (å) reise til Amerika.
k) Er du glad i (å) lage mat?

2 Complète avec le verbe modal approprié.
I dag ... Stefan rydde opp. Det ser ikke bra ut på rommet hans. Telefonen ligger på gulvet, og man kan nesten ikke se ut av vinduene. Først ... han vaske vinduene. Men han ... ikke åpne dem. Det snør ute! Derfor begynner han med gulvet. ... han bare støvsuge, eller ... han også vaske gulvet? Marit, Stefans kone, sier: «Du ... også vaske, ikke bare støvsuge.»

3 Il est temps de répéter ! Mets le texte suivant au *preteritum*.
Det er ganske sent. Nils hører dusjen. Lise pusser tennene. Så kommer hun ut av badet. Hun bærer ei bøtte med vann. På kjøkkenet begynner hun å vaske gulvet. Så går hun tilbake til badet med bøtta, tømmer den i doen og tar støvsugeren ut av et skap. Støvsugeren bråker forferdelig. Endelig slår Lise av støvsugeren. Med et fast grep tar Lise Nils, går inn i stua, setter seg på sofaen sammen med Nils og slår på TV-en.

4 As-tu révisé ton vocabulaire ? Complète.
Stian ... kl. 5.00. Han hadde veldig ... i magen, og ... var kvalm. ... skulle han gjøre?

Han sto ... Skulle han vente? Han prøvde å ... ei bok. Men ... ble bare verre.

Han måtte snakke ... en lege. Kl. 7.00 ringte han til legekontoret.

Han sa: «Hei, jeg ... Stian Jensen. Jeg føler ... kvalm, og jeg ... veldig vondt i magen.»

«Har du ... i brystet også?»

«Nei, det har jeg ....»

«Det er bra. Kan ... komme kl. 9.30?»

«Ja, ... kan jeg.»

«Takk, ha det ...!»

Nå er Stian ... legen. Legen trykker ... magen og sier:

«Gjør det vondt her?»

«Ja, litt.»

«Kan du ... munnen?»

Stian åpner munnen.

Legen sier: «Temperaturen er normal. Du har spist ... galt. Legg deg i senga og vent ... i morgen, så blir det ...»

Pourquoi ton norvégien n´est toujours pas bon
(alors que tu es en train de lire ce livre)

À Skapago, nous commençons presque toujours par un travail de prononciation avec les nouveaux élèves. Pourquoi ? Pour être tout à fait honnête, parce que la prononciation de la grande majorité des élèves est vraiment mauvaise ! Mais, c´est normal, car nous sommes une école de langue, et c´est pourquoi les gens viennent nous voir, pour apprendre.

Mais, ce ne sont pas que les débutants qui sont concernés. Nous avons aussi des élèves de très bon niveau de compréhension et de grammaire, mais avec un accent étranger très fort.

Maintenant tu pourrais dire que ça dépend des origines des élèves, et que certains ont tout simplement un accent très fort. Tu te trompes. La raison pour laquelle les gens ont une mauvaise prononciation est qu´ils ne l´ont pas assez travaillée. Alors pourquoi les élèves ne travaillent-ils pas plus leur prononciation ? Et pourquoi devraient-ils le faire ? Laisse-moi répondre à la dernière question d´abord.

- Les malentendus sont beaucoup plus fréquents à cause des erreurs de prononciation qu´à cause des erreurs de grammaire.
- La compréhension orale dépend de la prononciation. Tu essaies d´habituer ton oreille à distinguer entre des sons qui sont nouveaux pour toi. En norvégien par exemple, il est très important de faire la différence entre U, Y et I.
- Les locuteurs natifs peuvent se moquer de toi.

Il ne faut pas sous-estimer ce dernier point. Des scientifiques ont prouvé que les locuteurs natifs pensent inconsciemment que les personnes avec un accent étranger prononcé sont peu intelligentes. Sois honnête : n´as-tu jamais regardé « Les Simpsons » en te moquant de Apu ?

En situation d´apprentissage, tu vas avoir l´impression que les locuteurs natifs te jugent, même s´ils ne le souhaitent pas – et ce sera frustrant. Sans t´en rendre compte, tu penseras « Ces arrogants norvégiens ! J´en ai marre ! » Et quelle en sera la conséquence ? Tu ne voudras pas devenir l´un des leurs, tu ne voudras pas parler comme eux, ni avoir le bon accent.

Tu te retrouves donc piégé dans un cercle vicieux : Ta prononciation est mauvaise parce qu´au fond de toi tu ne veux pas être norvégien. Donc, les norvégiens ne te traitent pas comme l´un des leurs. Donc, tu les trouves arrogants. Donc, tu ne veux pas t´assimiler à eux. Donc ta prononciation est mauvaise.

Maintenant tu sais pourquoi les gens ne travaillent pas leur prononciation.

Certains professeurs de langues disent que l´accent étranger est une question d´âge. Je suis en total désaccord. C´est une question d´attitude. Notre façon de parler – notre prononciation – est un composant essentiel de notre identité personnelle. Beaucoup d´adultes créent des liens tellement forts avec leur première culture qu´ils ont peur de perdre leur identité lorsqu´ils changent leur prononciation, c.-à-d. en apprenant une deuxième langue. Tu ne pourras apprendre une nouvelle langue correctement qu´une fois que tu as compris que ces peurs sont sans fondement. Et pourquoi ces peurs sont-elles sans fondement ? Eh bien, ta « nouvelle » identité ne remplacera pas l´ancienne, mais la valorisera. Pour utiliser les mots du philosophe et l´homme politique Tomáš Garrigue Masaryk, « Plus vous connaissez de langues, plus vous êtes humain ». Comme tu vois, la question de la prononciation va bien plus loin qu´un simple composant d´apprentissage de langue. Elle impactera ton amour-propre, ton affection culturelle envers la Norvège, et les relations que tu auras avec les locuteurs natifs. Mais il y a une bonne nouvelle : tu peux tout améliorer par le simple fait d´améliorer ta prononciation. Alors, commençons tout de suite ! Tu pourras trouver des conseils sur www.skapago.eu/nils/fr, et pour toute question, envoi un mail à Nils sur (nils@skapago.eu).

15

«Sånn, Nils, nå skal vi se 'Hotell Augustus'. Det er en kjempefin TV-serie. Hvor er det blitt av fjernkontrollen?»

Nils er spent. Hva kommer til å skje? Hva er en fjernkontroll? Og hva gjør man egentlig med en TV?

Lise finner fram en liten, svart boks – det er nok fjernkontrollen – og trykker på en knapp. Nils er forbauset. Han ser bilder på skjermen! Dette er altså «å se på TV». Lise har det gøy. Hun ler ofte. Men Nils kjeder seg. Historien er ikke interessant, synes han. Han forstår ikke alt. Må han nå vente foran TV-en til historien er over?

«Nå kommer det reklame. Da bytter vi kanal», sier Lise. Hun trykker på en knapp på fjernkontrollen, og bildet forsvinner. Nå ser man en gammel mann. Mannen sitter bak et bord og leser noe. Så ser han opp og sier langsomt: «Det var kveldsnyhetene for i dag – vi ses igjen i morgen klokka halv sju.» Mannen er borte igjen. Nå ser man et stort kjøkken. Ei dame står ved komfyren.

Han vil så gjerne bytte kanal.

hvor er det blitt av ...	où est passé ... ?
kjempe-	très, vraiment, (*pour souligner quelque chose*)
kjempefin	très beau, super beau/belle
en TV-serie	une série télévisée
en fjernkontroll [fjærnkontråll]	une télécommande
spent	impatient, surexcité
å finne fram noe	sortir (*quelque chose de quelque part*)
en boks [å]	une boîte
nok [å]	*ici* : probablement
en knapp	un bouton
forbauset	surpris
en skjerm [æ]	un écran
altså	donc, alors
gøy	amusant
å ha det gøy	se divertir, s´amuser
å le, ler, lo, har ledd	rire
å kjede seg, kjedet	s´ennuyer
interessant	intéressant
å synes, syntes	trouver (donner son avis)
over [å]	*ici* : fini
en reklame	une publicité
å bytte, byttet	changer
en kanal	une chaine
bak	derrière
å forsvinne, forsvant, har forsvunnet [får-]	disparaitre
å lese, leste	lire
langsomt [å]	lentement
en nyhet	une information, nouvelle
kveldsnyhetene [kvell-]	le journal télévisé du soir
Vi ses! = Vi sees!	On se verra !
halv [hall]	demi/e

Hun legger kjøtt og grønnsaker i ei stor panne. «Hei og velkommen til 'Veras kjøkken'», sier hun.

Da ringer telefonen. Lise står opp fra sofaen og går raskt ut i gangen.

«Hei, det er Lise ... Marit! Takk for sist! Så hyggelig å høre fra deg igjen.»

Nils ser mot gangen. «Veras kjøkken» er også ganske kjedelig. Han vil så gjerne bytte kanal. Vil Lise huske at de har sett på «Veras kjøkken»?

Nils nøler litt – men så tar han sjansen.

Han trykker på fjernkontrollen. «Veras kjøkken» er borte.

ei panne	une poêle
velkommen til ... [å]	bienvenu/e/s à ...
raskt	rapidement
å nøle, nølte	hésiter
en sjanse	une opportunité, occasion
å ta en sjanse, tok, har tatt	tenter sa chance, prendre le risque

synes – tro

```
Boka er god, synes jeg.   = Jeg har lest boka.
Boka er god, tror jeg.    = Jeg har ikke lest boka.
```

Nous utilisons **å synes** quand nous exprimons un avis ou une opinion. Mais nous utilisons **å tro** lorsque nous voulons exprimer un doute sur un élément d'information, c.-à-d. quand nous **pensons** ou **croyons** quelque chose sans le savoir.

kommer til å ...

Au chapitre 11 tu as appris plusieurs façons d'exprimer le futur. En voici encore une, très courante à l'oral.

Hva kommer til å skje?   Que va-t-il se passer ?
= Hva vil skje?

Nous employons cette expression pour dire que quelque chose va arriver et que nous ne pouvons rien y faire.

Vi kommer alle til å dø.
(Ok, c'est peut-être un exemple extrême, mais c'est la vérité, n'est-ce pas ?)

Adverbes

J´ai beaucoup traité les adjectifs dans ces derniers chapitres. Tu te rappelles que les adjectifs décrivent des objets ou des personnes. Les couleurs sont de parfaits exemples d´adjectifs. Regardons la phrase suivante :

    Lise går raskt ut i gangen.

Avec tout ce que tu sais sur la grammaire norvégienne maintenant, tu as certainement remarqué quelque chose d´étrange : pourquoi y a-t-il un **-t** à la fin du mot **raskt** ?
Ta première supposition est probablement que cet adjectif décrit un objet neutre – tu te rappelles que les adjectifs prennent un **-t** à la fin lorsqu´ils décrivent un objet neutre, n´est-ce pas ? Mais qu´est-ce qui pourrait être neutre dans cette phrase ? La réponse est tout simplement : rien du tout. **Lise** est féminin (pas de doute là-dessus) et **gangen** est masculin.

Pour trouver la réponse, je vais devoir te poser une question : quel objet ou quelle personne le mot **raskt** décrit-il ? Certainement pas **gangen**, mais tu pourrais penser que c´est **Lise**. Désolé, ce n´est pas la bonne réponse. Regarde encore : la phrase ne signifie pas que **Lise** est rapide, elle décrit sa façon de marcher. Essaie encore, quelle personne ou quel objet **raskt** décrit-t-il ? Et la réponse est : **raskt** décrit le verbe **går**. Donc, puisqu´il ne décrit pas un objet ou une personne, ce n´est pas un adjectif. C´est un *adverbe* (c´est facile de retenir : les ad*verbes* décrivent les *verbes* et les ad*jectifs* décrivent les ob*jets* et les su*jets*).

Nous pouvons souvent prendre un adjectif pour en faire un adverbe. **Rask** est un bon exemple. Je peux dire :

	en rask bil	une voiture rapide	(adjectif)
	et raskt fly	un avion rapide	(adjectif)
Mais:	Lise går raskt.		(adverbe)

Aussi, lorsque nous voulons créer un adverbe à partir d´un adjectif, nous utilisons tout simplement la forme neutre de l´adjectif en question (qui en général, mais pas toujours, finit par **-t**).

Une dernière remarque sur ce sujet : il ne peut y avoir d´adverbe après **å være**. Par définition, tout ce qui décrit l´apparence de quelque chose, sera forcément un adjectif. Fais la comparaison :

    Susanne går raskt.   (adverbe)
    Susanne er rask.   (adjectif)

Susanne er rask.   Susanne går raskt.

Les médias

L´utilisation des médias varie beaucoup en fonction des générations. Certaines des phrases suivantes s´appliquent à Erna, d'autres à Susanne – quelques-unes aux deux.

Essaye de répondre aux questions suivantes :
- Hva gjør Susanne?
- Hva gjør Erna?
- Hva gjør du?

Hun leser avisa hver dag.
Hun sender tekstmeldinger til en venn.
Hun chatter med ei venninne.
Hun lytter på radio.
Hun leser ei bok om kvelden.
Hun er på Facebook.
Hun går på kino.
Hun ser TV-serier på datamaskinen.
Hun lytter på musikk på nettet.

en tekstmelding [-melling]	un texto (SMS)
å chatte [æ]	chatter
ei venninne	une copine
en radio	une radio
(en) musikk	de la musique
«nettet»= (et) Internett	le net = Internet

1 Construis des phrases. Mets le verbe au *preteritum* et complète avec un adverbe.
Eksempel: han, å gå, rask → Han gikk raskt.
a) turisten, å spørre, høflig
b) hun, å bevege seg, rar
c) Susanne, å snakke, frekk
d) Lise, å gå, rask
e) Fredrik, å arbeide, god
f) de, å gå, lang

2 Adjectif ou adverbe ? Choisis la bonne forme.
a) En lærer snakker (høflig) med Susanne. Den (høflig) læreren sier: «Du arbeider (rask), Susanne.» Læreren er (god). Han forklarer (god).
b) Hvorfor snakker denne mannen så (rar)? Han må være (gal).
c) Er klokka 19.00 allerede? Nei, klokka går (gal).

3 Relie les mots de sens contraire.

interessant	foran
huske	ned
dyr	gammel
bak	kjedelig
opp	rask
langsom	glemme
ung	billig

4 Relie les mots de gauche avec ceux de droite de façon à former des phrases qui ont du sens.

På kjøkkenet	er av tre.
Gulvet i gangen	teppe til stua.
Vi må kjøpe et nytt	er det to senger.
Oppvaskmaskinen	man bakgården.
På dette soverommet	i det lille skapet ved døra.
Fra vinduet ser	i sofaen i stua?
Vil du sitte	er ødelagt.
Glassene er	har vi en stor komfyr.

5 Hvilket TV-program liker du? Hvorfor?
Qu´aimes-tu regarder à la télé ? Pourquoi ?

6 Complète avec *synes* ou *tro*.
a) Disse møblene er fine, ... jeg.
b) Telefonen ringer. Hvem er det? – En kunde, ... jeg.
c) Hvor er saksa? – Den ligger på bordet, ... jeg.
d) Han ... det var en dårlig idé.
e) Når sendte han denne e-posten? – I går, ... han.
f) Hva gjør Marthe? – Jeg ... hun er kokk.
g) Er hun en god kokk? – Ja, det ... jeg.

Nå ser Nils noe helt annet på TV. De nye bildene er fantastiske. Kameraet står på et høyt fjell. Man ser ned på en lang fjord og noen små øyer. Midt på ei lang øy ligger en ganske stor by. Nils er begeistret. Landet på TV-skjermen er fantastisk. Han ønsker å besøke et slikt land.

Bildet fra det høye fjellet er nå borte. Nils ser – en nisse! Han har aldri sett en annen nisse før. En mann forteller: «I dette landet bor nissene. En nisse er vanligvis ganske snill.» Nils er enig. Han er virkelig snill, tenker han.

Mannen fortsetter: «Men noen nisser er ikke snille. Man må behandle nissene godt. Ellers kan de skade menneskene. Den moderne julenissen er en blanding av Sankt Nikolaus og den norske nissen.»

Han må bli kjent med dette landet!

Da bestemmer Nils seg: Han må bli kjent med dette landet! Men hvor er dette landet? Han må finne Emil. Emil vet så mye – han har sikkert en idé. Lise må ikke se ham – men det glemmer han helt. Heldigvis er hun veldig opptatt med å snakke i telefonen.

fantastisk	fantastique
et kamera	une caméra
høy	grand/e, haut
et fjell	une montagne
en fjord [fjor]	un fjord
ei øy	une île
begeistret [æi]	enthousiaste, enchanté
et land [lann]	*ici* : un paysage, une terre ; mais aussi : un pays
å ønske, ønsket	souhaiter
vanligvis [-livis]	normalement
snill	gentil/le
å være enig [eni]	être d'accord
virkelig [-li]	réellement, vraiment
å fortsette, fortsatte, har fortsatt [fårtsj-]	continuer
å behandle, behandlet [-hannle]	traiter
å skade, skadet	blesser, faire du mal
en julenisse	un Père Noël
en blanding [blanning]	un mélange
å bestemme seg, bestemte	se décider
å bli kjent (med)	faire connaissance (avec)
heldigvis [-divis]	heureusement
opptatt [å]	occupé/e

annen

Annen a deux significations : ***deuxième*** et ***autre***.
    en annen nisse   un autre *nisse*
    det andre huset til venstre   la deuxième maison à gauche

Voici les formes différentes de **annen**:
    en annen kopp
    ei anna dør
    et annet vindu
    mange andre kopper/dører/vinduer
    den andre koppen/døra ...

La question pour les mordus de grammaire !
    Nå ser Nils noe helt annet.
Pourquoi utilisons-nous la forme neutre **annet** ici ?

Afin de répondre à cette question, tu dois trouver ce que **annet** décrit. De toute évidence c´est **noe**. Puisque **noe** est neutre, nous devons utiliser **annet**.

noen + noms

Tu as appris que **noe** signifie ***quelque chose*** et que **noen** signifie ***quelqu´un***.
Noen peut aussi vouloir dire ***quelques*** lorsque nous le combinons avec un nom au pluriel :
    noen små øyer   quelques petites îles
Tu en apprendras plus sur **noe** et **noen** au chapitre 18.

Været (Le temps)

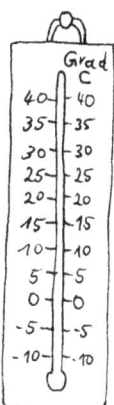

Temperatur = *Température*
L'unité est le degré Celsius et nous disons par exemple :
   Det er 15 grader i dag.
Nous avons le choix entre plusieurs mots afin de différencier entre plus Celcius et moins Celcius : **Minusgrader** ou **kuldegrader** et **plussgrader** ou **varmegrader**, p.ex.: Trondheim -10°
→ **Det er 10 kuldegrader i Trondheim.**

(en) temperatur	température
en grad	un degré
en kuldegrad = minusgrad	degré en dessous de zéro, moins ... degrés
en varmegrad = plussgrad	degré au-dessus de zéro, plus ... degrés

Vind = *Le vent*
La Norvège est un pays où le vent souffle souvent, et il existe de multiples façons pour exprimer la vitesse du vent. Sur la liste ci-contre la vitesse du vent va du plus faible au plus fort.

en vind [vinn]	du vent
en bris	une brise
en kuling	un vent fort *(40-70 km/h)*
en storm [å]	une tempête
en orkan	un ouragan

Nedbør = *Précipitations*
La Norvège est également un pays humide. Nous pouvons retrouver l´équivalant français de la plupart des expressions, mais restons vigilant quant à **sludd** (combinaison de pluie et de neige) et **yr** (combinaison de pluie et de brouillard).

(ei) tåke	brouillard
(et) regn [ræjn]	pluie
en regnbyge	une averse
(en) snø	neige
sludd	*précipitation de neige fondue*
(et) yr	bruine

Skydekke = *Couverture nuageuse*
Puisque le temps est souvent humide et venteux, le ciel norvégien reste plutôt couvert, mais à des niveaux variés. **Overskyet** signifie que tout est gris, alors que **klart** veut dire que tout est bleu (tu peux aussi dire **sola skinner** = *le soleil brille*). **Opphold** signifie tout simplement qu´il ne pleut plus. Il est le plus souvent relié à un temps plutôt dégagé, mais tu seras amené à entendre beaucoup d´euphémismes autour de ce mot aux prévisions météo norvégiennes.

våt, vått	humide
tørr, tørt	sec
overskyet [å]	couvert
delvis skyet	partiellement couvert
opphold [åpphåll]	*voir explication*
klart	dégagé

Les saisons

Décris le temps qu'il fait en Norvége et dans ton pays natal pendant les saisons suivantes :

vår	printemps
sommer	été
høst	automne
vinter	hiver

Astuce de grammaire : les noms des saisons sont des noms masculins, on peut en parler à travers les expressions suivantes :

om våren	au printemps
i vår	ce printemps
tidlig på våren	au début du printemps
sent på våren	à la fin du printemps

Les mois & les évènements importants

Quel bazar ! Tout est faux dans ce calendrier. Peux-tu réattribuer chaque évènement au mois approprié ?

januar	fellesferie
februar	jul
mars	
april	høstferie
mai	mørketid (bare i Nord-Norge)
juni	
juli	påske
august	17. august – Norges nasjonaldag
september	midnattssol (bare i Nord-Norge)
oktober	
november	sankthans
desember	nyttår

Dire la date

Pour ce faire, il faudra que tu apprennes les nombres ordinaux (p.ex. *le premier*, *le second*, etc.) :

Tous les nombres ordinaux soulignés sont irréguliers, et il va falloir les apprendre par cœur. Désolé ! Mais pour les autres, c´est bien plus facile. Tout ce que tu auras à faire est de prendre le nombre cardinal (c.-à-d. le nombre « normal », tel que **femten**) et ajouter la terminaison **-ende** [-enne]. Si le nombre se termine déjà par **-e**, tu n´ajoutes que **-nde**, et s´il se termine déjà par **-en**, tu n´ajoutes que **-de**.

		forme alternative
1.	<u>første</u>	
2.	<u>andre</u>	
3.	<u>tredje</u>	
4.	<u>fjerde</u> [fjære]	
5.	<u>femte</u>	
6.	<u>sjette</u>	
7.	sjuende	syvende
8.	åttende	
9.	niende	
10.	tiende	
11.	<u>ellevte</u>	
12.	<u>tolvte</u> [tållte]	
13.	trettende	
14.	fjortende	
15.	femtende	
16.	sekstende [sæjs-]	
17.	syttende [søtt-]	
18.	attende	
19.	nittende	
20.	tjuende	tyvende
21.	tjueførste	enogtyvende
22.	tjueandre	toogtyvende
30.	trettiende	tredevte

Comme tu peux voir, il y a des formes alternatives, comme pour les nombres cardinaux. Choisis celles que tu préfères. Quoi qu´il en soit, tu entendras les deux utilisées en Norvège. Après 40, il n´y a plus qu´une forme (**førtiende**, **femtiende** ...), mais tu peux toujours utiliser des combinaisons différentes :

   førtiandre – toogførtiende

Tu vois aussi que nous indiquons le nombre ordinal en utilisant un point (*20ème* en français s´écrirait **20.** en norvégien). En règle générale, nous employons l´article définit avec les nombres ordinaux (assez logique – normalement c´est *le premier* et non pas *un premier*).

Enfin, tu viens de franchir la première (et la plus difficile) étape sur le chemin de l´énoncé des dates. Le reste est facile. En ce qui concerne les mois, tu connais déjà leurs noms – quand nous écrivons les mois, nous utilisons des abréviations en trois lettres (p.ex. **jan.** pour **januar**), et les années sont exprimées en nombres cardinaux (p.ex. **2014 totusenogfjorten**). Les années avant 2000 s´expriment en deux groupes, p.ex. **1981 nitten åttien** (tel que 19 81), et certains font pareil pour les années après 2000 (p.ex. **2014 tjue fjorten**). Soit :

  05. okt. 2013 den femte oktober totusenogtretten

Si tu aimes les défis, tu peux aussi exprimer le mois comme un nombre ordinal. Dans ce cas, nous mettons un **i** avant le mois :

  05.10.2013 den femte i tiende totusenogtretten

1 Complète avec la forme appropriée de *annen*.
a) Jeg vil ikke kjøpe dette huset – jeg vil kjøpe et ... hus.
b) Ser du denne mannen? Nei, ikke denne – den ... mannen.
c) Per vil ha en ... telefon.
d) Den ... telefonen er ganske dyr.
e) Han vil også ha ei ... klokke.
f) Her har de bare én slags sjokolade, men i den ... butikken har de mange ... slags sjokolade.

2 Présente la météo pour chaque ville. Fais attention à l´ordre des mots.
Eksempel: I Hammerfest skinner sola.

Oslo	regn	Kristiansand	tåke	Bergen	vind
Ålesund	sol	Bodø	sludd	Tromsø	opphold
Kirkenes	snø				

3 Lis les dates suivantes.

01.08.1998	12.12.1813	14.02.2015	17.09.2011	03.07.2020	05.06.2002	09.04.1714
02.06.2008	06.07.2017	30.02.1917	19.05.2016	15.12.1970	10.01.1934	04.11.2011
12.03.2012	08.03.2018	07.10.1965	31.10.1916	16.05.2011	18.09.1808	20.08.2013
13.01.2010	11.04.2009	21.03.1332	25.11.2019			

4 Svar på spørsmålene.
a) Når har du bursdag?
b) Når har mora di bursdag?
c) Når har faren din bursdag?
d) Når er det jul?
e) Når er Norges nasjonaldag?

5 Réécris les phrases au futur. Rappel : tu ne peux pas appliquer toutes les options (*skal*, *vil* et/ou *kommer til å*) à toutes les phrases.
a) Det – regne i morgen.
b) På torsdag – jeg besøke min tante, men jeg må ringe henne først.
c) – du få denne jobben?
d) Jeg har så mye å gjøre! Jeg – vaske opp, mate hunden og skrive en e-post til bestefaren min.
e) Når – du gå hjem?
f) Hvor – du bo?
g) – du spise lunsj med oss?
h) Martin – betale kontant.
i) Jeg – studere økonomi.

17

«Emil! Endelig fant jeg deg!» roper Nils.

«Hva er det, Nils?»

«Jeg må fortelle deg noe. Jeg ser en film som er helt fantastisk. Den handler om et veldig fint land som jeg har lyst til å se! Du må hjelpe meg. Jeg vet ikke hvor det ligger.»

Emil er litt forvirret. Nils har aldri vært ute av huset, så vidt han vet. Og nå vil han reise til utlandet?

Han tar en titt på skjermen – og så må han le. «Men Nils, dette landet – det er jo Norge! Byen som du ser, heter Tromsø. Vi bor i dette landet.»

«Jaså? Men når jeg ser ut av vinduet her, er det bare ei trang gate – ingen lange fjorder, små øyer, røde hus ...» – «Ja, selvfølgelig, Nils. Vi er jo midt i Oslo. Det er ikke særlig typisk for Norge.»

«Ja, men Emil, jeg må se dette. Jeg vil dra til den lange fjorden, det høye fjellet og de små øyene som vi ser her.»

«Hva er denne Hurtigruten?»

«Tja, Nils, da må du reise en del. Dette som du ser her i filmen, er Nord-Norge. Du kan jo ta fly til Tromsø, eller Hurtigruten, hvis du vil.»

«Fly? Hurtigruten? Hva er det for noe? Kan jeg ikke bare gå?»

Emil puster dypt. Dette her blir komplisert.

å handle om [åm], handlet	s´agir de
å ha lyst til å ...	avoir envie de ...
ute	dehors
så vidt ...	autant que, d´après ce que ...
å reise til, reiste	aller à, voyager
(et) utland [ut-lann]	l´étranger
en titt	un coup d´œil
å ta en titt på	jeter un coup d´œil
Jaså.	je vois.
Mais: Jaså?	ah bon ? (*ironique*)
ingen	ici : aucun
Oslo	*capitale de la Norvège*
Tja!	Eh bien !
en del	une partie
nord [noor]	nord
et fly	un avion
ei hurtigrute [hurtirute]	*un ferry (l´Express Côtier) opérant sur la côte ouest de la Norvège*
hvis [viss]	si
å puste, pustet	respirer
dyp	profond
komplisert	compliqué

«Nils, det er mer enn tusen kilometer fra Oslo til Tromsø. Du kan ikke gå. Du kan ta tog til Trondheim og Hurtigruten derfra, eller så kan du ta fly direkte fra Oslo. Det går veldig fort med fly, for det går gjennom lufta. Det tar bare to timer.»

«Gjennom lufta? Nei, det er skummelt. Hva er denne Hurtigruten?»

«Det er en båt som går hver dag. Det tar to dager med Hurtigruten fra Trondheim til Tromsø. Toget fra Oslo tar noen timer. Du kan prøve det. Men vi har et problem.»

«Ja?»

«Du er en nisse, Nils. Du kan ikke bare kjøpe en billett og ta toget. Vi må finne på noe.»

en kilometer	un kilomètre
et tog [tåg]	un train
Trondheim [Trånnheim]	*une ville au centre de la Norvège*
derfra [dær-]	de là
gjennom [jennåm]	à travers
(ei) luft	l´air
skummel	effrayant
en båt	un bateau
hver [vær]	chaque
et problem	un problème

som

Le mot **som** relie deux phrases entre elles. Il remplace le sujet ou le complément d´objet mentionné dans la phrase précédente.

> Jeg ser en film. Filmen er helt fantastisk.
> → Jeg ser en film som er helt fantastisk.

Dans cet exemple, **som** remplace le sujet dans la deuxième phrase.

> Den handler om et veldig fint land. Jeg har lyst til å se dette landet.
> → Den handler om et veldig fint land som jeg har lyst til å se.

Dans le second exemple, **som** remplace le complément d´objet dans la deuxième phrase.

Pour les mordus de grammaire : **som** est un *pronom relatif*.

QUIZ

Hva vet du om Norge?

1 Hvor mange innbyggere har Norge?
a) 3 millioner mennesker og 10 000 reinsdyr
b) 4 millioner mennesker og 10 000 reinsdyr
c) 5 millioner mennesker og 200 000 reinsdyr

2 Hva er riktig?
a) Oslo har alltid vært Norges hovedstad.
b) Oslo er hovedstaden i dag, men før var det Bergen.
c) Bergen er egentlig hovedstaden, men regjeringen og kongen er i Oslo.

3 Hva er et fylke?
a) en del av Norge
b) folk som bor i et land
c) folk som bor i en del av landet

4 Hva heter de fem norske landsdelene?
a) Sør-Norge, Midt-Norge, Nord-Norge, Øst-Norge, Vest-Norge
b) Sørlandet, Midtlandet, Nordland, Østlandet, Vestlandet
c) Sørlandet, Trøndelag, Nord-Norge, Østlandet, Vestlandet

5 Hva gjør kongen hver fredag kl. 11.00?
a) Han snakker på radio.
b) Han kjører på hytta.
c) Han møter regjeringen.

6 Hva er *ikke* en del av Norge?
a) Finnmark
b) Finland
c) Nordland

en innbygger	un habitant
en million	un million
et reinsdyr	un renne
hoved-	principal-
en hovedstad	une capitale
riktig [-ti]	correct
en regjering [reje-]	un gouvernement
en konge [å]	un roi
et fylke	une région administrative en Norvège (département)
en landsdel	une région
å kjøre, kjørte	conduire

135

7 Hva stemmer *ikke*?
a) I Tromsø kan det være -25 grader om vinteren.
b) Haakon VII, Norges konge fra 1905 til 1957, var dansk, og kona hans var engelsk.
c) I mange norske byer varmer man opp fortauene om vinteren.

8 Hva er riktig?
a) Oslo var den første europeiske byen med trikker.
b) Bergen var den første norske byen med telefon.
c) Hammerfest var den første norske byen med elektrisk gatelys.

9 Hva betyr *Utkant-Norge*?
a) utenfor Norge
b) Norge i unionstiden (1814–1905)
c) regioner i Norge langt fra byene

10 Hva stemmer *ikke*?
a) Vardø ligger like langt øst som Istanbul.
b) Folk som bor i Vardø, må kjøre tre timer til sykehuset.
c) I Vardø kan det være 25 grader om sommeren.

11 Hvilken informasjon om din nabo er offentlig i Norge?
a) hvor mye han tjener
b) hvor han er født
c) hvor han arbeider

12 Hovedgata i Oslo heter *Karl Johans gate*. Men hvem var egentlig Karl Johan?
a) en dansk musiker
b) en svensk konge
c) en norsk kunstner

dansk	danois
å varme opp	chauffer
europeisk	européen
en trikk	un tramway
elektrisk	électrique
et gatelys	lampadaire
en utkant	*explication : voir la solution du quiz*
utenfor	en dehors
en region	une région
langt fra	loin de
et sykehus	un hôpital
en informasjon	une information
en nabo	un voisin
offentlig [å]	public
å tjene, tjente	gagner *(de l´argent)*
født	né/e
en musiker, musikere	un/e musicien/ne
en kunstner, kunstnere	un/e artiste

1 Relie les phrases suivantes. Utilise *som*.
a) Kari har en bror. Broren heter Stian.
b) De bor i en leilighet. Leiligheten er i Stavanger.
c) Jeg vil spise dette eplet. Eplet ligger på bordet.
d) Er det din sønn? Han venter foran huset.
e) Her er en kunde. Kunden vil kjøpe en billett.
f) Kunden kjøper en billett. Billetten koster 390 kr.
g) Jeg har kjøpt avisa. Du leser avisa hver dag.
h) Han sitter i sofaen. Sofaen står i stua.
i) Han forklarer det. Det er viktig for henne.

2 Svar på spørsmålene.
a) Hvorfor vil Nils snakke med Emil?
b) Hva ser Nils på TV?
c) Hvor bor Nils og Emil?
d) Hvor mange kilometer er det fra Oslo til Tromsø?
e) Hvorfor vil Nils ikke reise med fly?
f) Hvorfor blir det vanskelig for Nils å reise til Tromsø?

3 Hva vet du om Nils og Erna?
a) Hvem har laget Nils?
b) Hvorfor vil Susanne ikke ha Nils?
c) Hvem har skrevet papirlappen som Nils har i magen?
d) Hva – tror du – står på papirlappen?
e) Erna møtte en ung mann foran butikken. Hvorfor er hun trist etterpå?
f) Erna tenker på «det med hytta» som var Heges idé. Hva – tror du – er «det med hytta»?

4 Utilise la forme appropriée des noms et des adjectifs. Ajoute l´article approprié au besoin.
   Tor er (norsk, gutt) på 18 (år). Han er snart ferdig med (skole). Han liker ikke (skole). Etter (kjedelig, skoletid) vil han gjerne oppleve noe gøy. I (sommer) vil han derfor reise til (England). Han kjenner noen (engelsk, gutter) fra før. Han vil besøke disse (venner).
   Men i dag føler han seg ikke bra. Han har vondt i (mage). Kanskje fordi han har spist mange (grønn, epler)? (Grønn, epler) var ikke (god). Eller kanskje har han spist for mye (suppe)? Det var mye (smør) i (suppe). Kjenner han (god, lege)? Ja, (bror) hans er (lege). (Bror) heter Ivar. Han må gå til ham.
   Ivar undersøker Tor. Han sier: «Alt er bra med (mage) din. Du må bare finne deg (god, kokk).»
   «Kan jeg dra til England, Ivar?» – «Ja, selvfølgelig. Men du må bare spise (god, mat). (Rød, eple) per dag er (god).»

5 Choisis le temps approprié (preteritum/presens perfektum) en utilisant la bonne conjugaison du verbe. Fais attention à l´ordre des mots.
a) å få: I går ... jeg besøk av en venn.
b) å snakke: Du må snakke med Helge. – Jeg ... allerede med ham.
c) å leve: Jeg ... i Norge i femten år og trives fortsatt.
d) å vaske: Ta av deg skoene! Jeg ... gulvene.
e) å kjøpe: ... du fisk? Jeg kan ikke se den.
f) å bo: Marit ... i Bergen fra 2005 til 2008.
g) å være: Mange turister ... i byen på søndag.
h) å slå: Kredittkortet er ødelagt. – ... du den riktige koden?
i) å sende: På tirsdag ... jeg e-post til mange kunder.
j) å hente: Jeg ... barna og besøkte Ida etterpå.
k) å gå: I går ... jeg til legen.
l) å dra: Hvor er Emil? – Han ...
m) å hjelpe: ... Emil deg med å rydde i stua i går?
n) å se: Hvor er Nils? – Jeg ... ikke ham.
o) å se: ... du filmen om Paris på lørdag?

6 Complète avec le pronom approprié.
Kjeder du ____ ? Da kan du hjelpe Anne og ____. Vi vil lage mat. Vi har poteter her. Kan du vaske ____ ?
____ ligger ennå på bordet.
   Vi har også kjøpt kjøtt. Kan du skjære ____ opp? Nei, først kan du hjelpe ____ med å vaske kjøkkenet. ____ ser ganske dårlig ut. Etterpå må ____ vaske gulrøttene. Men hvor er ____ ? Har du sett ____ ? Å, vi har kanskje glemt å kjøpe ____ ! Kan du gå til butikken? ____ ligger ved jernbanestasjonen. Du kan allerede se ____ når du går ut fra huset. Gleder du ____ til maten? Jeg gleder ____, og Anne gleder ____ også.

7 Complète avec *om, på, i*
a) ____ vinteren er det kaldt i Norge, men ____ vinter var det ganske varmt.
b) ____ mandag var det litt regn.
c) ____ søndager går vi ofte på tur.
d) ____ tre måneder har det bare vært snø.
e) ____ tre måneder begynner sommeren.
f) ____ mandager har vi alltid mange kunder.

18

stolt [stålt]	fier/fière
å gjette, gjettet [je-]	deviner
å invitere, inviterte	inviter
å gråte, gråter, grått, har grått	pleurer
et klesskap	une armoire
en genser, genseren, gensere, genserne	un pull
en bukse [o]	un pantalon
et skjørt	une jupe
å ombestemme [åm-] seg, ombestemte	changer d´avis
isteden	au lieu de
(et) undertøy [un-ner-]	sous-vêtements
en sokk [såkk]	une chaussette
ei regnjakke [ræjn-]	un imperméable
ei lue	un bonnet
et skjerf [sjærf]	une écharpe
en vott [vått]	une moufle
i tillegg	aussi, en plus
helst	de préférence
en fjellsko	chaussures de montagne, randonnée
enda	encore
en T-skjorte [te-sjorte]	un T-shirt
å holde [hålle], holder, holdt, har holdt	tenir, suffire (*det holder*=il suffit)
å holde med	suffire
Det holder med én skjorte.	une chemise suffit

Erna er stolt. Hun har ringt Hege. Nå vet Hege alt. Hun har alltid gjettet noe, men nå har de snakket om det. Hege har invitert Erna til Tromsø med en gang. Erna gråt i telefonen, men Hege forsto henne veldig godt.

Erna åpner det store klesskapet og ser inn. Hun må ha noen varme gensere. Hun tar en blå og en brun genser og legger dem i en liten koffert. Så tar hun ut tre hvite skjorter og en blå bukse. Kanskje jeg skal ta et skjørt også, tenker hun. Men hun ombestemmer seg. Isteden tar hun en svart bukse til og legger den i den lille kofferten. Så tar hun ut noe undertøy, og selvfølgelig sokker. Hun må absolutt ha ei regnjakke også. Og ei lue, et skjerf og votter. Skal hun ta både det gule skjerfet og den røde jakka? Ja, absolutt. I tillegg trenger hun gode sko. Helst fjellsko.

Skal hun ta både det gule skjerfet og den røde jakka?

Erna tar kofferten i hånda. Den er ganske tung allerede. Men Erna er ikke ferdig enda. Skal hun ta med noen T-skjorter også? Ja. Hun tror at det ikke holder med de to skjortene som allerede er i kofferten.

Men hun må ha en tannbørste, tannkrem, litt såpe og noen av de viktigste legemidlene. Alt dette finner hun på badet.

Erna går på badet og henter en grønn tannbørste, såpe og tannkrem. Hun kommer også tilbake med noen små esker som inneholder forskjellige medisiner.

Så ringer hun til Hege igjen.

«Jeg vet ikke, Hege. Jeg har gledet meg veldig mye. Men nå som jeg virkelig skal reise, er jeg skikkelig nervøs. Forstår du det?» Hege smiler. «Selvsagt. Det er alltid slik når man skal reise. Men jeg vet at dette er en veldig spesiell reise for deg. Har du sagt til Lise at du skal reise til Tromsø?»

«Ja. Jeg har fortalt henne at jeg vil besøke deg. Før jeg drar, skal jeg besøke Lise og familien.»

ei tann, tanna, tenner, tennene	une dent
en tannbørste	une brosse à dent
(en) tannkrem	dentifrice
å inneholde [hålle], -holder, -holdt, -holdt	contenir
forskjellig [får-]	différent
en medisin	un médicament
skikkelig [sj]	vraiment, très
selvsagt [sellsagt]	évidemment
spesiell	spécial/e, particulier

Leddsetninger
Les propositions subordonnées

J´ai beaucoup répété tout au long de ce livre que le verbe doit se trouver à la *deuxième* place dans une phrase. J´ai également dit que s´il y a un deuxième verbe, celui-ci doit se conjuguer à l´*infinitif* ou au *presens perfektum*. Regardons maintenant la phrase suivante en prêtant attention au verbe **holder** :

Hun tror at det ikke holder med de to skjortene.

De toute évidence, **holder** ne se trouve pas à la seconde place, et il est indiscutablement au présent. Que s´est-il passé ? Tu pourrais dire qu´il y a deux phrases – et tu aurais parfaitement raison ! Nous avons :

Hun tror …

et

… at det ikke holder med de to skjortene.

Mais regarde la deuxième phrase. Même en ignorant le mot **at**, **holder** est assurément à la place n° 3 et non pas à la place n° 2 :

… (at) det   ikke   holder …
1 (sujet)   2 (adv.)   3 (verbe)

Pour trouver la raison de cette structure particulière, il faut regarder le mot **at**. Examinons la deuxième phrase :
>At det ikke holder med de to skjortene.

Que signifie cette phrase ? Rien du tout ! Mais elle doit faire partie de la première phrase qui commence par **Hun tror ...** Si non, cela n´aurait pas de sens. On appelle ces phrases des *propositions subordonnées* (en norvégien : *leddsetninger*). Les propositions subordonnées ont deux caractéristiques particulières :
1. Elles ne fonctionnent pas toutes seules.
2. Elles commencent le plus souvent par un mot qui les inclut dans la proposition principale, dans notre cas le mot **at**. Cela aurait pu être **som**, **hvis**, **når** ... Ces mots connecteurs sont appelés des *conjonctions de subordination* (*subjunksjoner* en norvégien). Le mot en lui-même n´est pas le plus important, mais il faut retenir que ces mots connecteurs doivent être présents. De nombreux élèves font l´erreur de penser qu´il y a une proposition principale *et* une proposition subordonnée. Ce n´est pas du tout ça. En réalité, nous avons une proposition subordonnée *incluse* dans une proposition principale. Dans notre exemple, la proposition principale inclut toute la phrase de **Hun** jusqu´à **skjortene**, tandis que la proposition subordonnée constitue la partie soulignée.
>Hun tror <u>at det ikke holder med de to skjortene</u>.

Malheureusement nous sommes arrivés à un point où je suis obligé de te dire que les propositions subordonnées ont une structure de phrase particulière dans laquelle le verbe ne se trouve pas à la deuxième place. Désolé, mais ce n´est pas moi qui ai inventé le norvégien !

Ces propositions subordonnées commencent à chaque fois par la *conjonction* (le mot qui les connecte avec le restant de la proposition principale). Ensuite il y a toujours le *sujet*. Nous retenons que nous ne pouvons pas commencer une proposition subordonnée par n´importe quel mot.
Après le sujet, il y a l´*adverbe* (s´il y en a un), ici **ikke**. Puis vient le *verbe*. Le restant de la structure reste équivalent aux propositions principales.
Ce qui pose souci ici bien sûr, c´est l´emplacement de l´adverbe. Supposons que nous enlevions le mot **ikke** de notre exemple :
>Hun tror at det holder med de to skjortene.

Il n´y a pas de différence de structure ici entre la proposition principale et la proposition subordonnée, n´est-ce pas ? À chaque fois que tu entends un mot connecteur (comme **at**, **som** ...) et un adverbe (**ikke**, **ofte**, **allerede**, **egentlig** ...), il faut que tu te rappelles de la structure d´une proposition subordonnée.

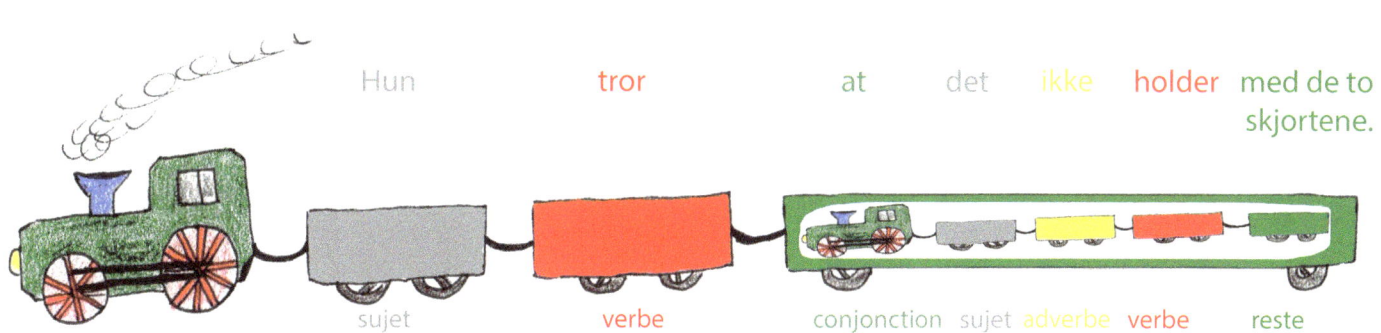

Est-ce que tu trouves ceci un peu compliqué ?
Je suis d´accord. Tu mérites une pause.

Kanskje

Kanskje (*peut-être*) est un adverbe. Dans une phrase (proposition principale), nous pouvons le mettre à la 1ère place ou à la place de l´adverbe :
    Kanskje bør hun besøke Hege.
    Nils vil kanskje se på leiligheten.

Dans ce chapitre cependant, Erna semble faire une erreur. Elle pense :
    Kanskje jeg skal ta et skjørt også.

Eh bien, Erna a vécu toute sa vie en Norvège et nous pouvons être sûr que ce n´est pas une erreur de sa part. Alors comment se fait-il que cette structure soit permise ?

Tout d´abord, nous devons examiner le sens exacte de **kanskje**. Le mot est composé par deux autres mots, **kan** et **skje**, donc il signifie *peut arriver*. Nous pouvons donc nous imaginer la phrase suivante :
    (Det) kan skje (at) jeg skal ta et skjørt også.

En omettant **det** et **at**, on voit clairement pourquoi cette structure est valable. Mais nous pourrions également dire :
    Kanskje skal jeg ta et skjørt også.
    Jeg skal kanskje ta et skjørt også.

noe(n)

Il est temps de faire la synthèse de toutes les significations de **noe** et **noen**. Enfin !

Au chapitre 7 nous avons vu :
    noe   quelque chose
    noen   quelqu´un

noen brød

Et au chapitre 16 nous avons vu :
    noen øyer   quelques îles
Voici la dernière façon d´utiliser **noe** :
    noe tid   un peu de temps

Quelle est la différence entre **îles** et **temps** ?
(D´un point de vue grammatical, bien sûr ...)
Eh bien, **øyer** est un nom qui peut être compté. J´aurais pu dire **mange øyer**. **Tid** est un nom au singulier qui ne peut pas vraiment être compté ici (également appelé *nom non dénombrable*). J´aurais pu dire **mye tid**.

noe brød

Rappelle-toi de la différence suivante :

Klær

«Det finnes ikke dårlig vær, bare dårlige klær!»

Beskriv Nils' klær.
Décris les vêtements de Nils.

Eksempel: Lua er rød.

ei lue	un bonnet
et skjerf [sjæ-]	une écharpe
ei jakke	une veste
en genser	un pull
ei skjorte	une chemise
ei T-skjorte	un T-shirt
en vott [å]	une moufle
en sokk [å]	une chaussette
en sko	une chaussure
en underbukse [unner-bokse]	un slip
en underskjorte [unner-]	un tricot

1 Trouve la structure adéquate pour les propositions subordonnées suivantes :
Eksempel: Hun sier at ... å ha – ikke – hun – bursdag – liker.
→ *Hun sier at hun ikke liker å ha bursdag.*
a) Han glemte at ... ikke – hver – frokost – Lises – dag – spiser – bror.
b) Vi ønsker at ... snart – en leilighet – finner – i byen – dere.
c) Hun tenker at ... svart – ikke – fristende – kaffe – er.
d) Du kommer hvis ... dattera – blir – frisk – di.
e) De synger når ... bursdag – har – noen.
f) Han liker det når ... høflig – kaféen – er – servitøren – på.
g) Han gjør som om ... husker – han – ikke – dagdrømmen.
h) Det føles som om ... Ernas – kjenner – store hemmelighet – ingen.
i) Du ser ut som om ... og – syk – du – medisin – er – trenger.
j) Jeg ringer alltid når ... og – spiser – er – alle – opptatt.
k) Hun bestiller når ... gir – servitøren – menyen – henne.
l) Vi fortsetter å snakke når ... slutter – endelig – du – å arbeide.

2 Complète avec *kanskje*. Écris plusieures phrases.
Eksempel: Jeg trenger legemidler. → *Jeg trenger kanskje legemidler. / Kanskje trenger jeg legemidler. / Kanskje jeg trenger legemidler.*
a) Han har lyst på kjøttkaker i tillegg.
b) Vil hun åpne vinduet?
c) Du trenger noen som hjelper deg.
d) Jeg rydder stua i dag hvis du er snill.
e) Har du allerede ryddet?

3 Quel vêtement va avec quel temps ? Construis des phrases avec des propositions subordonnées. Fais attention aux adjectifs.
Eksempel: regn – god jakke → *Når det regner, trenger man ei god jakke.*
a) snø – varm, votter
b) sludd – god, lue, skjerf, regnjakke
c) klart – fin, skjorte
d) sterk vind – varm, genser
e) orkan – god, sokker, fjellsko
f) regnbyge – lang, bukse
g) varmt ute – kort, skjørt

4 Complète avec *noe* ou *noen*.
Hun leste _____ om været i en avis og spiste _____ småkaker. Plutselig ringte _____ på døra. «Hei, du! Har du lyst til å gjøre _____ i kveld?» sa hennes venninne. «Åh, det er synd! Jeg sa til _____ av naboene at jeg hjelper med å bære _____ møbler og _____ klær.» «Men jeg kan kanskje hjelpe med _____? Kanskje hente _____ bøker ned fra hyllene eller lage _____ mat?» «Det er en bra idé. Jeg skal spørre _____ om de trenger deg.» «Vent, skal vi ta _____ småkaker og kaffe med oss? _____ å spise og drikke er alltid bra!»

19

Det har gått et par dager siden Nils har sett filmen om Nord-Norge. Emil har ikke fått noen idé ennå. Han har forklart til Nils at det er farlig å reise alene. Nils må prøve å snike seg inn i en koffert eller en veske. Men mange ting kan skje. Hvordan skal han komme seg inn i en koffert, og hvordan skal han komme ut igjen uten at noen ser ham?

Men denne kvelden, når hele familien allerede sover, kommer Emil inn på kjøkkenet med en spennende nyhet.

«Nils! Jeg vet hvordan du kan komme deg til Tromsø.»

«Aha? Har du fått en idé?»

«Nei, ikke direkte. Men tenk deg, Erna har ringt. Hun har snakket med Lise, og hun skal reise til Tromsø om ei uke. Det er sikkert en god idé å bli med henne. Da er det heller ikke så farlig. Dersom hun finner deg på reisen, kan du være sikker på at hun tar deg med tilbake igjen.»

«Det høres bra ut. Hva skal Erna egentlig i Tromsø?»

«Jeg aner ikke. Men spiller det noen rolle?»

«Nei. Men Emil, hva gjør jeg hvis jeg har et spørsmål på reisen? Jeg kommer til å være helt alene!»

«Du kan snakke med meg uansett hvor du er.»

«Ja, det er sant. La meg tenke litt.»

Emil sitter og tenker et lite øyeblikk. Men så står han opp, går ut av kjøkkenet og åpner veldig, veldig forsiktig døra til Pers rom.

«Hva skal du hos Per, Emil?»

«Hysj. Han må ikke våkne.»

alene	seul
å snike inn, snek, sneket	s'introduire discrètement, entrer en douce
en veske	un sac à main
spennende [-enne]	excitant, fascinant
å komme seg	se rendre quelque part
tenk deg	imagine-toi
ei uke	une semaine
dersom [dærsåm]	si, dans le cas où
det høres ... ut	ça a l'air ...
Hva skal hun i Tromsø?	Que va-t-elle faire à Tromsø ?
å ane, ante	soupçonner, pressentir, deviner
å spille en rolle, spilte	avoir de l'importance
hysj	chut

Emil går inn i det mørke rommet. Det er helt stille. Etter en stund kommer han ut igjen med to små grå apparater i hånda. Han gir ett av dem til Nils.

«Hva er dette, Emil?»

«Dette er en mobiltelefon. Når du trykker på denne knappen, tar jeg telefonen med en gang, og så kan du snakke med meg uansett hvor du er.»

«Ja, men Emil, dette er jo Pers mobiltelefoner. Vi kan ikke bare ta dem.»

«Jo, det kan vi. Han har hele skapet fullt av mobiltelefoner. Han må jo stadig ha den nyeste telefonen. Så han savner sikkert ikke disse to gamle telefonene.»

«Det betyr at jeg alltid kan snakke med deg når jeg vil? Det er jo helt fantastisk. Emil, du er den beste vennen jeg noensinne har hatt.»

Emil må smile. Han vet at Nils aldri har hatt en venn før. Derfor er det ikke vanskelig å være den beste vennen hans. Men han sier ingenting.

en stund [-unn]	un moment
et apparat	un appareil, un engin
en mobiltelefon	un téléphone mobile
full av	plein de
stadig [stadi]	constamment, tout le temps
å savne, savnet	manquer à
noensinne	jamais

Les propositions principales et subordonnées

Au chapitre précédent je t'ai expliqué que les propositions subordonnées font toujours partie de la proposition principale. Examinons cette affirmation. Regarde cette phrase :

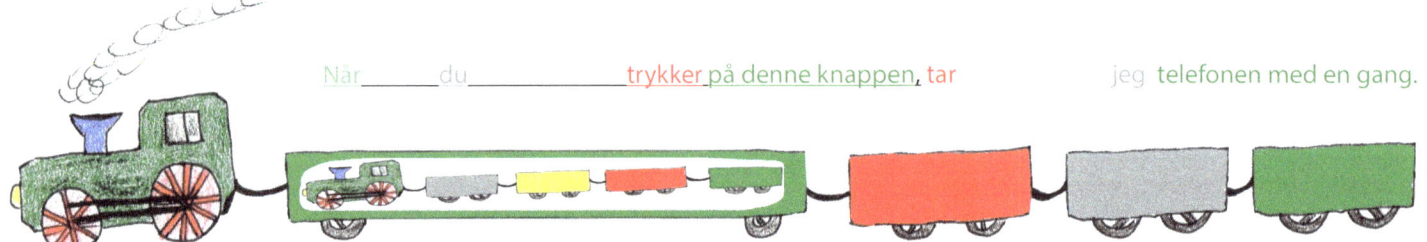

La partie soulignée est une proposition subordonnée. Facile. Elle commence par le mot connecteur (**når**), ensuite le sujet (**du**), le verbe (**trykker**) – puis le reste (**på denne knappen**). Il n'y a pas d'adverbe, donc la structure est correcte. Regardons maintenant la proposition principale. Elle comporte un verbe (**tar**), et puisqu'il s'agit d'une proposition principale, il doit se trouver à la deuxième place. Pas de débat là-dessus. De toute évidence, c'est l'ensemble de la proposition subordonnée qui se trouve à la première place dans la proposition principale. Puisque la première place est ainsi occupée par la proposition subordonnée, le sujet (**jeg**) doit se trouver à la troisième place – c'est le cas.

Un autre exemple intéressant :

La proposition subordonnée est de nouveau soulignée. L´élément **denne kvelden** constitue une information sur le temps (qui peut se placer à la première place, n´est-ce pas ?). Le verbe dans cette proposition principale est **kommer**, et il se trouve à la seconde place, on est d´accord.
Ce qui veut dire que l´ensemble des éléments à partir de **denne** jusqu´à **sover** se trouvent à la première place, et font donc partie de la même information. En effet ! C´est une information de temps. À quel moment Emil entre-t-il dans la cuisine ? **Denne kvelden** ou **når hele familien allerede sover** – les deux parties expriment le même moment, elles peuvent donc occuper la première place ensemble. On observe également que **men** n´a pas de place particulière (regarde le dernier exemple en bas de la page).
On aurait pu également segmenter la phrase :
    Men denne kvelden kommer Emil inn på kjøkkenet med en spennende nyhet.
    Når hele familien allerede sover, kommer Emil inn på kjøkkenet med en spennende nyhet.

Peux-tu trouver le sujet dans la proposition principale ? Exact – le sujet c´est **Emil**, et il se trouve à la 3ème place. On observe aussi que la proposition subordonnée comporte l´adverbe **allerede**, qui se place avant le verbe **sover**.

Je voudrais que l´on regarde une dernière phrase ensemble.
    Hun har snakket med Lise, og hun skal reise til Tromsø om ei uke.
Dans cet exemple il n´y a pas de proposition subordonnée. Les deux phrases fonctionnent indépendamment :
    Hun har snakket med Lise.
    Hun skal reise til Tromsø om ei uke.

On retient : les mots **og**, **men** et **for** relient deux propositions principales, et ils occupent la place n° 0 (on pourrait également dire qu´ils ne font pas parti de la phrase).

Se débarrasser de *som*

Les phrases commençant par **som** sont des propositions subordonnées. Le mot **som** peut remplacer le *complément d´objet* ou le *sujet* dans la proposition subordonnée (voir le chapitre 17). À chaque fois que **som** remplace le complément d´objet dans la proposition subordonnée, nous pouvons l´enlever. Regarde :

    Emil, du er den beste vennen (som) jeg noensinne har hatt.

Examinons cette phrase. Nous avons une proposition subordonnée à la fin de la proposition principale. La structure de la proposition subordonnée est la suivante :

    mot connecteur (som) – sujet (jeg) – adverbe (noensinne) – verbe(s)

Pourquoi avons-nous le droit de retirer **som** ici ?
Souvent, nous avons l´impression que les langues manquent de logique. Pourtant il y en a toujours quelque part : dans notre exemple, **som** est un complément d´objet. Je peux segmenter la phrase et remplacer **som** par **denne vennen** :

    Emil, du er den beste vennen.
    Denne vennen har jeg noensinne hatt.

Regardons maintenant un autre exemple dans lequel **som** est le sujet dans la proposition subordonnée :

    Jeg ser en film som er helt fantastisk.

Pourquoi sommes-nous obligés de garder **som** ici ?
Parce qu'il s´agit du sujet, et toute phrase norvégienne (même les propositions subordonnées) doit avoir un sujet.

hos – med – ved

Nous pouvons traduire **hos** par *chez* et **ved** par *près de* ou *à côté de*. **Hos** est lié aux personnes et **ved** aux objets.

    Hvor er du?
    Jeg er ved stasjonen.   Je suis près de la gare.
    Jeg er hos Per.   Je suis chez Per.

Nous pouvons traduire *avec* par **(sammen) med**.

    Jeg spiller tennis med Per.
    Jeg er på restaurant med Per.

Telefonen

Slik kan vi skrive telefonnumre i Norge:
- mobiltelefon: 911 06 368
  Vi kan si: ni – elleve – null – seks – tre – seks – åtte
- fasttelefon: 22 33 44 55
  Vi kan si: tjueto – trettitre – førtifire – femtifem

Nils ringer til Emil. Når Emil tar telefonen, sier han bare:
«Hei, det er Emil.»
Nils svarer: «Hei, dette er Nils.»
Hvis du ringer til Lise, men du vil snakke med Per, sier du:
«Hei, Lise. Kan jeg få snakke med Per?»

Hun sier kanskje:
«Han er ikke hjemme.»
Så kan du spørre:
«Når kommer han tilbake?»
Eller du sier: «Kan du si til ham at ...?»

Du ringer til noen du ikke kjenner.
Hun forstår ikke navnet ditt. Hun sier:
«Kan du stave navnet ditt?» (Est-ce que tu peux épeler ton nom?)

Vi skriver:	Vi sier:
A	a
B	be
C	se
D	de
E	e
F	eff
G	ge
H	hå
I	i
J	je
K	kå
L	ell
M	emm
N	enn
O	o
P	pe
Q	ku
R	ærr
S	ess
T	te
U	u
V	ve
W	dobbeltve
X	eks
Y	y
Z	sett
Æ	æ
Ø	ø
Å	å

1 Peux-tu retirer *som* dans les phrases suivantes ?
Oslo er en fin by som jeg ønsker å se snart.
Hurtigruta er en båt som går hver dag.
En lærer er en person som arbeider i skolen.
Jeg lagde ei kake som du ikke ville smake.
Tromsø er en interessant by som ligger i Nord-Norge.
Du likte TV-serien om Norge som vi så på i går.
Nils så en film som var helt fantastisk.
Den handlet om et veldig fint land som han hadde lyst til å se.

2 Écris autant de phrases qui sont structurellement possible.
alltid – dag – hver – lager – mat – og – sammen – spiser – vi.
av og til – gjør – gode – han – har – idéer – ikke – men – notater.
at – dag – gleder – hun – hver – tenker – seg – Susanne – til – skolen.
forsiktig – har – hvis – i magen – man – må – man – vondt – være.

3 Lise a fait beaucoup de courses dans pas moins de neuf magasins ! Où a-t-elle acheté ces articles ? Associe les articles avec les magasins appropriés.

skobutikk   apotek   teknikkbutikk   post   matbutikk   klesbutikk   kiosk   interiørbutikk   bakeri

Ei seng, en ukebillett (carte hebdomadaire pour le transport en commun), støvler (des bottes), en agurk (un concombre), en konvolutt (une enveloppe), en DVD, en hudkrem (une crème pour la peau), et rundstykke, en hodepinetablett (un cachet contre la mal à la tête), (et) toalettpapir (du papier-toilette), bukser, en buss-billett (un billet de bus), en mobillader (un chargeur pour un téléphone portable), småkaker, en eske for å sende en pakke (une boite pour envoyer un paquet), et batteri (une batterie), et bykort (un plan de ville), en parfyme (le parfum), et frimerke (un timbre), en genser, et brød, ei lampe (une lampe), kjøtt, et godteri (une confiserie), en hårbørste (une brosse à cheveux) ...

4 Les disse telefonnumrene.
36 75 88 18   44 17 73 12   27 11 32 11   866 12 033   56 65 14 39
67 16 13 92   911 15 113   912 19 129   40 52 16 63

5 Telefonen ringer. Det er en venn. Han stiller følgende spørsmål. Hva svarer du?
a) Kan jeg få snakke med Martin?
b) Har du lyst til å besøke meg i kveld?
c) Jeg har glemt å kjøpe poteter. Kan jeg få noen av deg?
d) Jeg føler meg dårlig. Jeg har vondt i brystet. Vet du hva jeg bør gjøre?
e) Jeg må rydde opp i leiligheten i dag. Kan du hjelpe meg?

20

Det er lenge siden Erna har besøkt Lise. Men dagen før reisen til Tromsø rekker hun det endelig. Hun har sittet på toget i to timer. Og nå må hun ta trikk til Lises hus. Det er kjedelig å reise så langt, synes hun. Hun vil egentlig bo i nærheten av Lises familie. Men hun kan heller ikke tenke seg å flytte til Oslo. Det er så hektisk her. Alle har det travelt. Nei, hun trives i den lille byen hvor hun bor nå, selv om hun føler seg litt ensom av og til.

Når trikken stopper neste gang, har hun endelig kommet fram. Hun går av, krysser gata og ringer på døra hos Lise.

«Hei, mamma. Takk for sist. Hyggelig at du kommer på besøk før du drar til Tromsø.»

«Hei, Lise. Går det bra med deg?»

«Ja, det går kjempefint. Og med deg?»

«Det går også veldig bra.»

«Kom inn. Middagen er ferdig. Vi venter egentlig bare på Per – han har ikke kommet hjem fra fotballtreningen ennå. Men jeg tror vi skal begynne å spise likevel. Lars vil gå en liten tur etterpå, og det blir jo snart mørkt ute.»

Erna og Lise går inn i stua, hvor Susanne sitter ved bordet. Susanne holder kniv og gaffel i hånda allerede – åpenbart er

«Hei, Lise. Går det bra med deg?»

lenge	long
lenge siden	longtemps
å rekke, rakk, rukket [o]	*ici* : atteindre, arriver, parvenir à
en nærhet	une proximité
å flytte, flyttet	déménager
hektisk	intense, chargé, mouvementé
å ha det travelt	être occupé
selv om [sell]	même si
å trives, trivdes, trivdes	se plaire
ensom [å]	seul
å stoppe, stoppet [å]	s´arrêter
neste	le prochain/la prochaine
å komme fram	atteindre
å krysse, krysset	traverser
å gå av, gikk, har gått	descendre
en trening	un entrainement
en fotballtrening	un entrainement de football
likevel	pourtant, cependant, toutefois, après tout
åpenbart	évidemment

hun veldig sulten. På kjøkkenet står Lars og tar en kasserolle fra komfyren.

«Hei, Erna. Hyggelig å se deg.»

«Hei, Lars. Takk for sist. Hva er det du lager her?»

«Det blir indrefilet av okse med fløtepoteter og gulrøtter.»

«Å, så flott at jeg har en svigersønn som kan lage så god mat.»

«Det er jo ikke vanskelig. Bare steke litt kjøtt og sette poteter i ovnen.»

«Du vet godt at det er vanskelig.»

«Nei da. Bare gå inn i stua, så kommer jeg med maten.»

Erna setter seg.

«Hvordan står det til, Susanne? Går det bra på skolen?»

«Ikke så verst», svarer Susanne.

Erna vet med en gang at det var et dumt spørsmål. Gamle folk spør alltid barn om skolen, men hun husker så godt hvor mye hun hatet dette spørsmålet da hun var liten. Hun bestemmer seg fort for å snakke om noe annet.

«Så, hva gjorde du etter skolen, Susanne?»

«Jeg hadde en ridetime kl. 14, og så besøkte jeg ei venninne kl. 15.30. Vi spilte sjakk.»

«Nei, så fint! Har du begynt å ri?»

«Ja, for tre uker siden. Jeg er jo så glad i hester. Det er gøy å ri.»

Erna smiler. Det er deilig å høre at Susanne også har andre fritidsaktiviteter enn smarttelefoner og dataspill.

Da kommer Lars inn med maten. Den smaker veldig godt.

«Takk for maten», sier Erna. Hun legger kniv og gaffel på tallerkenen og ser seg litt rundt i stua. Alt er som før. Susanne står opp og går ut av rommet. Erna vil spørre Lise om Nils mens Susanne ikke hører henne.

«Lise, er Susanne fortsatt ikke glad i nissen?» hvisker hun.

«For å si det sånn – ikke særlig», sier Lise. «Nissen er her hos meg på kjøkkenet. Han – nei, hvor er han egentlig?» Lise virker overrasket. Hun begynner å lete etter nissen. Men hun kan ikke finne Nils.

Etter en stund kommer hun tilbake og sier lavt: «Det er veldig flaut, mamma, men jeg må bare si at jeg har mistet Nils. Jeg kan ikke finne ham.»

sulten	avoir faim
en kasserolle [-rålle]	une casserole
en indrefilet [-filee]	un filet
en okse	un bœuf
(en) fløte	(de la) crème
flott [å]	merveilleux, agréable
en svigersønn	un beau-fils
å steke, stekte	faire cuire
nei da	pas vraiment, mais non
å hate, hatet	détester
da	ici : quand, lorsque
en ridetime	un cours d´équitation
(en) sjakk	les échecs
å spille sjakk, spilte	jouer aux échecs
å ri, red, har ridd	monter à cheval
en hest	un cheval
deilig	délicieux
(ei) fritid	du temps libre
en aktivitet	une activité
en fritidsaktivitet	un loisir
et dataspill	un jeu vidéo
mens	pendant
å hviske, hvisket [vis-]	chuchoter
å virke, virket	ici : sembler
lav, lavt, lave	bas, ici : tout bas
flau, flaut, flaue [æu]	avoir honte, être gêné/e
å miste, mistet	perdre

langt – lenge

en lang vei

vi må gå langt

ei lang tid

vi må vente lenge

Langt et **lenge** sont des *adverbes*. Ils viennent de l´adjectif **lang**. Mais il y a une différence de sens entre les deux : **langt** indique une distance, **lenge** indique un temps.
On retient :
    en lang vei (adjectif)
    ei lang tid (adjectif)

Aucun article

J'ai expliqué plusieurs fois qu'il faut toujours choisir entre l'article défini et l'article indéfini (**en gutt** ou **gutten**).
Je n'étais pas 100% honnête. Il y a trois situations dans lesquelles nous n'utilisons aucun article.

1 Tout ce que nous ne pouvons pas compter :
mye vann

2 Lorsque nous parlons du métier ou de l'appartenance religieuse d'une personne :
Jeg er lege. Ahmed er muslim.
Mais :
Han er en dårlig lege.
Il ne s'agit pas de nommer le métier ici, mais de le décrire. Nous devons alors employer l'article.

3 Lorsque plus d'une apparition d'un nom au même moment est impossible ou inhabituel :
Erna kommer på besøk.
De toute évidence, elle ne peut pas rendre deux visites au même moment.

Susanne holder kniv og gaffel i hånda allerede.
Bien sûr, Susanne aurait pu tenir deux fourchettes et deux couteaux dans ses mains, mais je ne pense pas que ce soit quelque chose que l'on ferait habituellement à table. La dernière règle est un peu difficile, mais pour te faciliter la chose, j'ai un exemple que j'aime particulièrement bien :

Lise kjøper hus.
Lise kjøper en genser.
Encore une fois, Lise aurait bien sûr pu acheter deux maisons (ou plus) à la fois, mais la majorité des gens ne sont pas aussi riches il me semble.
Cependant, le fait d'acheter deux pulls en même temps reste quelque chose d'assez banal même pour une personne avec un salaire modeste. Nous utilisons donc l'article avec **genser**, mais pas avec **hus**.
Supposons toutefois que Lise soit agent immobilier et qu'elle achète des maisons de manière récurrente. Alors il aurait été plus correct de dire :

Lise kjøper et hus.

Se débarrasser de *at*

Te rappelles-tu que nous pouvons nous débarrasser de **som** lorsqu'il remplace le complément d'objet dans une proposition subordonnée ? Nous pouvons également nous débarrasser de **at** :
    Men jeg tror (at) vi skal begynne å spise likevel.
Il n'y a pas de règle précise pour cela (au contraire de **som**). Si tu trouves que la phrase est difficilement compréhensible sans **at**, alors il vaut mieux le laisser là où il est.

Hobbyer & fritid
Les hobbies & loisirs

Ragnhild:
Jeg er et kulturmenneske. På en typisk fredagskveld finner du meg på kino, i konserthuset eller på teater. Jeg er også veldig glad i all slags litteratur. Jeg elsker franske filmer, klassisk musikk og jazz, engelsk teater og russiske bøker. Jeg spiller selv fiolin og gitar. Når jeg spiller, kan jeg glemme tida fullstendig.

Kari:
Jeg elsker sport. Når jeg ikke kan trene på to dager, kan jeg ikke sitte stille lenger. Jeg er spesielt glad i å spille basketball, håndball og fotball. Fotball har jeg spilt i nesten 13 år, helt siden jeg var liten. I dag er jeg litt frustrert, for vi hadde et mesterskap i formiddag, og vi tapte mot et lag fra Ålesund.
    Jeg liker også å prøve nye ting. Nå har jeg for eksempel begynt med turn, men jeg synes det er litt kjedelig.

Richard:
Vet du hvorfor jeg elsker Nord-Norge? Det er så fantastisk mye natur her. Jeg må være ute hver eneste helg. Etter ei travel arbeidsuke er det viktig å få ny energi. Om sommeren kan man være ute så lenge man vil, for da er det jo midnattssol. Om vinteren liker jeg å gå skiturer. Jeg liker også å klatre og å fiske.

Kari, Richard og Ragnhild kommer på besøk til deg. Hva gjør du med dem? Finn aktiviteter i din kommune på Internett.

å elske, elsket	aimer
(en) sport	sport
å trene, trente	s´entraîner
(en) basketball	basketball
(en) håndball	handball
(en) fotball	football
frustrert	frustré
et mesterskap	un championnat
en formiddag	une matinée
å tape, tapte	perdre
et lag	une équipe
Ålesund	ville à l´ouest de la Norvège
turn	athlétisme
(en) natur	nature
eneste	unique, seul, *ici* : chaque
hver eneste	tous les/toutes les
ei arbeidsuke	une semaine de travail
(en) energi [energsji/-gi]	énergie
å klatre, klatret	escalader, grimper
å fiske, fisket	pêcher
et kulturmenneske	une personne qui s´intéressée à la culture
en kveld [kvell]	un soir
en fredagskveld	un vendredi soir
en konsert	un concert
et konserthus	un palais des concerts
et teater, teatret, teatre, teatrene	un théâtre
all slags	toute sorte
fransk	français
klassisk	classique
jazz	jazz
en fiolin	un violon
en gitar	une guitare
fullstendig [-di]	complètement
en kommune	une municipalité, commune

Conversation informelle (2ème volet)

Construis un dialogue. Remets les phrases dans le bon ordre.

1. Ha det bra! Jeg gleder meg.
2. For eksempel kl. 18.00? Da kan vi lage mat sammen.
3. Tusen takk. Vil du ikke komme på besøk i kveld?
4. Hei, Marthe. Takk for sist!
5. Flott, da ses vi altså kl. 18.00.
6. Hei, Anders. Takk for sist. Hvordan går det?
7. Det går dårlig. Jeg har mistet jobben.
8. Det vil jeg gjerne. Når passer det for deg?
9. Ikke så verst. Og med deg?
10. Det fikser jeg.
11. Supert. Hva skal jeg kjøpe?
12. Det gjør vi. Ha det!
13. Jeg har kjøtt, poteter og grønnsaker hjemme. Kanskje en god flaske vin?
14. Å, det var synd å høre. Jeg håper at du finner deg ny jobb snart.

å fikse, fikset	régler
super	super
ei flaske	une bouteille
(en) vin	vin
å håpe, håpet	espérer

1 Trenger du artikkelen? As-tu besoin de l´article ?

Lise ønsket alltid å bli ____ lærer. Nå er hun ____ god sykepleier. På onsdag traff hun ____ russisk mann, ____ amerikaner og ____ italiener. Russeren er ____ bra lege, amerikaneren er ____ tannlege, og italieneren er ____ ung student. Hun snakket også med ____ muslim og ____ ung katolikk. Hun jobber som redaktør og gleder seg til å bli ____ pensjonist snart. De har kjøpt ____ leilighet. De må ta bussen til byen og vil kjøpe ____ bil snart.

2 *Lang(t)* eller *lenge*?

På lørdag var jeg _____ på en bursdagsfest* hos en venn. Festen var på et sted _____ fra huset mitt. Først så vi _____ på en film, så spiste vi ute _____. Bordet sto _____ fra huset. Før festen prøvde jeg _____ å treffe min venn. Da vi spiste, satt han _____ fra meg. Vi kunne ikke snakke mye og _____ denne kvelden. Klokka kvart på to ringte jeg en drosje, men måtte vente _____ til den kom. Veien var _____, derfor tok det _____ tid å komme hjem.

3 Hva liker du å gjøre i fritida di?

*en fest   une soirée, une fête

4 Reformule les phrases suivantes.

Eksempel: Per vet: «Maria drikker ikke kaffe.» → Per vet at Maria ikke drikker kaffe.

a) Morten har et fint hus. Huset er i Hamar.
→ Morten har et fint hus som ...
b) Stine går på tur. Men sola skinner ikke.
→ Stine går på tur selv om ...
c) Bjørn har ikke penger. Derfor kan han ikke dra på ferie.
→ Bjørn kan ikke dra på ferie fordi ...
d) Birgitte har en hund. Hunden er ofte syk.
→ Birgitte har en hund som ...
e) Vi kan ikke dra på tur når været er dårlig.
→ Når været er dårlig, ...
f) Hilde sier: «Jeg kan ikke komme i kveld.»
→ Hilde sier at ...
g) Hilde kan ikke komme på besøk. Hun føler seg ikke bra.
→ Hilde kan ikke komme på besøk fordi ...
h) Jeg skal spise frokost før jeg går på jobb.
→ Før jeg går på jobb, ...
i) Jeg vil ikke arbeide på lørdager og søndager.
→ På lørdager og søndager ...

j) Vi kan gå på tur hvis det ikke snør.
→ Hvis det ...
k) Erna vil komme på besøk. Etterpå skal hun reise til Tromsø.
→ Før Erna ...
l) Tromsø er en by. Der skinner sola ikke om vinteren.
→ Tromsø er en by hvor ...

5 Sett inn et ord som passer.
Jeg heter Liv ... arbeider ... lege på sykehuset. Vanligvis må ... allerede stå opp rundt kl. 5.00, for vi ... å arbeide kl. 6.00. Jeg spiser ... og dusjer før jeg drar på jobben, men jeg ... ikke avisa. Der er det bare dårlige nyheter! Jeg liker å ... bussen til sykehuset, for det går ganske fort ... bussen. ... etter jobben liker jeg å gå. Da kan jeg slappe ... og være ... naturen.

Når jeg begynner på jobben, må jeg først snakke med ... andre legene. Etterpå vet jeg ... jeg må gjøre. ... besøker jeg pasientene mine og snakker med sykepleierne. Kl. 11.30 ... jeg lunsj. Etter det arbeider jeg ... til kl. 14.00.

Jeg spiser ... med familien min når jeg kommer ... Sønnen min liker å ... mat. Det er veldig bra for meg og mannen min – da har vi ... så mye å gjøre hjemme.

6 Hvor vil du bo? I byen eller på landet? Fortell hvorfor.

21

«Mistet ham? Det var jo synd.» Erna er skuffet. Hun har arbeidet så lenge med Nils, og hun har vært veldig stolt over å ha laget en såpass pen nisse. Først var Susanne ikke glad i ham, og så mistet Lise ham. Helt utrolig. Fra nå av skal hun bare kjøpe sjokolade eller blomster i bursdagsgave. Nok er nok.

Men så må hun også tenke på den tåpelige papirlappen som er skjult i nissen. Det var jo helt urealistisk at noen skulle finne den, men nå er det altså virkelig umulig.

Egentlig har denne papirlappidéen vært dum fra begynnelsen av.

Hun husker da hun skrev den første lappen, som hun skjulte i ei bok. Så ba hun Lise om å levere boka tilbake på biblioteket. Selvfølgelig åpnet hun ikke boka og fant aldri lappen. Det samme skjedde da hun la en lapp i et påskeegg som hun ga til Per. Hun husker så godt hvordan Per spiste opp egget uten å legge merke til at det var en papirlapp i det.

Hun må le. Resten av familien ser litt forvirret på henne.

«Bestemor! For en hyggelig overraskelse!»

Men sammenlignet med nissen var det jo nesten smart å legge en beskjed i et påskeegg eller ei bok.

Da tar hun en beslutning. Hun kommer ikke til å skrive idiotiske papirlapper som ingen kan finne. Hun må legge kortene på bordet. Nå eller aldri. Hun puster dypt inn.

«Jeg må si noe til dere. Som min familie må dere vite dette.»

såpass	tant, autant, aussi
pen	joli/e, beau/belle
fra nå av	à partir de maintenant
en blomst [å]	une fleur
i bursdagsgave	en cadeau d´anniversaire
tåpelig [-li]	stupide, idiot
urealistisk	irréaliste, peu réaliste
umulig [-li]	impossible
en begynnelse [bejy-]	un début
å be, ba, har bedt om	demander
å levere, leverte	délivrer, *ici* : retourner
et bibliotek	une bibliothèque
et påskeegg	un œuf de Pâques
å legge merke [mærke] til, la, har lagt	remarquer
en rest	un reste
sammenlignet med	comparé à
smart	astucieux, malin
en beskjed [beskje]	un message
en beslutning	une décision
idiotisk	idiot, stupide
å legge kortene på bordet	jouer cartes sur table

Lars, Susanne og Lise virker fortsatt flaue. De tenker at det har noe med nissen å gjøre.

«Vi vet at vi er håpløse, mamma. Du trenger ikke å si det. Men vi finner sikkert Nils igjen.»

«Nei, det er bare ...»

«Ja, du har rett», avbryter Lise. «Det finnes ingen unnskyldning. Jeg vet at du har brukt så mye arbeid på denne nissen. Jeg forstår ikke hvordan det kunne skje. Hele tida forsvinner det noe i dette huset. Per savner til og med noen mobiltelefoner.»

«Men jeg mener at ...»

Da åpner døra seg. Per kommer inn, smiler og kommer mot Erna.

«Bestemor! For en hyggelig overraskelse!»

Erna føler at sjansen forsvinner. Hun var så sikker på at hun kom til å klare å si det. Men det går bare ikke. Hun smiler litt mot Per. Så går hun ut av leiligheten, uten å si et ord. Mens hun lukker døra, hører hun Lise rope: «Men mamma! Nå overdriver du.»

Hun går ut i gata og gråter av fortvilelse.

håpløs	nul/nulle, désespéré
å avbryte, avbrøt, avbrutt	interrompre
en unnskyldning	une excuse
hele tida	tout le temps
å mene, mente	vouloir dire
for en ...	quel/quelle ...
en overraskelse [åv-]	une surprise
å være sikker på	être sûr de
bare	juste, uniquement
et ord [or]	un mot
å lukke, lukket [o]	fermer
å overdrive, overdrev, overdrevet [å]	exagérer
(en) fortvilelse [får-]	désespoir

Pas de nouveaux éléments de grammaire dans ce chapitre !

Profitons de ce temps de repos pour regarder brièvement quelques phrases qui pourraient poser problème.

1

Det var jo synd.

Est-ce que tu te demandes ce que **jo** veut dire dans ce contexte ? En réalité, pas grand-chose. Il ne fait que souligner le fait que ce soit dommage. En français, on dirait peut-être **en effet** ou **après tout**, mais ce ne serait pas exactement pareil. Regardons cet autre exemple :

Det var jo helt urealistisk at noen skulle finne den.

Il faut chercher autre chose dans cette phrase. Il y a visiblement une proposition subordonnée dans cette phrase, et elle commence par **at**. Je voudrais attirer ton attention sur les temps. Les deux verbes sont au *preteritum* (**var** et **skulle**). En transformant cette phrase au présent, on aurait :

Det **er** jo helt urealistisk at noen **skal** finne den.
On voit l´importance d´utiliser les temps de manière invariable.

2

Hun har vært veldig stolt over **å ha laget en såpass pen nisse**.
Nous pouvons utiliser un verbe (infinitif avec **å**) au lieu d´un nom. Grammaticalement parlant, on aurait pu dire par exemple :
Hun har vært veldig stolt over **jobben**.
À la place de **jobben**, nous pouvons dire **å ha laget en såpass pen nisse**.

Regarde un autre exemple dans lequel nous faisons la même chose :
Så ba hun Lise om **å levere boka tilbake**.
Grammaticalement parlant encore, on aurait pu dire par exemple :
Så ba hun Lise om **dette**.

3

Hun husker da hun skrev den første lappen, som hun skjulte i ei bok.
Combien de phrases y a-t-il ?
Eh bien, il y a une proposition principale (comme toujours) et au sein de cette proposition, il y a deux propositions subordonnées :
- **da hun skrev den første lappen**
- **som hun skjulte i ei bok**

Regardons de plus près. Quel est le sujet dans la proposition principale ? C´est facile, c´est **hun**. Et le verbe ? **Husker** – facile aussi. Et on le retrouve à la deuxième place, là où il faut. Continuons. Tout ce qui vient après **husker** constitue le complément d´objet. Pourquoi ? Parce que c´est ce dont elle se souvient. J´aurais très facilement pu tout remplacer par le mot **dette** par exemple :
Hun husker **dette**.
Les deux propositions subordonnées ont bien sûr leur propre structure comprenant chacune un sujet, un verbe et un complément d´objet (**den første lappen**) ou un élément d´information indiquant le lieu (**i ei bok**). Mais du point de vue de la proposition principale, on peut dire que les deux propositions subordonnées ensemble constituent le complément d´objet. Ce qui nous montre à quel point un complément d´objet peut être long. Ces points de grammaire sont très importants, et si tout n´est pas encore très clair pour toi, répète les rubriques des chapitres 18 et 19 les concernant. N´attends pas demain. Fais-le tout de suite.

Bank, post, politi ...

å låne, lånte	emprunter
å stenge, stengte	fermer
en pakke	un paquet, colis
et frimerke [-mærke]	un timbre
et brev	une lettre
å stjele, stjal, har stjålet	voler
en sykkel	un vélo
å anmelde, anmeldte	porter plainte
(et) politi	(une) police
en konto	un compte
en bank	une banque
en barnehage	une garderie, un jardin d´enfants

Klokka er 13.30. Erna har mye å gjøre. Hva skal hun gjøre først? Kan du hjelpe henne?

a) Erna må levere ei bok som hun har lånt på biblioteket. Men biblioteket stenger kl. 14.00 i dag.
b) Hun må hente en pakke på postkontoret. Men hun kan ikke hente pakken før kl. 15.00. Hun må også kjøpe frimerker for å sende to brev.
c) Noen har stjålet sykkelen hennes, og hun vil anmelde det til politiet.
d) Hun vil åpne en konto i banken. Den stenger kl. 15.00 i dag.
e) Naboen hennes har bedt henne om å hente barnet i barnehagen kl. 15.30.
f) Hun vil bytte en genser som hun har kjøpt. Den er nemlig for trang. Hun vil kjøpe en genser som passer. Butikken stenger kl. 16.00.
g) Hun vil besøke ei venninne som heter Randi. Det kan hun gjøre når hun vil.

1 Finn den riktige formen for substantivene i parentes: bestemt/ubestemt, med eller uten artikkel, entall/flertall. Mets les noms entre parenthèses dans la forme appropriée : article défini/indéfini, avec ou sans article, singulier/pluriel.

Dagen før (reise) besøker Erna (familie). Hun går inn i (stue). Der ser hun (bord), fire (stol), (sofa) og (kommode). Lise sitter i (sofa). Lars er på (kjøkken) og steker (kjøtt) i (kasserolle). Susanne sitter ved (bord). Erna spør Susanne hvordan det går på (skole). Men Susanne vil ikke snakke så mye om (skole). Hun vil heller snakke om (hest). Hun har nemlig begynt å ta (ridetime). De snakker også om Nils – Nils er (gave) fra Erna. Da kommer Lars med (mat).

2 Svar på spørsmålene. Velg den riktige artikkelen for spørsmålene og den rette flertallsformen for svarene. Les numrene høyt. Réponds aux questions. Choisis l´article approprié pour chaque question. Choisis la forme adéquate du pluriel pour les réponses. Lis les nombres à haute voix.

Eksempel: Har Erna skrevet (tekst)? 5 → Har Erna skrevet en tekst? – Hun har skrevet fem tekster.

a) Har Lise kjøpt (brød)? 7
b) Har du (glass)? 21
c) Kan vi se (film)? 2
d) Har Lars lest (bok)? 13
e) Har Stine (bror)? 3
f) Har Lars og Lise (barn)? 2
g) Kan dere gi meg (kniv)? 18
h) Har Lars og Lise (soverom)? 2
i) Skal du ringe (kunde) i dag? 11
j) Kan jeg få (stykke) papir? 14
k) Finnes det (bakeri) i denne byen? 8

3 Var du en gang skuffet i livet ditt? Fortell om det.

4 Svar på spørsmålene.
a) Hvorfor vil Erna bare kjøpe blomster eller sjokolade i bursdagsgave nå?
b) Hvordan har hun prøvd å fortelle hemmeligheten til familien?
c) Hvorfor har det ikke fungert?
d) Hva tenker familien at Erna vil si?
e) Hvorfor savner Per en mobiltelefon?
f) Hvor har Per vært?
g) Hvorfor går Erna plutselig?

5 Complète avec un verbe approprié. Utilise la forme adéquate.
å kunne – å skulle – å måtte – å ville – å vite – å få – å gå – å ta – å gjøre – å si – å sette
å sitte – å finne – å prøve – å ligge – å legge – å skrive – å dra – å stå – å ha – å være
a) Har du ... en leilighet allerede?
b) I morgen ... Knut kjøre til Oslo.
c) I 1990 ... jeg ennå på skolen.
d) Jeg ... gjerne ha en kopp kaffe, takk.
e) I dag har jeg mye ...
f) Jeg ... meg kl. 21 og sov rett etterpå.
g) Han ringte meg kl. 22, men da ... jeg allerede i senga.
h) Marthe, jeg ... dessverre ikke komme på besøk i kveld.
i) Som sykepleier måtte jeg ... mange rapporter.
j) Jeg hører deg dårlig. Hva ... du?
k) I går ... jeg opp kl. 5.00 allerede.
l) Er Martin fra England? – Det ... jeg ikke.
m) Kom inn og ... deg. Her har vi en stol.
n) Er Tove her? – Nei, hun ... til Bergen.
o) Har du ... å ringe meg?
p) Nå har jeg ... i sofaen i nesten to timer.
q) ... du hos mora di i går? – Nei, jeg ... arbeide i går.
r) På mandag ... jeg en interessant e-post av en venn.
s) Hvorfor ... du ikke bussen hit?

6 Complète avec les pronoms appropriés.
Jeg har to venner – Bente og Geir. Med vennene ... gjør jeg mange ting. Ofte lager vi mat på Bentes kjøkken. Kjøkkenet ... er ganske stort. Geir har også et stort kjøkken, men kjøkkenet ... er ikke så pent. Og kjøkkenet ... er veldig lite.
   I dag vil vi lage suppe for kjærestene ... Vi har invitert ..., og ... kommer snart. Geir har kjøpt alt vi trenger. Men han har ikke fått pengene fra ... ennå. Bente arbeider allerede. ... er en god kokk. Geir er ikke en så god kokk, men det går fint å arbeide med ...
   Geir er glad i litteratur, og han forteller ... ofte om nye bøker. Men bøkene ... er kjedelige, synes jeg. Jeg liker å gå på skiturer, og jeg vil heller snakke om turene ... Av og til går jeg på tur med Geir og Bente, men arbeidsuka ... er så lang, og da har de ikke så mye tid.
   Nå kommer kjærestene ... Jeg skal åpne døra for ...
   Har du også gode venner? Hva gjør du med vennene ...?

7 Transforme les phrases au *preteritum*.
a) Hun sier at hun må arbeide.
b) Han vet at han ikke kan komme på besøk.
c) Han må ta trikken.
d) Han spør om han bør snakke med en lege.
e) Hun tenker at hun jobber for mye.

8 Bruk *infinitiv* + *å*. Applique l´*infinitif* + *å*.
Eksempel: Jeg glemmer aldri katten. (å mate) → Jeg glemmer aldri å mate katten.
a) Han tenker på ny jobb. (å lete etter)
b) Hun gleder seg til Bach-konserten. (å gå på)
c) Den unge læreren arbeider med ei bok om Norge. (å skrive)
d) I dag må jeg begynne med gulvene. (å vaske)

Es-tu tombé amoureux de la grammaire ?

Tu me trouves peut-être un peu cynique. La majorité des gens ont détesté la grammaire depuis l´école, ayant la chair de poule à la vue de tableaux de grammaire ou à l´écoute d´étranges expressions latines. Aussi, lorsqu´ils pensent aux langues étrangères étudiées à l´école ou à l´université, ils disent souvent « nous n´avons jamais appris à parler, on ne faisait que de la grammaire ».

En conséquence, beaucoup d´écoles de langues ne font quasiment plus de grammaire. Elles peuvent utiliser des termes comme « approche communicative », en comparant cette approche à la manière dont un enfant apprendrait sa langue maternelle.

Même si je suis d´accord avec le fait que les cours de grammaire sont bien trop présents dans les établissements scolaires traditionnels, je suis également convaincu que ces cours manquent cruellement dans bien des écoles de langues. Je crois fermement à l´acquisition de bases théoriques solides pour l´apprentissage d´une langue.

Alors avant de me jeter des tomates pourries à la figure, laisse-moi d´abord défendre mon point de vue et te raconter comment tu peux tomber amoureux de la grammaire (yes, you can !)

Les enfants ont la capacité de faire les choses correctement sans grammaire, alors pourquoi ne serait-ce pas une bonne approche ? Tout d´abord, tu n´as peut-être pas autant de temps qu´un enfant. Un enfant de deux ans passe quasiment toute sa journée à apprendre à parler. Deuxièmement, les enfants ont une capacité d´imitation illimitée, qui se perd dès que l´enfant a appris sa langue maternelle. À partir de ce moment, il comparera tout à sa première langue, et toutes les structures de la nouvelle langue lui apparaitront fausses au premier vu.

Donc, si tu veux apprendre une langue rapidement, et l´employer de façon correcte, ne fais pas l´impasse sur la grammaire. Alors, comment s´y prendre ?

1. Travaille ton attitude. Est-ce que tu connais des gens qui ont appris ta langue maternelle en tant que deuxième langue de façon parfaite, qui la parlent quasiment sans fautes ? Comment les trouves-tu comparés à ceux qui n´ont jamais pris le temps d´apprendre la grammaire ? De quelle façon voudrais-tu parler le norvégien ? As-tu envie que les norvégiens t´admirent, ou qu´ils se moquent de toi ?
2. Assure-toi de maitriser les choses les plus importantes d´abord. En norvégien, c´est la bonne combinaison de l´article + l´adjectif + le nom, et la structure de la phrase.
3. Quand tu parles, ne penses pas à la grammaire avant de parler, mais après. Tu trouves ça bizarre ? J´ai vu un grand nombre d´élèves qui ne parlaient pas parce qu´ils avaient peur de faire des erreurs. Mais tu peux apprendre de tes erreurs. Fais-toi aider par tes professeurs et tes amis – incite-les à te corriger. Analyse ce que tu as dit : pourquoi t´étais-tu trompé et de quelle façon ton ami/professeur l´a-t-il dit ? Quelles règles ont-ils appliqués ? Fais la même chose avec les textes – relis-les après les avoir écrits.
4. Ne stresse pas trop. Si tu ne comprends pas un élément de grammaire aujourd´hui, mets ton livre de côté et sors un peu. Tu y reviendras le lendemain.

Nous cherchons à travers ce livre de donner des explications complètes et ludiques. Cependant, si quelque chose t´échappe, ou si tu as une idée pour améliorer une explication ou un exercice, n´hésite pas à nous écrire à nils@skapago.eu.

22

Det var så lett. Nils er fornøyd. Mens Erna og familien var opptatt med maten, klatret han inn i Ernas håndveske, som sto i garderoben. Han var litt redd først – kunne Erna finne ham før hun dro hjem? Men hun åpnet ikke håndvesken etter middagen. Hun tok den bare og gikk ut. Da de var ute på gata, hørte han at Erna begynte å gråte. Hvorfor var hun så trist? Han syntes synd på henne.

Etter togturen hjem legger Erna håndvesken i gangen hjemme hos seg. Så går hun og legger seg. Når Nils hører at hun sover, klatrer han ut av håndvesken og skjuler seg i kofferten, slik som Emil har anbefalt. Så sovner han også.

Han våkner av at det er veldig mye bråk ute.

Nils er helt forvirret. Han har aldri vært på en jernbanestasjon midt på dagen. Erna bærer visst kofferten gjennom stasjonen. Han vet ikke at hun må kjøpe billett. Plutselig stopper hun, og Nils føler at kofferten står på gulvet.

Bare hun ikke mister billetten!

«Hei, jeg vil reise til Trondheim», sier Erna.

«Aha», sier ei dame. «Nå?»

«Ja, nå», sier Erna.

«Men det går ingen tog nå. Du kan ta regiontoget kl. 18.38, eller så tar du nattoget som går kl. 22.36.»

Erna nøler. Nattoget koster sikkert litt mer, men så slipper

lett	facile
en håndveske [hånn-]	sac à main
en garderobe	une armoire
å synes synd på	avoir de la pitié
en togtur [tågtur]	un voyage en train
å sovne, sovnet [såvne]	s'endormir
(et) bråk	bruit
visst	certainement, *ici* : à ce qu'il paraît
et regiontog [tåg]	un train régional
et nattog [tåg]	un train de nuit
å slippe, slapp, sluppet	éviter (*d'avoir à faire quelque chose*)

hun å finne et hotell i Trondheim.

«Jeg tar nattoget, takk.»

«Én vei eller tur-retur?»

«Bare én vei.»

«Billetten koster seks hundre kroner.»

«Vær så god.»

Erna gir henne en femhundrelapp og en hundrelapp.

«Tusen takk. Her er billetten din.»

Erna tar billetten. Dama sier at toget går fra spor 14.

Bare hun ikke mister billetten! Hvor skal hun legge den? Å ja, i kofferten. Der er den trygg. Forsiktig åpner hun kofferten. «Ah! Å gud!» roper hun. Dama som solgte henne billetten, ser irritert på Erna. «Hva er det?» spør dama. «Eh ... jeg beklager», sier Erna. «Jeg trodde at jeg så en bevegelse i kofferten. Men det er jo helt umulig.»

Dama smiler. Gamle folk, altså ..., tenker hun.

én vei	aller simple
tur-retur	aller-retour
en hundrelapp	un billet de cent couronnes
et spor	une voie
bare hun ikke mister ...	pourvue qu'elle ne perde ...
trygg	en sécurité
å gud!	oh mon Dieu !
å selge [selle], solgte [å], solgt	vendre
irritert	énervé
hva er det?	qu'est-ce qu'il y a ?
å beklage, beklaget	être désolé

les s-verbes

La plupart des verbes se terminent par **-r** au présent. Mais certains verbes irréguliers ne se terminent pas de cette façon. Nous avons un petit groupe de verbes dans lequel tous les verbes, quel que soit le temps, finissent par **-s** :

å synes — synes — syntes — har syntes

å møtes — møtes — møttes — har møttes

Parfois ces verbes sont originaires d'un verbe régulier et dans ce cas, cela implique que le locuteur et l'interlocuteur signifient aussi **les uns les autres**.

vi ses/sees   on se reverra

vi snakkes   on se reparlera

Hvem sier hva om seg selv?
Erna – Lars – Lise – Per – Susanne

Jeg har alltid syntes at det er veldig fint å jobbe med tøy, nål og tråd. Jeg var selvstendig i 32 år og ledet min egen bedrift. Da jeg gikk av med pensjon for noen år siden, var jeg redd for at jeg skulle kjede meg. Men livet som pensjonist er fint til tross for at pensjonspengene fra Folketrygden ikke er veldig mye å leve av og jeg må spare så godt jeg kan. Jeg savner jobben min som sydame, men av og til syr jeg noe for familiemedlemmene mine.

å jobbe, jobbet [å]	travailler
et tøy	un tissu
en nål	une aiguille
en tråd [trå]	un fil
selvstendig [sellstendi]	indépendant
selvstendig nærings-drivende	indépendant, travailler à son compte
å lede, ledet	diriger
egen	propre
en bedrift	une entreprise
å gå av med pensjon [pangsjon]	prendre sa retraite
til tross [tråss] for at	malgré que
pensjonspenger	la retraite
(en) Folketrygd [fålketrygd]	la Sécurité Social
å spare penger, sparte	faire des économies
en sydame	une couturière
å sy, sydde	coudre

en bachelorgrad	Licence, Bachelor
en høyskole/høgskole	une école supérieure
(en) generell studiekompetanse	baccalauréat *ou niveau équivalant*
et studium, studiet, studier, studiene	des études *(pluriel)*
en ambulansearbeider	un ambulancier
slitsom [-såm]	fatiguant
et skift	(travailler par) roulement
en vakt	une garde
å være ansatt	être employé
å vare, varte	durer

Jeg liker å jobbe sammen med mennesker. For noen år siden begynte jeg å ta en bachelorgrad, som tok tre år, ved Høgskolen i Oslo. For å studere måtte jeg ha generell studiekompetanse. Ved siden av studiene jobbet jeg som ambulansearbeider. Det er litt slitsomt med skiftarbeid og vakter i helgene. Jeg er ansatt som sykepleier ved sykehuset i Oslo, og vaktene mine varer vanligvis i 12 timer.

Som barn ville jeg bli politimann, men da jeg var 15 år, var mitt eneste mål å tjene godt og ha gode jobbutsikter. Etter grunnskolen tok jeg en fireårig videregående opplæring med bygg- og anleggsteknikk og to år med murerfaget i et byggefirma. Da fikk jeg svennebrevet mitt som murer, og mesterbrevet fikk jeg seks år senere. I dag jobber jeg som prosjektleder i en byggebedrift og drømmer om å bli byggeleder snart.

en politimann, politimenn	un policier
et mål	un objectif, un but
en utsikt	une perspective
en grunnskole = barneskole og ungdomsskole	l´école élémentaire = le primaire et une partie du secondaire (6-16 ans)
fireårig	de quatre ans
en opplæring [åpp-]	un enseignement, une formation
et bygg	un bâtiment
(en) anleggsteknikk	les techniques de construction
et murerfag	la maçonnerie
et firma	une entreprise, compagnie
et svennebrev	le brevet d´apprentissage
en murer	un maçon
et mesterbrev	un titre de maître-artisan
senere	plus tard
en prosjektleder	un chef de projet
å drømme om, drømte	rêver de
en byggeleder	un conducteur des travaux

Jeg tjener ingenting, men jeg er glad for å stå opp hver dag og lære noe. Mange av mine venner vil utdanne seg til spesielle yrker i forskjellige videregående skoler. Etter eksamenen min i videregående skole (allmennfag) skal jeg søke på juss ved UiO for å bli advokat. Jeg gleder meg til russefeiringen i mai.

å utdanne seg, utdannet	s´éduquer, se former
et yrke	une profession
en videregående skole	un lycée *(16-19 ans)*
en eksamen	un examen
eksamen i videregående skole	l´examen du baccalauréat
et allmennfag	les matières générales
å søke (på), søkte	poser sa candidature à *(un poste de travail, une formation)*
juss	droit
en advokat	un avocat
UiO	l´Université d´Oslo
en russefeiring	*les célébrations pendant le mois de mai (et un peu avant ...) des bacheliers norvégiens avant les examens du baccalauréat*

å lære, lærte	apprendre
en ungdomsskole [ongdåm]	un collège *(13-16 ans)*
en karakter [karaktér]	une note
ambisiøs	ambitieux
en barneskole	une école primaire *(6-12/13 ans)*
en skolekamerat	un copain de classe
en lærer, læreren, lærere, lærerne	un/e enseignant/e
et yndlingsfag	une matière préférée
(en) kroppsøving [å]	(une) éducation physique
(en) matematikk	(les) mathématiques

Jeg lærer mye hver dag. Om fire år må jeg bytte til ungdomsskolen. Vi får ikke karakter på eksamenene våre, men jeg er likevel ambisiøs. Jeg er elev og begynte å gå på barneskolen da jeg var seks år gammel. Jeg liker skolekameratene mine og læreren min. Yndlingsfagene mine er kroppsøving, matematikk og norsk.

1 Finn passende svar på det mamma kan si til barnet sitt, og bruk imperativ. Bruk pronomen (*ham, henne, den, det, dem*) hvis nødvendig.
Eksempel: Du er ikke klar for skolen? → Kle på deg og gå!
Rommet ditt ser forferdelig ut! _____.
Du har ikke spist siden kl. 6.30? _____.
Du har ikke snakket med mormora di? _____.
Du ser på TV igjen? _____.
Du har ikke sagt «hei» til denne dama? _____.
Klokka er allerede 23.00, og du er ikke i seng? _____.
Du drikker Cola? _____ vann!
Du har ikke gjort leksene dine? _____.
Du ser at pappa trenger deg, men gjør ingenting? _____.
Du slår broren din? _____.

2 Lag forskjellige setninger med *mange* eller *mye* og substantivene.
Eksempel: ei jakke → Hun har mange svarte jakker.
tid – tanke – sko – følelse – venn – penger – underbukse – lyst – klær – gate – vann – møbler – idé – sannhet

3 Formule des questions avec *synes du at ...* ou *tror du at ...* Réponds aux questions par *ja* ou *nei*. (Si tu penses que plusieurs possibilités existent, écris-les toutes.)
Eksempel: Tror du at det finnes en Gud? – Ja, det tror jeg.
... søstera di er glad i gaven?   ... vi skal bytte TV-kanal snart?   ... vi har glemt kvitteringen?
... det regner i dag?   ... religion er viktig?   ... filmen var god?
... butikken er døgnåpen?   ... vi finner veien tilbake?   ... postkontoret er åpent nå?
... poteter smaker godt?   ... vi skal spise her igjen?   ... jeg er pen?
... han vet hva han gjør?   ... det er viktig å gå på skolen?

4 Husker du forskjellen mellom *ut* og *ute*? (Hvis ikke, les kapittel 12.) Lag fire setninger med *ut* og fire setninger med *ute*, alle andre ord i setningene kan du velge selv.

5 Skriv fem korte tekstmeldinger (SMS) til bekjente og venner. Skriv f.eks. om været og hva du har planlagt for den neste helgen.

23

Nå er Nils lysvåken. Da han våknet på stasjonen, tenkte han at han var trygg i kofferten. Hvorfor måtte Erna legge billetten i kofferten? Da hun gjorde det, kunne han nesten ikke puste, så redd var han.

Hun så ham, men det gikk så fort at hun ikke skjønte det. Heldigvis!

Nå ligger denne «billetten» rett foran ham. Hva er egentlig en billett? tenker Nils. Den må være av papir. Nils husker det som Emil sa: Han har en papirlapp i magen. Har han altså en «billett» i magen? Hvorfor trenger man det? Nils skjønner ingenting.

Erna finner kupéen sin og setter seg ned. Burde det ikke være ei seng her? Hvor er den?

Det banker på døra. Erna åpner. Det er ei gammel dame i uniform. Hun må være konduktøren. «Billettkontroll», sier dama.

Nei! tenker Nils. Han gjemmer seg bak noen grå underbukser. Forhåpentligvis finner Erna ham ikke!

Erna åpner kofferten igjen, finner frem billetten og gir den til konduktøren. Hun virker helt rolig. Da har hun vel ikke sett Nils denne gangen? Nils føler at det blir vanskelig å slappe av. «Unnskyld, er dette ikke en sovevogn? Hvor er senga mi?» spør Erna. «Den er her», sier dama og trekker ut benken. Så snur hun den, og da ser Erna at det er ei seng på baksiden av benken. «Å, takk!» sier hun. «Bare hyggelig. God natt!» Dama går ut av kupéen og lukker døra.

«Hvor er senga mi?»

lysvåken	totalement réveillé
en kupé	un compartiment
sin	son/sa
å banke, banket	frapper, taper
en uniform [-årm]	un uniforme
en konduktør	un/e contrôleur/se
(en) billettkontroll [-tråll]	contrôle de billet
forhåpentligvis [-livis]	espérons que, avec un peu de chance
vel [vell]	ici : probablement
en sovevogn [å-å]	un wagon-lit
å trekke ut, trakk, trukket [o]	tirer
en benk	un banc
en bakside	l'arrière, un revers

Toget kjører sakte ut av Oslo S. Erna tar ut et ostesmørbrød som hun har kjøpt på Oslo S. Det er god kveldsmat. Men det var veldig dyrt – alt er dyrt på en jernbanestasjon.

Når hun er ferdig med ostesmørbrødet sitt, ser hun ut av vinduet igjen. «Neste stopp Lillehammer», sier den gamle konduktøren gjennom høyttaleren. Så stopper toget. Hun bestemmer seg for å sove litt.

Hun tar av seg klærne sine og legger seg i senga si. Det tar bare kort tid før hun sovner. Da klatrer Nils ut av kofferten – han vil se ut av vinduet. Men han er skuffet: Toget er i en tunnel. Det er ganske mørkt ute. Så klatrer han tilbake, og snart sovner han også.

sakte	lentement
Lillehammer	*ville norvégienne au nord d´Oslo*
en høyttaler	un haut-parleur
en tunnel	un tunnel

burde

Tu sais déjà que le verbe modal **burde** est utilisé comme un verbe modal pour donner des conseils :

> **Du bør lære norsk hver dag.**

Nous pouvons utiliser le *preteritum* pour faire en sorte que le conseil soit un peu moins sévère :

> **Du burde lære norsk hver dag.**

Dans la phrase suivante, le sens du mot est légèrement différent – il exprime une attente.

> **Burde det ikke være ei seng her?**

sin

Au chapitre 10 tu as étudié les *pronoms possesifs*. Si tu as lu le texte dans ce chapitre avec attention (ce que tu fais toujours, n´est-ce pas ?), tu as peut-être remarqué le petit mot **sin** :

Erna finner kupéen sin.

Pourquoi pas **kupéen hennes** ? La raison est qu´il s´agit de *son* compartiment. L´utilisation de **hennes** indiquerait qu´elle trouve le compartiment d´une autre personne.

Nous utilisons **sin** (et les autres formes **si**, **sitt** et **sine**, qui changent selon le genre/nombre comme **din**, **di**, **ditt**, **dine**) uniquement lorsque le sujet est identique à la personne à qui appartient le complément d´objet.

Ce n´est peut-être pas très clair. Pour mieux comprendre, regarde les phrases suivantes :

Erna finner kupéen sin. Kupéen hennes er liten.

Nous parlons toujours du même compartiment, n´est-ce pas ? Mais j´ai utilisé **hennes** dans la deuxième phrase. Pourquoi ? Parce que dans la deuxième phrase, **kupéen hennes** constitue le sujet. **Sin** ne peut jamais faire partie du sujet et en conséquence, je dois utiliser **hennes**.

Voici un autre exemple :

Erna leter etter billetten sin. Den ligger i veska hennes.

Encore une fois – pourquoi **hennes** dans la deuxième phrase ? Après tout, c´est le sac d´Erna. Regarde encore : quel mot constitue le sujet dans la deuxième phrase ? Tu as raison – c´est **den**. Le sujet et le propriétaire du complément d´objet ne sont pas les mêmes – nous ne pouvons pas utiliser **sin**.

Transport – å planlegge en reise

Du planlegger en reise. Selvfølgelig planlegger du reisen selv, altså ikke i reisebyrået.

Velg ni forskjellige ruter fra startstedene til reisemålene.

Startsted:	Reisemål:
a) Parkveien, Bodø	1 Carl Berners plass, Oslo
b) Løwolds gate, Stavanger	2 Sjøgata, Kirkenes
c) Markvegen, Ålesund	3 Skippergata, Kristiansand

Svar på følgende spørsmål for alle rutene (ikke alle er like viktige for hver rute):

- Tar du bussen, toget eller flyet?
- Trenger du T-bane, trikk eller drosje?
- Hvor må du bytte tog/fly/trikk ...?
- Har du funnet de riktige stasjonene, holdeplassene og sporene for avgangen og ankomsten?
- Har du sjekket rutetabellen?
- Er toget (flyet ...) ditt i rute/presist eller forsinket?
- Trenger du egne kjøretøy? Bilen, sykkelen, motorsykkelen – eller går du til fots?
- Hvilke steder passerer du?
- Hvor lenge varer turen din?
- Hvor mye koster billettene eller drivstoffet?
- Får du rabatt på billettprisen?
- Må du validere billettene med stemplingsautomaten, eller finnes det en konduktør?

Her kan du få hjelp:
www.vy.no
www.en-tur.no
www.sas.no
www.norwegian.no
maps.google.no
kart.gulesider.no

Eksempel: Jeg drar fra Parkveien til stasjonen med taxi. Til Oslo tar jeg toget. Toget går fra spor 2 kl. 11.20 ...

å planlegge, planla, har planlagt	planifier, organiser
en reise	un voyage
et reisebyrå	une agence de voyage
en rute	un trajet
et startsted	un point de départ
et reisemål	un point d´arrivée
en T-bane [tebane]	un métro
en drosje [å]	un taxi
et middel, midler	un moyen
et transportmiddel	un moyen de transport
en rabatt	une remise
å validere, validerte	valider, *ici* : composter
en automat	une machine
en stemplingsautomat	un composteur
å bytte (tog), byttet	changer (de train)
en holdeplass [hålle-]	un arrêt
en avgang	un départ
en ankomst [å]	une arrivée
å sjekke, sjekket	vérifier
en rutetabell	une fiche horaire
i rute/presis	à l'heure
forsinket	en retard
et kjøretøy	un véhicule
en bil	une voiture
en motorsykkel	une moto
til fots	à pied
å gå til fots, gikk, har gått	aller à pied
å passere, passerte	passer
hvor lenge tar ...?	combien de temps prend ... ?
(et) drivstoff [å]	(du) carburant

1 Emploie le verbe modal approprié (skal, må, burde, bør, kan, vil).
Jeg klarer det ikke! Jeg _____ ikke bake kaker.
_____ han ikke kjøpe bursdagsgaven snart?
Hun er allergisk. Hun _____ ikke drikke melk.
Barn _____ ikke være ute etter kl. 22 om kvelden.
Du _____ spise grønnsakene dine selv om du ikke _____.
Man _____ drikke mye vann hver dag.
_____ det regne i dag? – Nei, det _____ snø.
Dere _____ rydde nå! Jeg _____ ikke gjøre det for dere igjen.
_____ du ikke ringe mora di når du er hjemme?

2 Sett inn det riktige eiendomspronomenet (sin/si/sitt/sine – hans/hennes ...).
Susanne er veldig glad i broren _____. _____ bror heter Per og er 16 år gammel. De har ei bestemor. Noen ganger kommer Erna, bestemora _____, på besøk. Lise er dattera _____ (*til Erna*) og mora _____ (*til Per og Susanne*). Lars er faren i familien og liker _____ familie. Susanne er dattera _____. _____ datter er ikke veldig glad i nissen _____. _____ nisse ble lagd av Erna. Alle liker å bo i huset _____. Susanne liker _____ rom. _____ rom er fint og gult. Per har også _____ rom, men han liker _____ (*Susannes*) rom også. Mora og faren _____ (*til Per og Susanne*) har også et rom. Rommet _____ er større enn _____ (*Susannes*) og _____ (*Pers*) rom.

3 Sett inn det riktige eiendoms- eller personlige pronomenet (*pronom personel ou possessif*).
Vegard kan ikke finne kredittkortene ___. Han hadde ___ ennå i går, men nå er ___ ikke på bordet. Egentlig ligger de alltid på bordet. Han snakker med Hilde, kjæresten ___: «Hilde, har ___ sett kredittkortene ___?»
    «Nei, Vegard, men jeg kan ikke finne togbilletten ___. Vet du hvor ___ er?»
    «Nei, jeg har ikke sett ___. Vi må lete etter ___ og etter kredittkortene ___.»
    Vegard går rundt bordet. Har han allerede lett under ___? Nei! Han ser under bordet, og hva ligger der? Kredittkortene ___! Nå må Hilde finne billetten ___. Hun sier:
    «Vegard, kan du ikke hjelpe ___?»
    «Nei», svarer Vegard. «Jeg kan ikke hjelpe ___, for jeg har ikke tid. Du må selv finne billetten ___.»

4 Svar på spørsmålene.
Hvorfor er Erna skuffet og går fra familien uten å hilse?
Hvordan klarer Nils å være med Erna?
Hvorfor er det mye bråk da Nils våkner dagen etterpå?
Hvor mye koster billetten til Trondheim?
Hvordan ser en kupé ut?
Hva gjør Erna og hva gjør Nils på toget fra Oslo til Trondheim?

5 Hvordan kommer du til og tilbake fra jobben eller skolen?
Eksempel: Til jobben må jeg ta trikk 42 til holdeplassen Sykehuset. Der bytter jeg til T-bane 6 i retning Sentrum. Så går jeg av T-banen etter fire stasjoner og går til fots.

6 Lag setninger. Velg den riktige formen (*denne/dette/disse*) og husk å tilpasse substantivene og adjektivene.
Eksempel: hus – stor → Dette huset er stort.
a) spørsmål – viktig
b) genser – varm
c) familie – snill
d) jenter – snill
e) spørsmål – dum
f) veske – åpen
g) hotell – grønn
h) blomster – blå
i) beslutning – viktig
j) land – liten
k) storm – sterk
l) telefoner – ny
m) bord – billig
n) votter – varm
o) by – kjedelig
p) språk – vanskelig
q) bad – hvit
r) koffert – liten
s) reise – interessant
t) senger – liten
u) skjørt – lang
v) rom – mørk
w) dame – hyggelig
x) dusj – trang
y) tog – lang
z) bøker – tung
æ) kjøkken – stor
ø) kryss – farlig
å) møbler – liten

24

«En riktig god morgen, mine damer og herrer, da er vi i Trondheim om cirka en halv time. Toget er i rute, og beregnet ankomsttid er kl. 7.27. Vi minner våre passasjerer om å ikke glemme noe i toget. Dette toget korresponderer med NSB regiontog til Bodø, avgang kl. 7.53. Toget til Bodø kan være noe forsinket i dag.»

Allerede ved «mine damer og herrer» har Nils våknet. Han er fremdeles veldig forsiktig. Kanskje vil noen se billetten igjen? Han er klar for å skjule seg dypt i kofferten hvis det er nødvendig. Og da åpner Erna kofferten! Hun tar ut ei grå underbukse: ei av underbuksene hvor Nils skjulte seg i går. Heldigvis gjemmer han seg ikke der nå, men under en brun genser. Så tar Erna ut noen andre ting som Nils ikke kan se, og lukker kofferten igjen.

Erna har sovet veldig godt. Hun tar bort gardinen fra det lille vinduet sitt og ser ut. Sola skinner. Det må være varmt ute. En fantastisk dag! Hun står opp, pusser tennene og vasker seg. Så banker det på døra igjen. Konduktøren gir henne frokosten hennes: en kopp kaffe med melk og sukker, to brødskiver, litt syltetøy og ost. Ikke noe spesielt, men greit nok, tenker Erna.

Hun er akkurat ferdig med frokosten da toget stopper. Erna og Nils er i Trondheim.

Ikke noe spesielt, men greit nok.

en herre [æ]	un monsieur
beregnet [-ræj-net]	estimé
en ankomsttid	une heure d'arrivée
å minne, minnet	rappeler
en passasjer	un passager
å korrespondere, korresponderte	effectuer une correspondance
NSB	*chemins de fers norvégiens, aujourd'hui Vy*
Bodø	*ville au nord de la Norvège*
fremdeles	toujours
en gardin	un rideau
(et) sukker [o]	(du) sucre
greit nok	pas mal, passable
akkurat	exactement, *ici* : juste

Kjærlighet og følelser
Amour et sentiments

Silje og Odd snakker om Berit, Geir og Thomas. Det er et følelseskaos! Fyll inn **kjenne** eller **vite** i den passende formen og lær de nye ordene.

Odd: _____ du at Berit har fått seg kjæreste?
Silje: Nei! _____ du hvem han er? _____ du ham?
Odd: _____ du Thomas? Han _____ deg og _____ hva du heter.
Silje: Ah, hun er sammen med Thomas! Men er hun ikke gift med Geir?
Odd: Nei. De er skilt nå. Jeg _____ sikkert at Geir har vært forelsket i en kollega i mer enn ett år. Jeg så at han kysset henne da han ennå var gift med Berit.
Silje: _____ Berit den gang at Geir var forelsket i en kollega?
Odd: Ja, hun _____ det. Hun kranglet mye med Geir.
Silje: Stakkars Berit. Hun var sikkert skuffet og følte seg ensom. Man tror at man _____ noen, og så finner man ut at man ikke _____ noe om dette mennesket.
Odd: Ja, men det var jo også en sjanse. Hun har aldri følt ekte kjærlighet og vennskap. Hun har _____ Geir siden hun var 15 år, og de giftet seg tre år senere, fikk barn da de var unge ...
Silje: Du snakker så stygt om henne. Det er flaut. Vis litt medfølelse med henne!
Odd: Jeg viser jo medfølelse! Jeg er veldig glad for at hun nå elsker Thomas. Og jeg _____ at Thomas er veldig glad i henne. Hvordan er det forresten med deg og kjæresten din?
Silje: Kan jeg stole på deg? Jeg skal fortelle deg noe. Men ingen kan _____ det ...

(en) kjærlighet	amour
et kaos	un chaos
et følelseskaos	un chaos sentimental
forelsket	amoureux/se
å være forelsket i	être amoureux de
en kollega, kollegaen, kolleger, kollegene	un collègue
å kysse, kysset	embrasser
å krangle, kranglet	se disputer
ekte	vrai, authentique
et vennskap	une amitié
gift [ji-] (med)	marié(e) (à)
å skilles, skiltes, har skiltes	divorcer, se séparer
skilt	divorcé, séparé
stakkars, den stakkars ..., mange stakkars ...	le pauvre
stygg	moche
(en) medfølelse	pitié
forresten	au fait
å stole på, stolte	faire confiance à

1 En typisk lørdagskveld hos Vidar og Marte. De krangler fordi han vil gå på en konsert og hun vil være hjemme. Lag en dialog (6–7 setninger/person) mellom de to og tenk på mulige argumenter for og mot Vidars og Martes planer. Tips: Tenk på interessene til Kari, Richard og Ragnhild i kapittel 20.

2 Lag setninger. Adjektiv eller adverb? Bruk den riktige formen, og husk setningsstrukturen.
a) rask hvis for går komme hun ikke sent Erna
b) dum spørre hun hvorfor så
c) arbeide kan ikke jobb fordi han han langsom få veldig
d) for jeg å lese e-postene hennes skrive så pen like hun
e) gå hvis det sterk ta vi men heller trikken kan vi regne
f) dusj morgenen like jeg en varm om
g) vil ikke ganske kjøre Stian fordi jeg han kjøre farlig med

3 Skriv setningene på nytt.
Eksempel: Han er klar for å skjule seg dypt i kofferten hvis det er nødvendig. / Hvis ...
→ *Hvis det er nødvendig, er han klar for å skjule seg dypt i kofferten.*
a) Hun er akkurat ferdig med frokosten da toget stopper. / Da ...
b) Toget til Bodø kan være noe forsinket i dag. / I dag ...
c) Forhåpentligvis finner Erna ham ikke! / Erna ...
d) Da hun gjorde det, kunne han nesten ikke puste. / Han ...
e) Hun ser ut av vinduet igjen da hun er ferdig med ostesmørbrødet sitt. / Da ...
f) Hun åpnet ikke håndvesken etter middagen. / Etter ...
g) Han hørte at Erna begynte å gråte da de var ute på gata. / Da ...
h) Han vet ikke at hun må kjøpe billett. / At ...
i) Det samme skjedde da hun la en lapp i et påskeegg som hun ga til Per. / Da ...

4 Reformule les phrases pour qu´elles aient le même sens. Ne pas utiliser les mots soulignés.
Eksempel: Berit er <u>veldig glad</u> i Thomas. → Berit elsker Thomas.
a) Det <u>skjønner</u> jeg ikke.
b) Jeg <u>husker</u> ikke hva hun sa.
c) Togbilletten er dessverre ganske <u>dyr</u>.
d) Det er <u>mulig</u> at toget er forsinket.
e) Geir må <u>finne</u> seg jobb.
f) Jeg har <u>mistet</u> telefonen min.
g) På mandager har vi det alltid ganske <u>travelt</u>.
h) Jeg synes ikke at norsk mat er <u>spesielt</u> spennende.
i) Nils var ganske <u>overrasket</u> da han så Emil for første gang.
j) Hun trives i Oslo, <u>selv om</u> det er så dyrt å bo der.

25

Da Erna går ut av toget, legger hun merke til at det er kaldere enn i Oslo. Ikke mye, men hun kan føle det. Hvor skal hun gå? Det er ikke lettere å orientere seg her enn i Oslo.

Stasjonen i Trondheim er mye mindre enn Oslo S. Men Oslo er jo større enn Trondheim, tenker Erna. Det er også færre mennesker på perrongen. På parkeringsplassen utenfor stasjonen spør hun en eldre mann om veien. «Du må bare gå under sporene, så krysser du gata. Etter 200 meter svinger du til høyre, og ved rundkjøringen til venstre igjen. Så ser du båten din», sier mannen.

Erna takker høflig, tar kofferten sin og begynner å gå. Det tar ikke lang tid før hun ser skipet. Det er svart, hvitt og rødt, og det står «Hurtigruten» på det. Erna gleder seg til turen med Hurtigruten. Det var et godt råd av Hege å ta Hurtigruten istedenfor flyet. Det er mye kjedeligere å ta fly.

Hun går om bord. I resepsjonen viser hun billetten sin og får en lugarnøkkel. Lugaren er liten, men koselig. Den er litt større enn kupéen på toget.

Hun spør en eldre mann om veien.

Hun ser på klokka. Ti over ni. Hun har ennå mye tid, for båten går ikke før kl. 12. Rekker hun en liten tur inn til byen? Hun må ikke komme for sent – båten venter ikke. Men så bestemmer hun seg for å ta en titt på byen. Hun rekker mye i løpet av tre timer, tenker hun.

kaldere [kallere]	plus froid
lettere	plus facile
å orientere seg, orienterte [å]	s´orienter, trouver sa direction
mindre	plus petit/e
færre	moins nombreux/nombreuses
en perrong [æ]	un quai (de train)
eldre	plus âgé
å svinge, svinget	tourner
å takke, takket	remercier
å ta tid, tok, har tatt	prendre du temps
et skip	un navire
et råd	un conseil
kjedeligere	plus ennuyant
om bord	à bord
en resepsjon	une réception
en lugar	une cabine
en nøkkel, nøkler	une clé
koselig	agréable
et løp	une course
i løpet [løpet] av	au cours de

Trondheim er finere enn den så ut fra toget. Hun liker de gule og røde husene ved elva. Så går hun opp til katedralen. Det er den største og fineste bygningen hun har sett. Katedralen er nesten tusen år gammel. Helt utrolig.

Før hun går tilbake til havna, vil hun handle litt mat i en butikk. Hun håper at det blir billigere enn smørbrødet hun kjøpte i går.

finere	plus beau/belle
ei elv	une rivière, un fleuve
en katedral	une cathédrale
største	le/la plus grand/e
fineste	le/la plus beau/belle
en bygning	un bâtiment
ei havn	un port
billigere	moins cher/chère

Plus dur, mieux, plus rapide, plus fort

Temps de **comparer** ! Retourne au chapitre 14 si tu ne sais pas comment faire en norvégien.

Økonomi

Ton ami norvégien Vegard a des soucis financiers. Il te raconte sa série de mauvaises décisions. Trouve les conseils appropriés sur la liste à droite.

å abonnere på, abonnerte	être abonné à	Jeg har ikke råd til å kjøpe leilighet.	Det er bedre å handle på butikken.
brukt	d´occasion	Jeg har abonnert på to aviser.	Brukte møbler er mye billigere.
å leie, leide	louer	Jeg må kjøpe ny bil.	Du bør leie og ikke kjøpe.
et lån	un emprunt, un prêt	Jeg kjøper alltid mat på bensinstasjonen.	Kan du ikke lese nyhetene på Internett?
USA	Les Etats-Unis	Jeg må kjøpe nye møbler.	Kan du ikke spare penger først?
		Jeg vil ta opp et lån for å reise til USA.	Kan du ikke ta bussen?

1 Sett inn adjektiver i den rette formen (god – bedre – best).

kald/varm
Selv om Norge ligger langt mot nord, er det ikke så _____ om vinteren som man tror. Inne i landet kan det likevel være mye _____ enn for eksempel i Bergen eller Stavanger. Det _____ stedet i Norge er Karasjok.
Om sommeren er det _____ på Østlandet enn i Nord-Norge. Den _____ måneden er stort sett juli.

gammel/ung
Lise er _____ enn Susanne, men hun er omtrent like _____ som Lars. I familien er Erna _____. Susanne er _____ enn Per, men Nils er _____.

lang/kort
Den _____ dagen i Norge – som i alle andre land i Europa – er den 21. juni, og den _____ dagen er den 21. desember. Om vinteren er nettene _____ i Nord-Norge enn på Sørlandet, men om sommeren er dagene _____ på Sørlandet enn i Nord-Norge.

tung/lett
For Erna er det _____ å snakke om hemmeligheten hennes. Det er _____ for henne å snakke om den enn å skrive den på en papirlapp. Hun synes det er _____ å snakke med Hege enn med familien. Men det _____ er at hun ikke klarer å snakke om den.

få/mange/lite/mye
I Bergen bor det _____ mennesker enn i Stavanger, men _____ mennesker enn i Oslo.
På Østlandet har vi _____ dager med regn enn i Nord-Norge, men de _____ regndagene har vi på Vestlandet. I Bergen regner det _____ enn i alle andre byer i Europa. Men i Bergen er det _____ snø enn i Oslo.

bra/god
Kjenner du et _____ utested? Jeg har lyst til å spise noe _____ enn i går, men jeg kjenner ingen _____ restaurant. Mange sier at det er _____ å spise italiensk mat, men jeg liker meksikansk mat _____. Hva er den _____ middagen du noensinne har spist? Hva likte du _____?

ille/ond/vond
Jeg husker ikke én rett som var god, jeg husker bare den _____ retten, og den var enda _____ enn hurtigmat. Den så _____ ut, luktet (*smelled*) enda _____ og smakte _____. Etterpå hadde jeg vondt i magen, og det ble _____ dagen etter. Det var aller_____ da jeg prøvde å spise noe.

stor/liten
Marit, kan du hjelpe meg? Jeg har et _____ problem. I går kjøpte jeg en genser, men nå ser jeg at den er for _____. Jeg har vasket den, men nå er den enda _____. Den er blitt den _____ genseren jeg noensinne har hatt! Mener du at jeg kan sende den tilbake til den _____ butikken hvor jeg har kjøpt den? Jeg må kjøpe en annen genser som er litt _____. Men det _____ problemet er at jeg ikke finner kvitteringen. Kan du hjelpe meg med å lete etter den?

kjedelig
Jeg synes denne boka er _____, men denne oppgaven er den _____ oppgaven i hele boka.

stort sett en gros

2 Når ønsker du hva?
Eksempel: Gratulerer med dagen! → «Gratulerer med dagen» sier man når noen har bursdag.
Hurra for Norge!
Godt nyttår!
God helg!
Vi snakkes!
Gledelig jul!
Stakkars kjære – la meg gi deg en klem!
God påske!
Vennlig hilsen

3 Hvor gamle er de? Hvor mye tjener de?
- Bjørn er 55 år gammel. Han tjener mer enn Anna, men mindre enn Wenche.
- Terje tjener så mye som Anna.
- Linda og Anna er yngre enn 30 år, men Linda er yngre enn Anna.
- Svein er ni år eldre enn Mona.
- Wenche er så gammel som Terje.
- Hun som er yngst, tjener også minst.
- Han som er eldst, tjener mindre enn Svein, men mer enn alle andre.
- Alle er eldre enn Mona.
- Wenche tjener mindre enn Anders, men mer enn Bjørn. Linda tjener mindre enn Terje.

23 år   27 år   28 år   32 år   47 år   47 år   55 år   63 år
_____   _____   _____   _____   _____   _____   _____   _____

130 000 kr   244 000 kr   327 000 kr   327 000 kr
_____   _____   _____   _____

350 000 kr   411 000 kr   487 000 kr   530 000 kr
_____   _____   _____   _____

4 Sett inn *om/på/i/for … siden*.
Vi trener fotball to ganger per uke, stort sett _____ mandager og _____ torsdager. _____ sommeren trener vi egentlig ikke, men _____ sommer må vi trene likevel.
   Nå trener vi også _____ fredager. _____ en uke _____ tapte vi mot et lag fra Bergen. _____ en uke skal vi spille mot Trondheim. Vi skal dra dit _____ mandag.

26

Erna går inn i en liten butikk som ligger i ei trang gate midt i Trondheim. Det første hun ser, er frukt og grønnsaker. «Ja, man må jo leve litt sunt», tenker hun og tar to epler, ei pære og en banan. Så går hun inn i en avdeling hvor de har kjøtt, fisk og ost. Hun bestemmer seg for å kjøpe ei pølse og noen skiver røkt laks. Det passer godt som pålegg, tenker hun. Syltetøy og frokostblanding har hun ikke lyst på. Men hun vil kjøpe litt melk. Foran fryseren nøler hun litt – lettmelk, skummet melk, ekstra lett? Nei, hun tar bare H-melk. Hun er jo ikke tjukk, tvert imot.

Så vil hun gjerne betale, men hun må vente litt fordi det er kø i kassa. Hun kan ikke finne kredittkortet i lommeboka – derfor betaler hun kontant. Forhåpentligvis finner hun kortet i lugaren.

Ute på gata legger hun merke til at været har forandret seg. Det er overskyet og ser ut som det vil regne ganske snart. Hun skynder seg tilbake til båten.

Endelig er klokka 12, og Hurtigruta er klar for avgang. Langsomt beveger den store båten seg fra kaia og ut fjorden. Erna er begeistret.

Nils er imidlertid ikke begeistret. Han har sittet ved lugarvinduet hele formiddagen. Men båten lå ved kaia, så han så bare det stygge kaiområdet. Da Erna kom tilbake, måtte han selvfølgelig klatre inn i kofferten, så han ser ingenting nå som båten går fra Trondheim. Nå er han alene igjen, for Erna spiser lunsj.

Så tar han sjansen.

sunn	en bonne santé
en avdeling	département
ei pølse	une saucisse
ei skive	une tranche
røkt	fumé/e
et pålegg	ce que l´on peut mettre sur une tranche de pain
en fryser	un congélateur
skummet [o] melk	du lait écrémé
ekstra	extra
H-melk [håmelk]	du lait entier
tjukk [kj-]	gros/grosse
tvert [æ] imot	au contraire
en kø	une queue
ei kasse	une caisse
ei lommebok, lommebøker	un portefeuille
å forandre seg, forandret [får-]	changer
å skynde seg [sjynne], skyndet	se dépêcher
ei kai	un quai (sur le port)
imidlertid	néanmoins, toutefois, cependant
et område	une zone
nå som	maintenant que

Nils har en idé. Han vet at det er farlig, men idéen er likevel fristende: Burde han kanskje prøve å komme seg ut av lugaren? Hva er det verste som kan skje? Hva skal han gjøre hvis noen ser ham?

Skipet er stort. Det er sikkert mange muligheter for å skjule seg.

Han åpner døra forsiktig. Gangen er helt tom. Han kan ikke se noen. Nils nøler litt – men så tar han sjansen.

en mulighet [**-lihet**]	une possibilité
tom	vide
å ta en sjanse, tok, har tatt	prendre un risque

Så, så, så ...

Le petit mot **så** constitue l´un des mots les plus déroutants dans la langue norvégienne à cause de ces multiples significations. Les voici :

1. Så vil hun gjerne betale.
så = ensuite
Pour les mordus de grammaire : ici, **så** est un *adverbe de temps*.

2. ..., så han ser ingenting.
så = donc
En termes grammatical, **så** est une *conjonction* et elle se met à la place n° 0 (comme **og** et **men**).

3. Så han så bare det stygge kaiområdet.
så = a vu/voyait
Le premier **så** est pareil que le précèdent, et le second est le *preteritum* de **å se**.

4. Han gleder seg så mye. (autant)

5. Han går ut så han kan se noe. (pour/afin de)

En fait, il existe encore quelques significations, mais si tu es d´accord, on s´arrête là pour aujourd´hui.

Livsstil & kosthold
Mode de vie et régime

Les hva Erik, Hilde og Siv sier om livsstil og kosthold.

Erik: Jeg har bare et lite budsjett for meg og kona mi, rundt 2500 kroner per måned for å kjøpe mat. Men jeg passer på at maten min er sunn og variert. Jeg lager middagen min selv hver dag og spiser matpakken min på jobben. Det blir billigere enn å spise i kantina eller ute hver dag. Jeg sammenligner prisene og tilbudene i aviser og har mange kokebøker med enkle og sunne oppskrifter. Jeg synes at det er meningsløst å følge en diett. Man skal spise rimelig og bevege seg noen ganger i uka. Mitt motto er: billig, men velbalansert!

en livsstil	une mode de vie
et kosthold [kåsthåll]	un régime alimentaire
et budsjett	un budget
variert	varié
å spise ute, spiste	manger dehors
å sammenligne, sammenlignet	comparer
en pris	un prix
et prospekt	un prospectus
ei kokebok, kokebøker	un livre de cuisine
enkel, enkelt, enkle	simple, facile
en oppskrift [å]	une recette
å følge en diett, fulgte, har fulgt	suivre un régime
meningsløs	absurde, sans aucun sens
rimelig [-li]	raisonnable
et motto	une devise
velbalansert	(bien) équilibré/e

Hilde: Generelt spiser jeg uregelmessig og bryr meg ikke om kupp og tilbud. Jeg er veldig lat, derfor lager jeg mest ferdigmat. Jeg bruker rundt 3000 kroner per måned på mat, men i tillegg bruker jeg 2000 kr på restauranter. Jeg foretrekker restauranter også fordi man kan spise sammen med venner. For å bli i form har jeg meldt meg inn i helsestudio og trener én til to ganger per uke. Mitt motto er: Nyt måltidet selv om det er hurtigmat!

Hva foretrekker du? Hva er ditt motto, og hvordan er ditt kosthold? Skriv en tekst slik som en av disse tre om deg selv.

Siv: Jeg kjøper bare økologisk mat fra bønder i nærheten av meg. Etter at barnet mitt ble født, bestemte jeg meg for å spare på andre ting, så jeg har råd til å leve sunt. Jeg hadde lagt på meg noen kilo etter svangerskapet, og nå teller jeg kalorier for å få tilbake idealfiguren min. Derfor finner jeg sjelden noe å spise på restauranter og leter mest etter oppskrifter på nettet. De er ofte vegetariske, og det liker jeg. Jeg driver idrett minst hver annen dag. Mitt motto er: Ikke spar på helsen, lev bevisst og sunt hver dag!

generelt [sje-]	généralement, en règle générale
å (ikke) bry seg om noe, brydde	(ne pas) se soucier de quelque chose
et kupp	une affaire
lat	paresseux/se
talentløs	sans talent
(en) frysemat	aliments congelés
å bruke penger, brukte	dépenser de l´argent
å foretrekke [får-], foretrakk, har foretrukket [o]	préférer
ei gruppe	un groupe
å være i form [å]	être en forme
å være meldt på	être inscrit
et helsestudio	une salle de sport
å nyte, nøt, har nytt	profiter de
et måltid	un repas
(en) hurtigmat	restauration rapide
økologisk [økolågisk]	biologique (agriculture)
biologisk [biolågisk]	biologique
en bonde [bonne], bønder	un agriculteur
å bli født, ble, har blitt	être né/e
å ha råd til	avoir les moyens de s´acheter
å legge på seg, la, har lagt	prendre du poids
et svangerskap	une grossesse
å telle, telte	compter
en kalori	une calorie
ideal	idéal
en figur	une figure
sjelden	rare
vegetarisk	végétarien
å drive idrett, drev, har drevet	faire du sport
(en) helse	santé
bevisst	conscient
vital	vital

1 Sett inn *så* i disse setningene (én eller flere ganger).
Kjøpte Erna en billett. Nils ikke ut av vinduet. Han ville gjerne se noe, for han likte TV-programmet om Norge mye. Tar han sjansen han kan se noe. Han var nervøs at det nesten gjorde vondt i magen. Han ingenting, men hoppet han på en stol og hus og mennesker. Gledet han seg mye fordi han ut av båten. Nils var fornøyd at han bestemte seg for å gå ut mye som mulig.

2 Finn mulige spørsmål.
«Du må bare gå under sporene, så krysser du gata.»
Hun liker de gule og røde husene ved elva.
Katedralen er nesten tusen år gammel.
Hun tar to epler, ei pære og en banan.
Hun skynder seg tilbake til båten.
Nils nøler litt – men så tar han sjansen.

3 Lag setninger. Bruk komparativ.
Eksempel: mye regn – Bergen / Moss – god jakke
→ *I Bergen er det mer regn enn i Moss. Derfor trenger man ei bedre jakke i Bergen.*
få dager med sol – Molde / Arendal – lang bukse
sterk vind – Ålesund / Hamar – varm genser
lav temperatur – Røros / Kristiansand – tjukke sokker
snø – Tromsø / Trondheim – gode sko
tåke – Stavanger / Fredrikstad – gode briller
varme dager – Fredrikstad / Bodø – korte T-skjorter

4 Sett inn ord som passer.
Karina _____ som lege. Hun _____ medisin i seks år. Da hun var ferdig, måtte hun først _____ etter jobb. Men nå har hun _____ en god jobb. Hun _____ på jobben, men hun liker ikke å arbeide i helgene. Hun _____ bra og kunne derfor kjøpe leilighet for to måneder siden.
    Øyvind _____ med reklame. Han _____ seg til kokk først, men han hadde problemer _____ å arbeide sent på kvelden. Derfor _____ han jobb. Nå er han _____ med jobben sin, selv om han tjener _____ enn Karina.

Alors ...

Que va devenir Nils ?

Était-ce une bonne idée de quitter la cabine sur le bateau ?
Pourquoi Erna part-elle à Tromsø ?
De quoi parle le texte sur le bout de papier ?

Si tu veux savoir – continue d´apprendre le norvégien !

Le Mystère de Nils – 2ème volet – est appelé **Mysteriet om Nils** (ISBN 978-3-945174-03-6). Pour l´acheter, rends-toi à la même librairie où tu as acheté celui-ci.
www.skapago.eu/nils/nils-part-2/

Liste de mot en ordre alphabétique

Afin de simplifier les choses, nous avons retiré le **å** pour les verbes à l'infinitif. À chaque fois, le nom est suivi par l'article. Le pluriel irrégulier est marqué par **fl.** (l'abréviation de **flertall**).

Rappelle-toi que **æ** – **ø** – **å** viennent à la fin de l'alphabet norvégien.

abonnere på, abonnerte	être abonné à	25
absolutt	absolument	8
advokat, en	un avocat	22
agurk, en	un concombre	11
aha	ah, ah	3
akkurat	exactement, ici : juste	24
aktivitet, en	une activité	20
aldri	jamais	12
alene	seul	19
all slags	toute sorte	20
alle	tous, toutes, tout le monde	8
allerede	déjà	2
allmennfag, et	les matières générales	22
alltid [-ti]	toujours	8
alt	tout	9
altså	donc, alors	15
ambisiøs	ambitieux	22
ambulansearbeider, en	un ambulancier	22
anbefale, anbefalte	recommander	13
ane, ante	soupçonner, pressentir, deviner	19
ankomst [å], en	une arrivée	23
ankomsttid, en	heure d'arrivée	24
anleggsteknikk, (en)	les techniques de construction	22
anmelde, anmeldte	porter plainte	21
anna, ei	une autre	12
annen, en	un autre	12
annet, et	autre (avec l'article du neutre)	12
ansatt	employé	22
ansikt, et	un visage	12
apotek, et	une pharmacie	11
apparat, et	un appareil, un engin	19
appelsin, en	une orange	11
arbeid, et	un travail	9
arbeide, arbeidet	travailler	1
arbeidsuke, ei	une semaine de travail	20
Argentina	Argentine	11
arm, en	un bras	10
at	que	8
automat, en	une machine	23
av [a]	par, à travers, de	4
av og til	de temps en temps	9
av papir	en papier	10
avbryte, avbrøt, har avbrutt	interrompre	21
avdeling, en	département	26
avgang, en	un départ	23
avis, ei	un journal	11
avtale, en	un accord	8
bachelorgrad, en	Licence, Bachelor	22
bad, et	une salle de bains	9
bak	derrière	8
bake	boulanger, pâtisser	7
bakeri, et	une boulangerie	11
bakgård, en [-går]	arrière-cours, patio	9
bakside, en	l'arrière, un revers	23
bamse, en	une peluche	7
banan, en	une banane	11
bank, en	une banque	21
banke, banket	frapper, taper	23
bar, en	un bar	12
bare	uniquement, seulement, juste	3
bare hun ikke mister ...	pourvue qu'elle ne perde ...	22
barn, et, (flere) barn, barna	un enfant	8
barnehage, en	une garderie, un jardin d'enfants	21
barneskole, en	une école primaire (6-12/13 ans)	22
basketball, (en)	basketball	20
be, ba, har bedt om	demander	21
bedre	mieux, meilleur	3
bedrift, en	une entreprise	22
begeistret [æi]	enthousiaste, enchanté	16
begynne [bejy-], begynte	commencer	2
begynnelse [bejy-], en	un début	21
behandle, behandlet [-hannle]	traiter	16
beholder [-håller], en	un récipient	8
beklage, beklaget	être désolé	22
bekrefte, bekreftet	confirmer	13
benk, en	un banc	23
bensin, (en)	de l'essence	11
bensinstasjon, en	une station-service	11
beregnet [-rægnet]	estimé	24
beskjed [beskje], en	un message	21

197

beslutning, en	une décision	21
besteforeldre [å]	grands-parents	5
bestemme seg, bestemte	se décider	16
bestemor, ei; fl. bestemødre	une grand-mère	3
bestille, bestilte	commander, commandé	13
besøk, et	une visite	11
besøke, besøkte	rendre visite	13
betale	payer	11
betale kontant/ med kort	payer en espèces/ en carte	11
bety, betydde	signifier	2
Hva betyr ... på engelsk?	Que veut ... dire en anglais ?	1
bevege seg [sæj]	bouger	6
bevegelse, en	un mouvement	7
bevisst	conscient	26
bibliotek, et	une bibliothèque	21
bil, en	une voiture	23
bilde, et	une photo	3
billett, en	un ticket, billet	11
billettkontroll [-tråll], (en)	contrôle de billet	23
billig [-li]	bon marché	11
billigere	moins cher/chère	25
binders, en	trombone	9
biologisk [biolågisk]	biologique	26
blanding [blanning], en	un mélange	16
bli, blir, ble, har blitt	devenir	8
blid [bli]	souriant, aimable	12
blomst [å], en	une fleur	21
blå	bleu/e	9
blåse, blåste	souffler (vent)	13
bo	habiter	5
bod, en	une remise, un débarras	8
Bodø	ville au nord de la Norvège	24
bok, ei, bøker	un livre, livres	10
bokhylle, ei	une bibliothèque, étagère à livres	4
boks [å], en	une boîte	15
bonde [bonne], en, bønder	un agriculteur	26
bord [bor], et	une table	4
Kan du dekke bordet?	Peux-tu mettre la table ?	7
om bord	à bord	25
bort	vers, s´en aller	11
borte	absent	12
bra	bien	5
ha det bra	au revoir	2
Brasil	Brésil	11
brev, et	une lettre	21
bris, en	une brise	16
bror, en; fl. brødre	un frère	5
bruke (som [såm]), brukte	utiliser/employer (comme)	10
bruke penger	dépenser de l´argent	26
brukt	d´occasion	25
brun	marron	7
bry seg om noe / ikke å bry seg, brydde	(ne pas) se soucier de quelque chose	26
bryst, et	une poitrine	10
brød [-ø], et	un pain	2
brødskive [brø-], ei	une tranche de pain	2
bråk, (et)	bruit	22
bråke, bråkte/ bråket	faire du bruit	14
budsjett, et	un budget	26
bukse [o], en	un pantalon	18
burde, bør	devoir	10
bursdag, en	un anniversaire	1
bursdagsgave, en	un cadeau d´anniversaire	9
i bursdagsgave	en cadeau d´anniversaire	21
buss, en	un autobus, un car	7
butikk, en	un magasin	11
by, en	une ville	7
bygg, et	un bâtiment	22
byggeleder, en	conducteur des travaux	22
bygning, en	un bâtiment	25
bytte, byttet	changer	15
bytte tog	changer (de train)	23
bytte kanal	changer la chaine	15
bære, bar	porter, a porté	12
bølge, en	une vague	12
børste, ei	une brosse	11
bøtte, ei	un seau	14
både – og	à la fois	13
båt, en	un bateau	17
Canada	Canada	11
chatte [æ], chattet	chatter	15
da	à ce moment, quand; lorsque	7
dag, en	un jour	2
i dag	aujourd´hui	2
dagdrøm, en	une rêverie	12
dagens fisk	le poisson du jour (en plat du jour)	13
dame, ei	une dame	5
dansk	danois	17
datamaskin, en	un ordinateur	4
dataspill, et	un jeu vidéo	20
datter, ei	une fille	5
deg [dæj]	te, toi	5
deilig	délicieux	20
dekke bordet, dekke	mettre la table	7
del, en	une partie	17
delvis skyet	partiellement couvert	16
dem	eux	5
den	le, la (uniquement pour les noms féminins et masculins, voir l´explication de grammaire)	3
den/det/de andre	l´autre/l´autre/les autres	12
denne	ce, cette	12
der [æ]	là	5
dere	vous	5
deretter [dær-]	puis, après, ensuite	12
derfor [dærfår]	pour cette raison, pourquoi	1
derfra [dær-]	de là	17
dersom [dærsåm]	si, dans le cas où	19
dessert [dessær], en	un dessert	11
dessverre [-ærre]	malheureusement	13
det [de]	ce, ça, ceci	1
det blir ...	ça fait ...	13

det er på tide å ...	il est temps de ...	13	eksamen, en	un examen	22	fast	ferme	14
det er synd	c'est dommage	5	eksamen i videregående skole	l'examen du baccalauréat	22	feie, feide [æ]	balayer	14
Det gjør vondt her.	Ça fait mal ici.	10				ferdig [æ]	fini	1
Det holder med én skjorte.	une chemise suffit	18	ekstra	extra	26	figur, en	une figure	26
			ekte	vrai, authentique	24	fikse, fikset	régler	20
det høres ... ut	ça a l'air ...	19	eldre	plus âgé	25	film, en	un film	12
det stemmer ikke	ça ne colle pas	6	elektriker: Jeg er elektriker.	Je suis électricien.	4	fin	bon, beau	9
Det vil si ...	C'est à dire ...	13				finere	plus beau/belle	25
dette	ceci	9	elektrisk	électrique	17	fineste	le/la plus beau/belle	25
diaré: Jeg har diaré.	J'ai la diarrhée.	10	elektronisk	électronique	3	finne	trouver	7
din/di/ditt/dine	ton/ta/tes; le tien/la tienne/les tiens/les tiennes	7	elev, en	un/e élève	5	finne fram noe, fant, har funnet	sortir (quelque chose de quelque part)	15
			eller	ou	4			
			ellers	sinon, autrement	8	finne ut	découvrir	7
direkte	directe	7	elske, elsket	aimer	20	fiolin, en	un violon	20
do, en	des toilettes	14	elv, ei	une rivière, un fleuve	25	fireårig	de quatre ans	22
dra, dro	partir, aller	12	en	un	1	firma, et	une entreprise, compagnie	22
drikke, drakk, har drukket [o]	boire	2	én gang	une fois	10			
			enda	encore	18	fisk, (en)	du poisson	7
drive, drev, har drevet	faire marcher	7	endelig [-li]	enfin	6	fiske, fisket	pêcher	20
			energi (en) [energi/enersji]	énergie	20	fiskesuppe, ei	une soupe de poisson	11
drive idrett	faire du sport	26						
drive med	fabriquer, faire	7	eneste	unique, seul, ici : chaque	20	fjell, et	une montagne	16
Hva driver du med?	Que fais-tu ? Qu'elle est ton occupation ?	9				fjellsko, en	chaussures de montagne, randonnée	18
			engelsk	anglais	11			
drivstoff [å], (et)	(du) carburant	23	enig: være enig [eni]	être d'accord	16	fjernkontroll [fjærn-kontrålĺ], en	une télécommande	15
drosje [å], en	un taxi	23						
druer (mange)	raisins (plusieurs)	11	enkel, enkelt, enkle	simple, facile	26	fjord [fjor], en	un fjord	16
drøm, en, drømmer	un rêve, rêve	12	enn, (mer) enn	(plus) que	10	flaske, ei	une bouteille	20
drømme om, drømte	rêver de	22	ennå	encore	12	flau [æu]	avoir honte, être gêné/e	20
			ensom [å]	seul	20			
du	tu	1	enten – eller	soit - soit	13	flire, flirte	sourire d'un air suffisant	6
dukke, en	une poupée	8	eple, et	une pomme	2			
dum [o]	bête	6	e-post [å], (en)	e-mail, courriel	3	flott [å]	merveilleux, agréable	20
dusj, en	une douche	9	eske, en	un carton	8			
dusje, dusjet	prendre une douche	7	et par ganger	quelques fois, deux-trois fois	10	fly, et	un avion	17
dyp	profond	17				flytte, flyttet	déménager	20
dyr	cher	5	etter	après	5	fløte, (ei)	(de la) crème	20
dø	mourir	8	etterpå	après	7	folk [å] (pluriel)	gens	8
døgnåpen	ouvert 24h sur 24h	11	europeisk	européen	17	Folketrygd [fålke-trygd], (en)	la Sécurité Social	22
dør, ei	une porte	4	faktisk	en fait, en réalité, vraiment	8			
dårlig	mauvais	4				for	pour	8
Det går dårlig.	Ça ne va pas.	4	familie, en	une famille	5	for ... siden	il y a	12
egen	propre	22	fantasi, en	imagination	6	for eksempel	par exemple	8
egentlig [-li]	en fait, en réalité	5	fantastisk	fantastique	16	for en ...	quel/quelle ...	21
egg, et	un œuf	2	far, en; fl. fedre	un père	5	forandre seg, forandret [får-]	changer	26
			farlig [-li]	dangereux	8	forbauset	surpris	15

fordi [å]	parce que	11
forelsket	amoureux/se	24
være forelsket i	être amoureux de	24
foretrekke [får-], foretrakk, har foretrukket [o]	préférer	26
forferdelig [fårfærdeli]	terrible	10
forhåpentligvis [-livis]	espérons que, avec un peu de chance	23
forklare [får-]	expliquer	7
form: være i form [å]	être en forme	26
formiddag, en	une matinée	20
fornøyd [får-]	content/e	9
forresten	au fait	24
forsiktig [å]	attentif, vigilant	10
forsinket	en retard	23
forskjellig [får-]	différent	18
forstå [får-], forsto, har forstått	comprendre	1
Jeg forstår ikke det.	je ne le comprends pas	1
forsvinne, forsvant, har forsvunnet [får-]	disparaitre	15
fort	vite	8
fortau, et	un trottoir	11
fortelle [å] (om), fortalte	raconter	8
fortsatt [å]	encore	10
fortsette, fortsatte, har fortsatt [fårtsj-]	continuer	16
fortvilelse [får-], (en)	désespoir	21
forvirre, forvirret [å]	confondre, confus	12
forvirret [å]	confus	12
fot, en, føtter	un pied, des pieds	10
fotball, (en)	football	20
fotballtrening, en	un entrainement de football	20
fra	de	4
fra nå av	à partir de maintenant	21
Frankrike	France	9
fransk	français	9
fredag	vendredi	6
fredagskveld, en	un vendredi soir	20
frekk	insolent(e), impertinent(e)	5
fremdeles	toujours	24
frimerke [-mærke], et	un timbre	21
frisk	en bonne santé	10
fristende [-enne]	tentant	13
fritid, (ei)	du temps libre	20
fritidsaktivitet, en	un loisir	20
frokost [-kåst], (en)	petit-déjeuner	2
frokostblanding, (ei)	céréales	2
frukt, (ei)	des fruits	11
frustrert	frustré	20
frysemat, (en)	aliments congelés	26
fryser, en	un congélateur	26
full (av)	plein (de)	19
fullstendig [-di]	complètement	20
fylke, et	une région administrative en Norvège (département)	17
færre	moins nombreux / nombreuses	25
født	né/e	17
bli født	être né/e	26
føle, følte	sentir	3
følelse, en	un sentiment	12
følelseskaos, et	un chaos sentimental	24
før	avant	10
først	d´abord	3
få, fikk, har fått	avoir, recevoir, obtenir	3
gaffel, en	une fourchette	7
gal	fou	7
galt	mal	8
gammel	âgé/âgée	2
hvor gammel er du?	quel âge as-tu ?	4
gang, en	un hall	9
den gang	à l´époque, à cette époque, à ce moment-là	12
et par ganger	quelques fois, deux-trois fois	10
ganske	assez, relativement	13
garderobe, en	une armoire	22
gardin, en	un rideau	24
gate, ei	une rue	9
gatelys, et	lampadaire	17
gave, en	un cadeau	1
generell studiekompetanse, (en)	baccalauréat ou niveau équivalent	22
generelt [sje-]	généralement, en règle générale	26
genser, en; genseren, gensere, genserne	un pull	18
gi [ji], gir, ga(v), har gitt	donner	5
gift [ji-] (med)	marié(e) (à)	24
gifte [ji-] seg [sæj]	se marier	5
gitar, en	une guitare	20
gjemme [je-]	(se) cacher	8
gjennom [jennåm]	à travers	17
gjenta [jen-], gjentar, gjentok, har gjentatt	répéter	7
Kan du gjenta?	peux-tu répéter ?	1
gjerne [jær-]	volontiers, avec plaisir, tellement	4
hun vil gjerne ha	elle voudrait tellement avoir	4
gjette, gjettet [je-]	deviner	18
gjøre [jø-], gjør, gjorde, har gjort	faire	1
gjøre notater [jø-]	prendre des notes	9
Hva gjør du?	Que fais-tu ?	4
glad [gla]	content, heureux	3
glass, et	un verre	7
glede seg [sæj]	se réjouir	6
glemme, glemte	oublier, oublié	12
god [go]	bon/bonne	2
grad, en	un degré	16
gratulerer med dagen	bon anniversaire	2
greit nok	pas mal, passable	24
grep, et	une prise	14
gresk	grecque	11
grunnskole, en = barneskole og ungdomsskole	l´école élémentaire= le primaire et une partie du secondaire (6-16 ans)	22

gruppe, ei	un groupe	26	helsestudio, et	une salle de sport	26	hurtigrute [hurtiru-te], ei	un ferry (l'Express Côtier) opérant sur la côte ouest de la Norvège	17
grønn	vert/e	9	helst	de préférence	18			
grønnsak, en	légumes	11	helt	complètement	6			
grå	gris/e	9	hemmelig [-li]	secret	13			
gråte, gråter, grått, har grått	pleurer	18	hemmelighet, en	un secret	13	hus, et	une maison	7
			henne	la, lui	5	huske	se rappeler, se souvenir	9
gul	jaune	9	hennes	la sienne/le sien (à elle)	10			
gulrot, ei, gulrøtter	une carotte, carottes	11				hva [va]	que, quoi	1
gulv, et	un sol	9	hente, hentet	récupérer, aller chercher	5	Hva driver du med?	Que fais-tu ? Qu'elle est ton occupation ?	9
gutt, en	un garçon	5						
gøy	amusant	15	her [æ]	ici, voici, voilà	3	hva er det?	qu'est-ce qu'il y a ?	22
ha det gøy	se divertir, s'amuser	15	herre [æ], en	un monsieur	24	Hva med deg? [dæj]	Et toi ?	4
gå, gikk [jikk], har gått	marcher, aller	3	hest, en	un cheval	20	hva sier du?	qu'est-ce que tu dis ? comment?	11
			hete, het, har hett	s'appeler	3			
gå av	descendre	20	Hva heter du?	Comment t'appelles-tu ?	4	hvem [vem]	qui	4
gå en tur	promener	14				hver [vær]	chaque	17
gå til fots	aller à pied	23	Jeg heter ...	Je m'appelle ...	4	hver eneste	tous les/toutes les	20
det går bra	Je vais bien.	4	historie, en	une histoire	6	hvert [vært]	chaque, chacun	4
går: i går	hier	6	hjelpe [je-]	aider	7	i hvert fall	en tout cas	4
ha, hadde, har hatt	avoir	1	hjem [jem]	à la maison (aller)	12	hvilken, hvilket, hvilke [vil-]	lequel/laquelle, lesquelles	11
ha det [ha de]	salut, ciao	2	hjemme [je-]	à la maison (être)	14			
ha det bra	au revoir	2	H-melk [håmelk]	du lait entier	26	hvis [viss]	si	17
ha det gøy	se divertir, s'amuser	15	hode, et	une tête	10	hviske, hvisket [vis-]	chuchoter	20
ha en fin dag	bonne journée	13	holde [hålle], holder, holdt, har holdt	tenir, suffire (det holder=il suffit)	13			
ha lyst til å ...	avoir envie de ...	17				hvit [vit]	blanc/he	9
ha vondt	avoir mal	10				hvor [vor]	où	4
hun vil gjerne ha	elle voudrait tellement avoir	4	holde (å) diett, holdt, har holdt	suivre un régime	26	hvor er det blitt av ... ?	où est passé ... ?	15
						Hvor gammel ...?	Quel âge ... ?	4
hals, en	un cou, une gorge	10	holde med	suffire	18	hvor kommer du fra?	d'où viens-tu ?	4
halv [hall]	demi/e	15	Det holder med én skjorte.	une chemise suffit	18			
ham	le, lui	5				hvor lenge tar ...?	combien de temps prend ... ?	23
handle (om [åm]), handlet	acheter, faire les courses; s'agir (de)	17	Du må holde senga.	Tu dois rester au lit.	10			
			holdeplass [hålle-], en	un arrêt	23	Hvordan? [vor-]	Comment ?	4
hans	le sien/la sienne (à lui)	10				Hvordan går det?	Comment vas-tu ?	4
			honning [å], (en)	miel	2	Hvordan står det til?	Comment ça va ?	20
hate, hatet	détester	20	hoppe	sauter	7			
havn, ei	un port	25	hos	chez	11	hvorfor [vorfår]	pourquoi	3
hei	salut	2	hoste, hostet	tousser	10	hyggelig [-li]	agréable, sympathique	5
hektisk	intense, chargé, mouvementé	20	hotell, et	un hôtel	12			
			hoved-	principal-	17	Hyggelig å hilse på deg. [-li]	Enchanté de faire votre/ta connaissance.	4
heldigvis [-divis]	heureusement	16	hovedstad, en	une capitale	17			
helg: God helg!	Bon week-end !	4	hun	elle	1			
Hellas	Grèce	11	hund [hunn], en	un chien	14	Hyggelig å treffe/møte deg.	Ça me fait plaisir de vous/te voir.	4
heller	plutôt	5	hundrelapp, en	un billet de cent couronnes	22			
heller ikke	non plus	8				hylle, ei	une étagère	14
helse, (en)	(une) santé	26	hurtigmat, (en)	restauration rapide	26	hysj	chut	19

hytte, ei	un chalet	13
høflig [-li]	poli	12
høre	entendre	6
det høres ... ut	ça a l´air ...	19
høst, en	automne	16
høy	grand/e, haut	16
høyre, til høyre	à droite	12
høyskole/høgskole, en	une école supérieure	22
høyttaler, en	un haut-parleur	23
hånd [hånn], ei; fl. hender	une main	4
håndball, (en)	handball	20
håndveske [hånn-], en	sac à main	22
håpe, håpet	espérer	20
håpløs	nul/nulle, désespéré	21
i	dans	4
i bursdagsgave	en cadeau d´anniversaire	21
i dag	aujourd´hui	6
i går	hier	6
i morgen [mårn]	demain	6
i tillegg	aussi, en plus	18
i vår	ce printemps	16
idé, en	une idée	9
ideal	idéal	26
idiotisk	idiot, stupide	21
igjen [ijen]	encore, à nouveau	6
ikke	ne ... pas	1
ikke ... enda	ne pas ... encore	18
ikke ... lenger	ne...plus	4
imidlertid	néanmoins, toutefois, cependant	26
indrefilet [-filee], en	un filet	20
informasjon, en	une information	17
ingenting	rien	4
inn	dans, dedans	11
innbygger, en	un habitant	17
inneholde [hålle], -holder, -holdt, -holdt	contenir	18
interessant	intéressant	15
Internett: «nettet»= (et) Internett	le net = Internet	15
gå på Internett	aller sur Internet	3
på Internett	sur Internet	3
invitere, inviterte	inviter	18
irritert	énervé	22
Island	Islande	11
islandsk	islandais	11
isteden	au lieu de	18
italiensk	italien	11
ja	oui	1
jakke, ei	une veste	18
Jaså.	je vois.	17
Jaså?	ah bon ? (ironique)	17
jazz	jazz	20
jeg [jæj]	je	1
jente, ei	une fille	5
jernbane [jæ-], en	chemin de fer	11
jernbanestasjon, en	une gare ferroviaire	11
jo	si	3
jobb [å], en	un travail	7
jobbe, jobbet [å]	travailler	22
juice [jus], (en)	jus de fruits	2
julenisse, en	un Père Noël	16
juss	droit	22
kafé, en	un café	13
kaffe, (en)	café	2
kaffemaskin, en	une cafetière	4
kai, ei	un quai *(sur le port)*	26
kake, ei	un gâteau	7
kald [kall]	froid	25
kalori, en	une calorie	26
kamera, et	une caméra	16
kanal, en	une chaine	15
kanskje	peut-être	4
kaos, et	un chaos	24
karakter [karaktér], en	une note	22
karbonade, en	steak haché (mélangé)	11
kasse, ei	une caisse	26
kasserer, en, mange kasserere	caissier/e, caissiers	11
kasserolle [-rålle], en	une casserole	20
kaste, kastet	jeter	10
kaste opp	vomir	10
katedral, en	une cathédrale	25
katt, en	un chat	14
kilometer, en	un kilomètre	17
kino, en	un cinéma	12
kiosk, en	*mélange entre kiosque à journaux, bureau de tabac et petite épicerie*	11
kjede seg, kjedet seg	s´ennuyer	15
kjedelig [-li]	ennuyant	4
kjeller, en	une cave	8
kjempe-	très, vraiment *(pour souligner quelque chose)*	15
kjempefin	très beau, super beau/belle	15
kjenne	connaître	9
kjenne på	sentir, toucher	10
kjent	familier	12
bli kjent (med)	faire connaissance (avec)	16
kjæreste, en	un(e) petit/e ami/e	5
kjærlighet, (en)	amour	24
kjøkken, et	une cuisine	5
kjøkkenbenk, en	un plan de travail	7
kjøleskap, et	un réfrigérateur	4
kjøpe, kjøpte	acheter	11
kjøpe på kreditt	acheter à crédit	11
kjøre, kjørte	conduire	17
kjøretøy, et	un véhicule	23
kjøtt, (et)	(de la)viande	11
kjøttkake, ei	une boulette de viande	13
klare, klarte	accomplir, se débrouiller	13
klart	dégagé	16
så klart	bien sûr	13
klassisk	classique	20
klatre, klatret	escalader, grimper	20
klem, en	un câlin	3
klesbutikk, en	magasin de vêtements	11
klesskap, et	une armoire	18
klokke [å], ei	une montre, une horloge	6
Klokka er seks.	Il est six heures.	6
klær (seulement pluriel)	des vêtements	11

knapp, en	un bouton	15
kne, et, knær	un genou	10
kniv, en	un couteau	7
kode, en	un code	11
koffert, en	une valise	12
koke, kokte	bouillir	7
kokebok, ei, kokebøker	un livre de cuisine	26
kollega, en, kollegaen, kolleger, kollegene	un collègue	24
komfyr, en	une cuisinière	4
komme [å], kom, har kommet	venir	2
komme fram	atteindre	20
komme seg	se rendre quelque part	19
Hvor kommer du fra?	D´où viens-tu ?	4
komme [å] på besøk	rendre visite	11
kommode, en	une commode	4
kommune, en	une municipalité, commune	20
komplisert	compliqué	17
konduktør, en	un/e contrôleur/se	23
kone, ei	une femme, une épouse	5
konge [å], en	un roi	
konsert, en	un concert	20
konserthus, et	un palais des concerts	20
konto, en	un compte	21
kontor, et	un bureau	7
kopp [å], en	une tasse	2
korrespondere, korresponderte	effectuer une correspondance	24
kort [å], et	carte	11
kortleser, en, mange kortlesere	un lecteur de carte bancaire	11
koselig	agréable	25
kosmetikk, (en)	produit de beauté, cosmétique	11
koste [å], kostet	coûter	3
kosthold [kåsthåll], et	un régime alimentaire	26
kraftig [-ti]	fortement, beaucoup de (vent)	13
krangle, kranglet	se disputer	24
kroppsøving [å], (en)	(une) éducation physique	22
kryss, et	un carrefour	12
krysse, krysset	traverser	20
kuldegrad = minusgrad, en	degré en dessous de zéro, moins ... degrés	16
kuling, en	un vent fort (40-70 km/h)	16
kulturmenneske, et	une personne qui s´intéresse à la culture	20
kunde, en	un client	9
kunne, kan, kunne, har kunnet	pouvoir	3
kunstner, en; kunstnere	un/e artiste	17
kupé, en	un compartiment	23
kupp, et	une affaire	26
kvalm	mal au cœur	10
kveld [kvell], en	un soir	20
god kveld [kvell]	bonsoir	2
kveldsnyhetene [kvell-]	le journal télévisé du soir	15
kvittering, en	un reçu	11
kylling, en	du poulet	11
kysse, kysset	embrasser	24
kø, en	une queue	26
lag, et	une équipe	20
lage, lagde/laget	fabriquer	1
laks, en	du saumon	11
lampe, ei	une lampe	4
land [lann], et	ici : un paysage, une terre ; mais aussi : un pays	16
landsdel, en	une région	17
lang	long/longue (distance)	9
langsomt [å]	lentement	15
langt (fra)	loin de	17
lat	paresseux/se	26
latin	latin	11
lav	bas, ici : tout bas	20
le, ler, lo, har ledd	rire	15
lede, ledet	diriger	22
ledig [-di]	libre, disponible	13
lege, en	un médecin	5
legemiddel, et, legemidler	un médicament, médicaments	11
Du må ta legemidler.	Tu dois prendre des médicaments.	10
legge, la, har lagt	mettre	8
legge kortene på bordet, la, har lagt	jouer cartes sur table	21
legge merke [mærke] til	remarquer,	21
legge på seg,	prendre du poids	26
leie, leide	louer	25
leilighet, en	un appartement	8
leke, lekte	jouer	4
lenge	long/longue (temps)	20
lenge siden	longtemps	20
lese, leste	lire	15
lete etter, lette, har lett	chercher	5
lett	facile	22
leve, levde	vivre	6
levere, leverte	délivrer, ici : retourner	21
ligge, lå, har ligget	être couché	10
like, likte	apprécier, aimer	5
likevel	pourtant, cependant, toutefois, après tout	20
Lillehammer	ville norvégienne au nord d´Oslo	23
liten, lita, lite, lille, små	petit, petite	1
litt	un peu	3
liv, et	une vie	13
livsstil, en	une mode de vie	26
lommebok, ei, lommebøker	un portefeuille	26
lue, ei	un bonnet	18
luft, (ei)	l´air	17
lugar, en	une cabine	25
lukke, lukket [o]	fermer	21
lunge [o], en	un poumon	10
lyst: ha lyst til å ...	avoir envie de ...	17
lysvåken	totalement réveillé	23
lytte (på), lyttet	écouter	10
lære, lærte	apprendre	22
lærer, en, læreren, lærere, lærerne	un/e enseignant/e	22

løk, en	un oignon	11
løp, et	une course	25
løp: i løpet [løpet] av	au cours de	25
lørdag	samedi	6
lån, et	un emprunt, un prêt	25
låne, lånte	emprunter	21
mage, en	un estomac, ventre	10
mamma, en	maman	6
man	on	9
mandag	lundi	6
mann, en	un homme / un mari, un époux	5
mat, (en)	de la nourriture	11
matbutikk, en	un magasin alimentaire, un supermarché	11
mate, matet	donner à manger	14
matematikk, (en)	(les) mathématiques	22
med [me]	avec	2
med en gang	tout de suite	10
medfølelse, (en)	pitié	24
medisin, en	un médicament	18
medlem, et, medlemmet, mange medlemmer	un membre, un adhérant	11
medlemskort, et	une carte de membre, adhérant	11
meg [mæj]	moi	5
meldt: være meldt på	être inscrit	26
melk, (ei)	lait	2
mellom	entre	8
melon, en	un melon	11
men	mais	3
mene, mente	vouloir dire	21
meningsløs	absurde, sans aucun sens	26
menneske, et	un humain	7
mens	pendant	20
meny, en	un menu	13
mer	plus	9
mesterbrev, et	un titre de maître-artisan	22
mesterskap, et	un championnat	20
middag, en	un diner	11
middel, et, midler	un moyen	23
midt (på natta)	au milieu (de la nuit)	10
million, en	un million	17
min	mon/ma/le mien/la mienne	5
mindre	plus petit/e	25
mine	mes; les miens/les miennes	5
minne, et	un souvenir	12
minne, minnet	rappeler	24
miste, mistet	perdre	20
mobiltelefon, en	un téléphone mobile	19
moderne [modær-]	moderne	9
mor, ei; fl. mødre	une mère	5
morgen [mårn], en	un matin	2
god morgen	bonjour (le matin)	2
i morgen [mårn]	demain	6
mot	contre, vers	7
motorsykkel, en	une moto	23
motto, et	une devise	26
mulig [-li]	possible	8
mulighet [-lihet], en	une possibilité	26
munn, en	une bouche	10
murer, en	un maçon	22
murerfag, et	la maçonnerie	22
musiker, en; musikere	un/e musicien/ne	17
musikk, (en)	de la musique	15
mye	beaucoup	3
møbler (pluriel)	meubles	9
mørk	sombre	8
mål, et	un objectif, un but	22
målsted, et	un point d'arrivée	23
måltid, et	un repas	26
måte: I like måte! [lige måde]	À toi aussi !	4
måtte, må, måtte, har måttet	devoir	3
nabo, en	un voisin	17
natt, ei, netter	une nuit	10
god natt	bonne nuit	2
nattog [tåg], et	un train de nuit	22
natur, (en)	nature	20
ned [ne]	en bas, vers le bas	10
nei	non	2
nei da	pas vraiment, mais non	20
nemlig [-li]	en effet, à savoir	8
nervøs [nær-]	nerveux	14
nese, ei	un nez	10
neste	le prochain/la prochaine	20
nesten	presque	1
nettopp [å]	juste	13
nisse, en	lutin	1
noe	quelque chose	6
noen	quelqu'un	7
noensinne	jamais	19
nok [å]	assez / probablement	6
nord [noor]	nord	17
Norge [å]	Norvège	4
norsk	norvégien	11
ny	nouveau/nouvelle	11
nyhet, en	une information, nouvelle	15
nyte, nøt, har nytt	profiter de	26
nærhet, (en)	une proximité	20
nærmere	plus près	10
nøkkel, en, nøkler	une clé	25
nøle, nølte	hésiter	15
nøyaktig [-ti]	précisément, exactement	12
nå	maintenant	1
nå som	maintenant que	26
nål, en	une aiguille	22
når	quand	4
offentlig [å]	public	17
ofte [å]	souvent	12
og [å]	et	1
også [åså]	aussi	3
okse, en	un bœuf	20
om	à, au	16
om våren	au printemps	16
ombestemme [åm-] seg, ombestemte	changer d'avis	18
område, et	une zone	26
omtrent	environ, à peu près	12
onsdag	mercredi	2
opphold [åpphåll]	voir explication	16
opplæring [åpp-], en	un enseignement, une formation	22
oppskrift [å], en	une recette	26

Norvégien	Français	Leçon
opptatt [å]	occupé/e	16
oppvaskbørste [åpp-], en	une brosse à vaisselle	11
oppvaskmaskin, en	un lave-vaisselle	7
oransje	orange	9
ord [or], et	un mot	21
ordne, ordnet [å]	ranger, rangé	12
orientere seg, orienterte [å]	s´orienter, trouver sa direction	25
orkan, en	un ouragan	16
Oslo	capitale de la Norvège	17
oss [å]	nous	5
ost, (en)	fromage	2
over [å-]	dessus / fini	8
overdrive, overdrev, har overdrevet [å]	exagérer	21
overraskelse [åv-], en	une surprise	21
overrasket [å]	surpris	8
overskyet [å]	couvert	16
ovn [å], en	un four	4
pakke, en	un paquet, colis	21
panne, ei	une poêle	15
papir, et	(un) papier	10
papirarbeid, et	paperasse, formalité administrative	9
papirlapp, en	un bout de papier, une note	10
paprika, en	un poivron	11
par, et	une paire	10
parkeringsplass, en	un parking	12
passasjer, en	un passager	24
passe på, passet	faire attention, être vigilant	8
passere, passerte	passer	23
pasta, en	des pâtes	11
pen	joli/e, beau/belle	21
penger	de l´argent	5
bruke penger	dépenser de l´argent	26
pensjon: gå av med pensjon [pangsjon]	prendre sa retraite	22
pensjonist, en	un retraité	5
pensjonspenger	la retraite	22
perrong [æ], en	un quai (de train)	25
person [æ], en	une personne	7
planlegge, planla, har planlagt	planifier, organiser	23
plass, (en)	de la place	4
plutselig [-li]	soudainement, tout d´un coup	7
Polen	Pologne	11
politi, (et)	(une) police	21
politimann, en; politimenn	un policier	22
polsk	polonais	11
portugisisk	portugais	11
pose, en	un sac, une poche	11
potet, en	une pomme de terre	11
pris, en	un prix	26
problem, et	un problème	17
prosjektleder, en	un chef de projet	22
prospekt, et	un prospectus	26
prøve, prøvde	essayer	8
pudding, en	un flan	11
pusse, pusset	brosser	6
puste, pustet	respirer	17
Pust inn / pust ut.	Inspire / expire.	10
pute, ei	un coussin, oreiller	10
pære, ei	une poire	11
pølse, ei	une saucisse	26
på	à, sur	3
på jobb	au travail	7
på mandag	ce lundi/lundi dernier	6
på mandager	tous les lundis	6
på tilbud	en solde	11
pålegg, et	tout aliment que l´on peut mettre sur une tranche de pain	11
påskeegg, et	un œuf de Pâques	21
rabatt, en	une remise	23
radio, en	une radio	15
rapport, en	un rapport	9
rar	étrange	8
noe rart	quelque chose d´étrange	8
rask	rapide	15
redaktør, en	un/e rédacteur/trice	5
redd: å være redd	avoir peur	6
region, en	une région	17
regiontog [tåg], et	un train régional	22
regjering [reje-], en	un gouvernement	17
regn [ræjn], (et)	pluie	16
regnbyge, en	une averse	16
regning [ræj-], en	une facture, l´addition	13
regnjakke [ræjn-], ei	un imperméable	18
reinsdyr, et	un renne	17
reise (til), reiste	aller (à), voyager	17
reise, en	un voyage	23
reisebyrå, et	une agence de voyage	23
reke, ei	une crevette	11
rekke, rakk, rukket [o]	ici : atteindre, arriver, parvenir à	20
reklame, en	une publicité	15
resepsjon, en	une réception	25
resept, en	ordonnance	10
rest, en	un reste	13
resten av	le reste de (du)	13
restaurant [-rang], en	un restaurant	12
rett	droit	11
rett fram	tout droit	12
rett, en	un plat	13
ri, red, har ridd	monter à cheval	20
ridetime, en	un cours d´équitation	20
riktig [-ti]	correct	17
rimelig [-li]	raisonnable	26
ringe, ringte	appeler, téléphoner	3
ris, (en)	du riz	13
rolig [-li]	tranquille	6
rom, et, fl. rom	une pièce	9
rope, ropte	crier	6
rundkjøring [runn-], en	un rond-point	12
rundstykke [runns-], et	un petit-pain	2
rundt	environ	7
russefeiring, en	les célébrations pendant le mois de mai (et un peu avant...) des bacheliers norvégiens avant les examens du baccalauréat	22

russisk	russe	11
Russland	Russie	11
rute, en	un trajet	23
i rute / presis	à l'heure	23
rutetabell, en	une fiche horaire	23
rydde (opp) [åpp], ryddet	ranger	7
rød	rouge	9
rødvin, en	vin rouge	13
røkt	fumé/e	26
råd, et	un conseil	25
ha råd til	avoir les moyens de s'acheter	26
sak, ei	un cas / une affaire	13
saks, ei	des ciseaux	9
sakte	lent(ement)	23
salami, en	un salami	2
salat, en	une salade	11
samme	pareil, même chose	8
sammen	avec	5
sammenligne, sammenlignet	comparer	26
sammenlignet med	comparé à	21
samtidig [-di]	en même temps	13
sann	vrai	3
... ikke sant?	n'est-ce pas ?	3
sannhet, en	une vérité	13
savne, savnet	manquer à	19
se, så, har sett	voir, regarder	3
se på TV	regarder la télé	5
se seg rundt [sæj]	regarder autour de soi	7
seg (selv) [sæj sell]	soi-même	9
selge [selle], solgte [å], har solgt	vendre	22
selv om [sell]	même si	20
selvfølgelig [sellfølgelli]	bien sûr	2
selvsagt [sellsagt]	évidemment	18
selvstendig [sellstendi]	indépendant	22
selvstendig næringsdrivende	indépendant, quelqu'un qui travaille à son compte	22
sende [senne], sendte	envoyer	3
sen	tard	22
seng, ei	un lit	4
Du må holde senga.	Tu dois rester au lit.	10
sent, for sent	tard, trop tard	13
sent på våren	à la fin du printemps	16
servitør, en	un serveur	13
sette, satte, har satt	mettre, poser	4
si, sier, sa, har sagt	dire	4
Det vil si ...	C'est à dire ...	13
siden: ved siden av	à côté de	4
sikker/sikkert	sûr	10
være sikker på	être sûr de	21
sin/si/sitt/sine	son/sa	23
sitte, satt, har sittet	être assis(e)	1
sjakk, (en)	les échecs	20
sjanse, en	une opportunité, occasion	15
ta en sjanse	prendre un risque	26
sjekke, sjekket	vérifier	23
sjelden	rare	26
sjokkert	choqué	6
sjokolade, (en)	chocolat	2
skade, skadet	blesser, faire du mal	16
skap, et	une armoire	4
skift, et	(travailler par) roulement	22
skikkelig [sj]	vraiment, très	18
skilles, skiltes, har skiltes	divorcer, se séparer	24
skilt	divorcé, séparé	24
skinke, ei	du jambon	6
skip, et	un navire	25
skive, ei	une tranche	7
skje, en	une cuillère	7
skje, skjedde	se passer	14
skjerf [sjærf], et	une écharpe	18
skjerm [æ], en	un écran	15
skjorte, ei	une chemise	10
skjule noe (for), skjulte	cacher quelque chose (à)	8
skjult	caché	13
skjære opp, skar, har skåret	couper	7
skjønne, skjønte	comprendre	7
skjørt, et	une jupe	18
sko, en, mange sko	une chaussure	11
skobutikk, en	un magasin de chaussures	11
skog, en	une forêt	4
skole, en	l'école	2
skolekamerat, en	un copain de classe	22
skrekk, en	terreur	8
skremme, skremte	faire peur	7
skremt	effrayé	6
skrik, et	un cri	7
skrive, skrev, har skrevet	écrire	10
skrivebord [-r], et	un bureau	4
skuffet	déçu(e)	4
skulle, skal, skulle, har skullet	devoir	4
Hva skal hun i Tromsø?	Que va-t-elle faire à Tromsø ?	19
skummel	effrayant	17
skummet [o] melk	du lait écrémé	26
skynde seg [sjynne], skyndet	se dépêcher	26
slags, en	une sorte	11
slappe av, slappet	se détendre	6
slik	comme ça, comme ceci	12
slippe, slapp, har sluppet	éviter (d'avoir à faire quelque chose)	22
slitsom [-såm]	fatiguant	22
sludd, (et)	précipitation de neige fondue	16
slutte	arrêter	6
slå, slo, har slått	taper	11
slå av	déconnecter	14
slå koden	taper le code	11
slå på	connecter, allumer	14
smake, smakte	goûter	13
smart	astucieux, malin	21
smarttelefon, en	un smartphone	3
smerte [smær-], en	une douleur	10
smile, smilte	sourire	7
smør, (et)	beurre	2
snakke, snakket	parler	6
snakke om [åm]	en parler	9
snart	bientôt	2
snike seg inn, snek, sneket	s'introduire discrètement, entrer en douce	19

Norvégien	Français	Ch.
snill	gentil/le	16
snu, snudde	(se) retourner, tourner	10
snø, (en)	neige	16
snø, snødde	neiger, neigé	13
sofa, en	un canapé	8
sokk [å], en	une chaussette	18
som [å]	comme; en tant que; qui/que	5
sommer, en	été	16
sopp [å], en	un champignon	11
sove [å]	dormir	7
soverom [såv-], et	une chambre	9
sovevogn [å-å], en	un wagon-lit	23
sovne, sovnet [såvne]	s'endormir	22
spansk	espagnol	11
spare penger, sparte	faire des économies	22
spennende [-enne]	excitant, fascinant	19
spent	impatient, surexcité	15
spesiell	spécial/e, particulier	18
spille, spilte	jouer	7
spille en rolle	avoir de l'importance	19
spille sjakk	jouer aux échecs	20
spise, spiste	manger	2
spise ute, spiste	manger dehors	26
spor, et	une voie	22
sport, (en)	sport	20
språk, et	une langue	12
spørre, spør, spurte, har spurt	demander, demande	5
spørre etter veien	demander la route, demander les directions	12
stadig [stadi]	constamment, tout le temps	19
stakkars, den stakkars ..., mange stakkars ...	le pauvre	24
startsted, et	un point de départ	23
stasjon, en	une gare	11
sted, et, (flere) steder	un endroit	8
steke, stekte	frire, faire cuire	20
stemme, stemte	être juste	6
det stemmer ikke	ce n'est pas vrai	6
stemplingsautomat, en	un composteur	23
stenge, stengte	fermer	21
sterk [ær]	fort	13
stille	calme, silencieux	6
stille, stilte spørsmål	poser des questions	13
stjele, stjal, har stjålet	voler	21
stol, en	une chaise	4
stole på, stolte	faire confiance à	24
stolt [stålt]	fier/fière	18
stoppe [å], stoppet	arrêter (arrête !)	7
stor	grand	8
Storbritannia	Grande Bretagne	11
storm [å], en	une tempête	16
stort sett	en gros	8
stryke, strøk, har strøket	repasser	14
student, en	un/e étudiant/e	5
studere, studerte	étudier	5
studium, et, studiet, studier, studiene	des études	22
stue, ei	un salon	5
stund [-unn], en	un moment	19
stygg	moche	24
stykke, et	un bout, une partie	10
stykke, et stykke papir	un morceau de papier	10
største	le/la plus grand/e	25
støvsuger, en	un aspirateur	14
stå	rester debout	11
stå opp, sto, har stått	se lever	1
sukker [o], (et)	(du) sucre	24
sulten	avoir faim	20
sunn	en bonne santé	26
super	super	20
suppe, ei	une soupe	7
svangerskap, et	une grossesse	26
svare, svarte	répondre	3
svart	noir/e	9
Sveits	Suisse	11
svennebrev, et	un brevet d'apprentissage	22
svensk	suédois	11
Sverige	Suède	11
svigersønn, en	un beau-fils	20
svinekjøtt, (et)	de la viande de porc	11
svinge, svinget	tourner	25
svært	très	9
sy, sydde	coudre	22
sydame, en	une couturière	22
syk	malade	10
sykehus, et	un hôpital	17
sykepleier, en	un/e infirmier/ère	5
sykkel, en	un vélo	21
syltetøy, (et)	confiture	2
synd [synn]	dommage	5
det er synd	c'est dommage	5
synes synd på, syntes	avoir de la pitié	22
synes, syntes	trouver (donner son avis)	15
særlig [-li]	particulièrement, spécialement	13
søke (på), søkte	poser sa candidature à (un poste de travail, une formation)	22
søndag	dimanche	6
sønn, en	un fils	5
søsken	une fratrie	5
søster, ei	une sœur	5
så	si, tellement, tant, aussi	3
så fort som mulig	le plus vite possible	8
så klart	bien sûr	13
så vidt ...	autant que, d'après ce que ...	17
sånn	bon, ok, voilà; comme ça	8
såpass	tant, autant, aussi	21
såpe, ei	du savon	11
ta, tok, har tatt	prendre	3
ta av	enlever	10
ta sjansen, tok, har tatt	tenter sa chance, prendre le risque	15
takk	merci	2
Takk for maten!	Merci pour le repas !	3
Takk for sist!	Merci pour la dernière fois !	3
Takk skal du ha!	Je te remercie !	3

Mange takk!	Merci bien !	3	tirsdag	mardi	6	tunnel, en	un tunnel	23
tusen takk	merci beaucoup	2	titt, en	un coup d'œil	17	turist, en	un/une touriste	12
takke, takket	remercier	25	ta en titt på, tok, har tatt	jeter un coup d'œil	17	turn	athlétisme	20
talentløs	sans talent	26				tur-retur	aller-retour	22
tallerken, en	une assiette	7	Tja!	Eh bien !	17	tusen	mille	2
tanke, en	une pensée	12	tjene, tjente	gagner (de l'argent)	17	TV [teve], en	une télé	4
tann, ei; tanna, tenner, tennene	une dent	6	tjukk [kj-]	gros/grosse	26	tvert [æ] imot	au contraire	26
			toalett, et	des toilettes	9	TV-serie, en	une série télévisée	15
tannbørste, en	une brosse à dent	18	toalettpapir	du papier toilette	11	typisk	typiquement	13
tannkrem, (en)	dentifrice	18	tog [tåg], et	un train	17	Tyrkia	Turquie	11
T-bane [tebane], en	un métro	23	togtur [tågtur], en	un voyage en train	22	tyrkisk	turque	11
te, (en)	thé	2	tom	vide	26	tysk	allemand	11
teater, et; teatret, teatre, teatrene	un théâtre	20	tomat, en	une tomate	11	tømme, tømte	vider, a vidé	14
			torsdag [å]	jeudi	2	tøy, et	un tissu	22
tekst, en	un texte	13	trang	étroit	9	tåke, (ei)	brouillard	16
tekstmelding [-melling], en	un texto (SMS)	15	transportmiddel, et	un moyen de transport	23	tåpelig [-li]	stupide, idiot	21
						uansett	de toute façon, dans tous les cas, quoi qu'il en soit	10
telefon, en	un téléphone	3	trapp, ei	un escalier	14			
telle, telte	compter	26	travelt: ha det travelt	être occupé	20			
temperatur, en	température	16				UiO	l'Université d'Oslo	22
Temperaturen din er høy.	Tu es chaud/e.	10	tre, (et)	(du) bois	9	uke, ei	une semaine	19
			av tre	en bois	9	umulig [-li]	impossible	21
tenke, tenkte	penser	6	treffe, traff, har truffet	rencontrer	7	under [unner]	sous	8
tenk deg	imagine-toi	19				underbukse [unner-bokse], ei	un slip	18
tennis, (en)	tennis	7	trekke ut, trakk, trukket [o]	tirer	23			
teppe, et	un tapis	9				underskjorte [unner-], en	un tricot	18
tid, ei	un temps	13	trene, trente	s'entraîner	20			
det er på tide å …	il est temps de …	13	trenge, trengte	avoir besoin	1	undertøy [unner-], (et)	sous-vêtements	18
ta tid	prendre du temps	25	trening, en	un entrainement	20			
tidlig	tôt	16	trikk, en	un tramway	17	ung [o]	jeune	7
tidlig på våren	au début du printemps	16	trist	triste	3	ungdomsskole [ongdåm-], en	un collège (13-16 ans)	22
			trives, trivdes, trivdes	se plaire	20			
tidsskrift, et	une revue	11				uniform [-årm], en	un uniforme	23
til	pour, à; encore; jusqu'à	1	tro	croire	6	unnskyld [-yll]	pardon	7
			Tromsø	ville au nord de la Norvège	13	unnskyldning, en	une excuse	21
til fots	à pied	23				urealistisk	irréaliste, peu réaliste	21
til og med	même	8	Trondheim [Trånnheim]	ville au centre de la Norvège	17	USA	Les Etats-Unis	25
tilbake	retourner/remettre (à sa place),	7				usikker	incertain, peu confiant	7
tilbud, et	une promotion, une offre	11	tross: til tross [tråss] for at	malgré que	22			
						ut	dehors	4
på tilbud	en solde	11	trygg	en sécurité,	22	utdanne seg, utdannet seg	s'éduquer, se former	22
tillegg: i tillegg	aussi, en plus	18	trykke	appuyer	10			
time, en	une heure	13	tråd [trå], en	un fil	22	ute	dehors	17
ting, en, (flere) ting	une chose	8	T-skjorte [te-sjorte], ei	un T-shirt	18	utenfor	en dehors	17
én ting til	encore une chose	8	tulle, tullet	plaisanter, blaguer	6	utkant, en	explication : voir la solution du quiz	17
			tung [o]	lourd	12			

utkjørsel, en	une sortie (de route, d'autoroute)	12
utland [utlann], (et)	l'étranger	17
utrolig [-li]	incroyable	12
utsikt, en	une perspective, vue	22
uttale, en	une prononciation	12
uvanlig [-li]	inhabituel, rare	12
vakt, en	une garde	22
validere, validerte	valider, ici : composter	23
vanilje, (en)	vanille	11
vanligvis [-livis]	normalement	16
vanskelig [-li]	difficile	12
var (pret. de å være)	était	12
vare, varte	durer	22
variert	varié	26
varm	chaud	2
varme opp, varmet	chauffer	17
varmegrad, en = plussgrad, en	degré au-dessus de zéro, plus … degrés	16
vask, en	un évier, un lavabo	4
vaske, vasket	laver, nettoyer	6
vaske opp	faire la vaisselle	7
Vatikanstaten	Vatican	11
ved [ve]	près de	4
vegetariansk	végétarien	13
vegetarisk	végétarien	26
vei, en	une route	12
én vei	aller simple	22
vel [vell]	ici : probablement,	23
velbalansert	(bien) équilibré/e	26
veldig [-di]	très	5
velkommen til … [å]	bienvenu/e/s à …	15
venn, en	un ami	1
venninne, ei	une copine	15
vennskap, et	une amitié	24
venstre, til venstre	à gauche	12
vente, ventet	attendre	3
verken … eller [vær-]	ni … ni	10
verre [æ]	pire	10
verst [æ]	le pire.	4
ikke så verst [æ]	comme ci comme ça	4
veske, ei	un sac à main	19
vi	nous	2
Vi ses! = Vi seees!	On se verra !	15
videre	plus loin, plus en avant	9
videregående skole, en	un lycée (16-19 ans)	22
vidt: så vidt …	autant que, d'après ce que …	17
viktig [-i]	important	8
ville, vil, ville, har villet	vouloir	3
Det vil si …	C'est à dire …	13
vin, (en)	vin	20
vind [vinn], en	du vent	16
vindu, et	une fenêtre	4
vinter, en	hiver	16
virke, virket	ici : sembler	20
virkelig [-li]	réellement, vraiment	16
vise, viste	montrer	8
visst	certainement, ici : à ce qu'il paraît	22
vital	vital	26
vite, vet, visste, har visst	savoir, sais	5
voksen [å], en, mange voksne	un adulte	8
vondt i magen	mal au ventre	10
Det gjør vondt her.	Ça fait mal ici.	10
ha vondt	avoir mal	10
vott [å], en	une moufle	18
vær så god	tiens, tenez ; je vous/t'en prie	13
vær så snill	s'il te plaît, s'il vous plaît	11
være, er [ær], var, vært	être	1
våkne, våknet	se réveiller	2
vår, en	printemps	16
i vår	ce printemps	16
yndlingsfag, et	une matière préférée	22
yr, (et)	bruine	16
yrke, et	une profession	22
ødelagt	cassé	11
økologisk [økolågisk]	biologique (agriculture)	26
økonomi, en	économie	5
øl, (et)	bière	13
øl, en	une bière	13
ønske, ønsket	souhaiter	16
øre, et	une oreille	10
Østerrike	Autriche	11
øy, ei	une île	16
øye, et, øyer/øyne	un œil, des yeux	10
øyeblikk, et	un instant / un moment	13
å gud!	oh mon Dieu !	22
Ålesund	ville à l'ouest de la Norvège	20
åpenbart	évidemment	20
åpne, åpnet	ouvrir	3
åpningstider	les horaires d'ouverture	11
år, et	un an	2
åtte	huit	2

Corrigé des exercices

Un grand nombre d´exercices ont plusieurs « solutions ». Pour y voir plus clair, tu peux demander des corrections par l´un de nos professeurs de langue. Rend-toi sur www.skapago.eu/nils/fr ou écris-nous à info@skapago.eu pour en savoir plus.

1

1
Erna lager en gave til Susanne. Susanne har bursdag. Det er en nisse.
Lise forstår ikke. Erna sitter og arbeider. Hun er nesten ferdig.

2
a) Lise forstår ikke.
b) Erna er nesten ferdig.
c) Susanne trenger en liten venn.
d) Susanne har bursdag, og Erna lager en gave.

3
a) Nå lager hun en gave til Susanne.
b) Nå har Susanne bursdag.
c) Nå trenger Susanne en liten venn.
d) Nå arbeider Erna.
e) Nå er Erna nesten ferdig.

2

1
a) en gave
b) et egg
c) ei brødskive
d) et rundstykke
e) en kopp

2
a) Nei, det er torsdag i dag.
b) Nei, Susanne er åtte år gammel.
c) Hun spiser et egg, et rundstykke og ei brødskive med ost.

4
0 null
1 en
2 to
3 tre
4 fire
5 fem
6 seks
7 sju
8 åtte
9 ni

5
Vi arbeider.
Han har bursdag.
Dere våkner.
Hun sitter.
De spiser.
Dere kommer ikke.
Vi står opp.

3

2
a) Ja.
b) Ja.
c) Jo.
d) Ja.

3
a) Koster en smarttelefon mye? – Ja, den koster mye.
b) Har du et rundstykke? – Ja, her er det .
c) Spiser Susanne ei brødskive? – Ja, hun spiser den .
d) Det er torsdag i dag.
e) Hva er det ? – Det er et egg.

4
a) Susanne vil ikke vente.
b) Susanne venter ikke.
c) Susanne vil ikke ha en nisse.
d) Hun spiser et rundstykke med ost.
e) Erna gratulerer.
f) Susanne åpner en gave.
g) Erna forstår ikke.
h) Kan jeg spise et rundstykke?
i) Jeg vil ikke stå opp.
j) Susanne svarer ikke.
k) En telefon koster mye.

5
Susanne åpner en gave.
Jeg forstår ikke.
Hun spiser ei brødskive.
Det er ikke sant.
En telefon koster mye.
Susanne er åtte år gammel.
Kan du gjenta?
Gratulerer med dagen.
Erna drikker en kopp kaffe.
Jeg snakker bare litt norsk.

4

1
a) Hvor kommer du fra?
b) Hva heter hun?
c) Hva vil hun spise?
d) Hva sier Nils?
e) Hvor sitter du?
f) Hvor gammel er du?
g) Hvor kommer dere fra?
h) Hva heter de?

2
a) skapet
b) telefonen
c) brødskiva (brødskiven)
d) kommoden
e) døra (døren)
f) gaven
g) vennen
h) egget
i) bordet
j) koppen
k) stolen
l) rundstykket
m) hånda (hånden)
n) senga (sengen)
o) vinduet

3
Nils er en nisse. Susanne er ikke glad i nissen. Hun vil gjerne ha en telefon. Men en telefon koster mye.
*(en théorie on aurait pu dire **Men telefonen koster mye** s´il s´agissait d´un téléphone précis. Ici nous exprimons que le coût d´achat pour un téléphone est en général élevé.)*
Susanne ser ut av vinduet.
Hun tar Nils i hånda.
(Il est évident ici que la main dont nous parlons est la sienne. On peut avoir un doute sur de quelle main il s´agit, la droite ou la gauche, mais il s´agit indiscutablement de sa main à elle.)
Susanne har ei seng. Kan Nils sitte på senga?
Nei. Han kan sitte ved siden av døra.

4
a) Ved bordet vil jeg ikke sitte.
b) Det er ikke plass på bordet.
c) Et egg vil jeg ikke spise.
d) Erna sitter ved vinduet.
e) Nå vil hun ikke leke med Nils.
f) I dag har hun bursdag.

5
Hva heter du? – Jeg heter Truls.
Hvor gammel er du? – Jeg er 36 år.
Hvor bor du? – I Bergen.
Hvordan går det? – Takk, ikke så verst. Hva med deg?
Hva gjør du? – Jeg er elektriker.

Jeg må gå. – Ha det bra!
Hvor kommer du fra? – Jeg er fra Oslo.
God helg! – I like måte!
Hei, jeg heter Irene. – Hyggelig å hilse på deg! Jeg er Nils.

5

1
18 atten
80 åtti
17 sytten
27 tjuesju
14 fjorten
93 nittitre
22 tjueto
46 førtiseks
64 sekstifire
98 nittiåtte
12 tolv
16 seksten
23 tjuetre
836 åttehundreogtrettiseks
5322 femtusentrehundreogtjueto
8818 åttetusenåttehundreogatten
312 trehundreogtolv
4067 firetusenogsekstisju
9900 nitusennihundre
2147 totusenetthundreogførtisju
1987 ettusennihundreogåttisju
1818 ettusenåttehundreogatten
1511 ettusenfemhundreogelleve
951 nihundreogfemtien
777 sjuhundreogsyttisju
787 sjuhundreogåttisju

2
a) Her kommer Per. Ser du ham (han)?
b) Jeg er her. Ser du meg?
d) Vet du hvor Per og Susanne er? Jeg kan ikke se dem.
e) Nina! Anders! Hyggelig å treffe dere.
f) Her er et rundstykke. Vil du spise det?

3
a) Maria er glad: Martin kommer til henne i dag. Han kommer kl. 07. Maria vil spise frokost sammen med ham (han).
b) Jeg vet ikke hvor Runar og Karina er. Skal jeg ringe dem?
c) Liker du Karina? Jeg liker ikke henne, men jeg liker Marthe.
d) Jan og jeg spiser frokost med Runar og Karina. Vi spiser med dem.

4
a) søster
b) far
c) mor
d) sønn
e) bestefar
f) morfar
g) mann

6
Susanne er søstera til Per.
Per er broren til Susanne.
Per er sønnen til Lise.
Susanne er dattera til Lars.
Erna er bestemora/mormora til Per.
Lise er mora til Susanne.
Lars er faren til Susanne.
Lars er mannen til Lise.
Lise er kona til Lars.

6

1
a) Jeg vasker meg.
b) Vi vasker oss.
c) Dere vasker dere.
d) Du vasker deg.
e) Han vasker seg.
f) De vasker seg.
g) Hun vasker seg.

2
08.00	åtte
12.00	tolv
06.00	seks
19.00	sju
21.00	ni
14.00	to
15.30	halv fire
07.30	halv åtte
10.30	halv elleve

22.30	halv elleve
21.15	kvart over ni
09.15	kvart over ni
03.10	ti over tre
15.50	ti på fire
09.45	kvart på ti
08.55	fem på ni
16.50	ti på fem
05.05	fem over fem
17.25	fem på halv seks
13.40	ti over halv to
13.00	ett
06.40	ti over halv sju
11.35	fem over halv tolv
23.25	fem på halv tolv

3
Kl. 06.30 står jeg opp.
Kl. 11.30 spiser jeg lunsj.
Kl. 20.00 spiser jeg kveldsmat.
Kl. 08.00 begynner skolen.
Kl. 06.45 spiser jeg frokost.
Kl. 16.00 spiser jeg middag.
Kl. 22.30 legger jeg meg.

4
Per sier:
Jeg heter Per. Jeg kommer fra Norge. Jeg er 16 år gammel og bor i Oslo. Jeg går på skolen. Skolen begynner kl. 08, mandag til fredag. Jeg liker skolen, men jeg er ikke glad i engelsk. Jeg har ei (en) søster. Hun heter Susanne. Hun er bare åtte år gammel. Egentlig liker jeg henne, men hun er ofte frekk.

5
a) faren til Lise
b) Susannes familie
c) telefonen til Erna
d) Ernas kommode
e) skapet til Lars
f) koppen til Susanne
g) Pers dør
h) brødet til Kristine
i) Lises kjøkken

6
a) Jeg må vaske opp.
b) Hun slutter å flire.
c) Nils kan ikke høre noe.
d) Vil du endelig være stille?
e) Når vil du stå opp?
f) Lars begynner å arbeide kl. 8.00.

8
Klokka var seks. Nils hørte noe. Hva var det? Å ja. Det var Lars, faren til Susanne. Han laget/lagde kaffe. Så spiste familien frokost. Lars spiste brød med smør og syltetøy, Susanne spiste frokostblanding med melk. Per og Lise spiste brød med ost og skinke.

Nils sluttet å bevege seg og satt helt stille. Endelig var familien ferdig med frokosten. Nå kunne han slappe av og bevege seg igjen.

7

1
mange senger
mange bord
mange kommoder
mange stoler
mange egg
mange rundstykker
mange år
mange kopper
mange brødskiver
mange gaver
mange telefoner
mange bilder
mange skap
mange rom
mange dører
mange kjøkkener
mange historier
mange stuer
mange hender
mange mødre
mange brødre
mange fedre
mange søstre

2
Hvert menneske har en far og ei mor. Vi har to bestefedre og to bestemødre: en farfar, ei farmor, en morfar og ei mormor.
   Noen har også søstre og brødre

Susanne har bare en bror: Han heter Per. Faren heter Lars, og mora heter Lise.
   Bestemora heter Erna. Hun er mora til Lise. Derfor er hun mormora til Susanne.
   Susanne er dattera til Lise og Lars, og Per er sønnen til Lise og Lars.

3
Jeg trenger gafler, kniver, tallerkener ... for å dekke bordet.
Jeg trenger en oppvaskmaskin for å vaske opp.
Jeg trenger en kopp for å drikke kaffe.
Jeg trenger ei skje for å spise suppe.
Jeg trenger en gaffel og en kniv for å spise fisk.

4
Du må gå.
Du må svare nå.
Ring meg i dag.
Du må spørre Erik.
Spis frokost.
Du må vente på meg.
Kom til meg.
Du må sitte og ta litt mat.
Sitt og arbeid.
Du må gjøre noe.

8

1
ei (en) stor seng
et stort rom
ei (en) stor dør
et stort rundstykke
en stor kopp
ei (en) stor brødskive
en stor gave
en stor telefon
et stort bilde
et stort kjøkken
ei (en) stor stue
et stort bord
en stor kommode
en stor stol
et stort egg
et stort skap

2

Par exemple :
en ung far
en hyggelig far
en stor skog
en mørk skog
et stort rom
en hyggelig person
en viktig person
en mørk kjeller
en stor leilighet
en stor eske
et stort vindu

4

a) Han lager ofte mat.
b) Jeg trenger ei seng for å sove.
c) Jeg begynner å arbeide kl. 7.00.
d) Du skal ikke åpne døra.
e) Frokostblandingen koster ikke mye.
f) Barnet vil leke med en venn.
g) Jeg kommer fra England
h) Jeg bor gjerne i Oslo.
i) Du kan spørre meg.
j) Jeg hører noen i kjelleren.
k) Jeg tenker ofte på deg.
l) Jeg skal forklare det.
m) Vi må rydde i stua.
n) Nils vil hjelpe familien. / Familien vil hjelpe Nils. *(ça dépend de qui veut aider qui)*

5

3. etasje: Lise – Per – boden
2. etasje: badet – foreldre – besteforeldre
1. etasje: kjøkken – dør – stue

9

1

svart 6 – brun 4 – gul 2 – hvit 5 – blå 7 – grå 3 – grønn 8 – rød 9 – oransje 1

3

Koppen er blå.
Egget er hvitt.
Tallerkenen er grønn.
Kniven er svart.
Bordet er brunt.
Telefonen er hvit.
Huset er gult.

5

a) Emil kjenner Nils.
b) Nils kjenner ikke Oslo.
c) Emil vet mye.
d) Nils vet hvor han kommer fra.

10

2

Par exemple:
Emil sover i sofaen.
Nils har smerter i magen.
Derfor må han snakke med Emil.
Han snur seg et par ganger.
Smertene blir verre.
Han har ikke vondt i brystet.
...

3

Nils sier til Emil: «Kan du hjelpe meg?»
Emil sier: «Ja, jeg kan hjelpe deg.»
Emil hjelper Nils. Han hjelper ham (han).
Vi er syke. Kan legen hjelpe oss?
Ja – legen sier: «Jeg kan hjelpe dere.»
Susanne er syk. Kan Emil hjelpe henne?
Susanne og Per er syke. Kan legen hjelpe dem?

4

Det var natt. Nils sov i senga. Det var egentlig ikke hans seng – det var ei lita pute på Lises stol på kjøkkenet. Men han brukte puta hennes som seng.

Plutselig våknet han. Rommet var mørkt. Han så nesten ingenting. Men han hadde veldig vondt i magen. Og han var kvalm, så kvalm. Hva skulle han gjøre?

Han hoppet ut av senga. Smertene ble ikke bedre av det – nei, de ble bare verre.

Kanskje kunne Emil hjelpe? Ja, selvfølgelig. Han måtte finne Emil. Men Nils måtte også være forsiktig. Menneskene måtte ikke våkne. Han husket historien med kaffekoppen og oppvaskmaskinen. Han gikk til stua. Der så han ingen. Men han hørte noe. Noen lå på sofaen og sov. Var det Emil? Nils gikk litt nærmere. Ja, han kjente ham igjen. «Emil!» ropte han. Bamsen våknet med en gang. (...)

Nils gjorde det. Da begynte Emil å trykke på magen. (...)

Emil la øret på brystet hans.

«Nei, det er ikke noe galt her, tror jeg.» Han kjente på magen igjen. (...)

Nils satte seg ned på sofaen og snudde seg. En gang, to ganger, tre ganger, fire ganger. Han følte seg fortsatt kvalm, men smertene var bedre. Kanskje ble han snart frisk igjen?

5

Ja, vi forstår mye fransk.
Nei, ikke så mange.
Ja, mye mat, takk.
Ja, jeg har mange venner der.
Ja, jeg vil spise mange rundstykker.
Ja, jeg har mange brødre.
Nei, ikke så mange personer.
Nei, ikke så mye smør.

6

a) For å jobbe trenger jeg ...
mine kunder, kundene mine,
min saks, saksa mi,
min binders, bindersen min,
mine idéer, idéene mine,
mitt rom, rommet mitt.
b) For å jobbe trenger du ...
din kaffe, kaffen din,
dine e-poster, e-postene dine,
ditt skrivebord, skrivebordet ditt
i din stue, i stua di,
din rapport, rapporten din.
c) Vi liker ...
vårt arbeid, arbeidet vårt,
vår mor, mora vår,
våre jobber, jobbene våre,
vår bror, broren vår,
vårt barn, barnet vårt.

7
a) vårt kjøkken/kjøkkenet vårt
b) mine brødre/brødrene mine
c) hennes kniv/kniven hennes
d) hans gafler/gaflene hans
e) deres skje/skjea (skjeen) deres
f) dine tallerkener/tallerkenene dine
g) deres glass/glasset (glassene) deres
h) min mat/maten min
i) hans bord/bordet (bordene) hans
j) deres restaurant/restauranten deres
k) din kake/kaka di (kaken din)
l) vårt syltetøy/syltetøyet vårt
m) deres kaffe/kaffen deres
n) hennes skinke/skinka hennes (skinken hennes)

11

Pays
Norge – norsk
Hellas – gresk
Brasil – portugisisk
Canada – fransk/engelsk
Tyrkia – tyrkisk
Sveits – fransk/tysk/italiensk
Storbritannia – engelsk
Østerrike – tysk
Russland – russisk
Argentina – spansk
Polen – polsk
Island – islandsk
Vatikanstaten – italiensk/latin
Sverige – svensk

1
a) det brune skapet
b) den varme koppen
c) det store brødet
d) den røde døra
e) de røde sengene
f) de store vinduene
g) den rare personen
h) det rolige huset
i) den mørke skogen

2
Brødet er godt.
Rundstykkene er billige.
Jeg vil ha en liten leilighet.
Huset er stort.
Jeg vil kjøpe fem gode rundstykker.
Vi trenger mange fine poteter.
Dette huset er dyrt.
Dette er et billig hus.

3
Det irske flagget er grønt, hvitt og oransje.
Det svenske flagget er blått og gult.
Det greske flagget er blått og hvitt.
Det italienske flagget er grønt, hvitt og rødt.
Det tyske flagget er svart, rødt og gult.
Det sørafrikanske flagget er rødt, hvitt, grønt, gult, svart og blått.
Det østerrikske flagget er rødt og hvitt.

6
a) Hvilket hus bor du i?
b) Hvilken telefon ringer?
c) Hvilke bilder liker du?
d) Hvilken oppvaskmaskin er god?
e) Hvilken jobb vil du ha?
f) Hvilke smerter er farlige?
g) Hvilken butikk er billig?
h) Hvilket bord vil du kjøpe?

12

2
Hva skal Erna kjøpe? Kanskje disse gulrøttene? Eller disse potetene?
Denne oppvaskbørsten er for dyr. Men hun skal i hvert fall kjøpe denne osten. Er dette brødet godt?

3
Jeg sto opp klokka 7. Så spiste jeg frokost og dusjet. Kl. 8 gikk jeg ut av huset og tok bussen til byen. Jeg var på kontoret kl. 9. Der arbeidet jeg til kl. 11. Da spiste vi lunsj. Fra kl. 11.30 til kl. 17 arbeidet jeg igjen. Etterpå tok jeg bussen hjem og spiste middag. Kl. 19 spilte jeg tennis med en venn. Så så jeg på TV og spiste kveldsmat. Kl. 23 la jeg meg og sov.

5
a) Er butikken der?
b) Du må gå ned denne gata.
c) Apoteket ligger her.
d) Kommer du hjem?
e) Skal han vente der?
f) Det er to senger her, men jeg vil ikke sove oppe.
g) Vi må sende ut mange e-poster i dag.
h) Vil du gå ut med oss på lørdag?
i) Må vi sitte inne i dag?
j) I dag arbeider Stian hjemme.
k) Kommer du hit?
l) Bakeriet er der borte.

13

Manger dehors
Har du et ledig bord for fire personer? – Ja, her ved vinduet.
Kan vi sitte her? – Ja, selvfølgelig.
Vil dere spise? – Ja. Kan vi få menyen?
Kan du anbefale noe? – Ja, dagens fisk, for eksempel.
Hva vil du drikke? – Jeg tar et glass øl, takk.
Har dere italiensk rødvin? – Ja, men den står ikke på menyen.
Er det mulig å få dagens suppe uten kjøtt? – Selvfølgelig. Det er mulig.
Er det svinekjøtt i denne retten? – Nei, bare kylling.
Har dere vegetariansk mat også? – Nei, dessverre.
Kan jeg få regningen? – Ja, det kan du. Hvordan vil du betale?

3
Fais attention à l´ordre des mots. C´est très important ici. En employant le presens perfektum, tu vas (automatiquement) introduire un 2ème verbe dans la phrase.
a) Per har våknet.
b) Maria har kommet til kaféen.
c) Hun har spist sjokolade.
d) Hun har ikke begynt å arbeide.
e) Stefan har åpnet vinduet.
f) Han har sendt en e-post.
g) Susanne har fått en gave.

h) Hun har gått på Internett.
i) Jeg har tatt bussen kl. 6.40.
j) Jeg har ventet i en time.
k) De har ikke sett det grønne huset.
l) Jeg har gjort mye i dag.
m) Martha har bodd i Bergen.
n) Hun har ikke sagt mye.
o) Jeg har spurt etter veien.
p) Jeg hat sett det på TV.
q) Jeg har hørt deg.
r) Stefan har sluttet å arbeide.
s) Han har snakket med meg.
t) Barnet har prøvd å gjemme seg.
u) Nils har følt seg bedre.
v) Jeg har lyttet på radio.
w) Pål har skrevet ei bok.
x) Det har snødd i to timer.
y) Erna har kjøpt mat.
z) Familien har kommet på besøk.
æ) Hun har betalt 345 kroner.
ø) Jeg har dratt til Oslo.
å) Mannen har stått på fortauet.

4
a) f.eks.: Kan du hjelpe meg?
b) f.eks.: Vær så snill og kom til meg.
c) f.eks.: Jeg vil gjerne ha en kopp kaffe.
d) f.eks.: Kunne jeg få menyen?
e) f.eks.: Jeg vil gjerne betale, takk.

5
a) Om to timer skal jeg treffe en venn.
b) For en time siden var jeg ferdig på jobben.
c) Om to dager skal jeg reise til Oslo.
d) I tre dager skal jeg være i Oslo.
e) For to dager siden var jeg i Bergen.
f) I to timer skal jeg snakke med Tor.
g) Om seks timer skal jeg legge meg.

6
a) Dagens suppe er ikke særlig dyr/så dyr/ koster ikke mye.
b) Det er veldig rolig i huset.
c) Den unge mannen spør mye.
d) Erna har gjemt papirlappen i Nils.
e) Det er ikke riktig.
f) Jeg har bodd i Oslo i 20 år.
g) Kan du gi meg menyen?/Kunne du ...?
h) Det koster 340 kroner.
i) Han har en eske i hendene.

j) Maten koster omtrent 200 kroner.
k) Så/Etterpå skal jeg legge meg.
l) Erna kommer fra Norge.

7
Med øynene kan man se.
Med føttene kan man gå.
Med nesen kan man lukte.
Med fingrene kan man gripe.
Med munnen kan man spise og drikke.
Med tunga kan man smake.
Med ørene kan man høre.
Med hodet kan man nikke.
Med hjernen kan man tenke.
Med lungene kan man puste.
Med tennene kan man bite.
Med huden og med fingrene kan man føle.

14

1
a) Kan du snakke fransk?
b) Liker du å lage mat?
c) Mia prøver å skrive norske tekster.
d) Har du prøvd å ringe meg?
e) Skal jeg hjelpe deg med oppvasken?
f) Min far begynner å arbeide kl. 7.00.
g) Hva vil du ha til middag?
h) I går måtte vi dra til legen med sønnen vår.
i) Han kan ikke se.
j) Jeg vil reise til Amerika.
k) Er du glad i å lage mat?

2
I dag må/vil Stefan rydde opp. Det ser ikke bra ut på rommet hans. Telefonen ligger på gulvet, og man kan nesten ikke se ut av vinduene. Først må/skal han vaske vinduene. Men han kan ikke åpne dem. Det snør ute! Derfor begynner han med gulvet. Skal han bare støvsuge eller bør han også vaske gulvet? Marit, Stefans kone, sier: «Du skal/bør/må også vaske, ikke bare støvsuge.»
Tu vois qu'il y a plusieurs alternatives pour certaines formes. Cela dépend de ce que tu veux dire exactement.

3
Det var ganske sent. Nils hørte dusjen. Lise pusset tennene. Så kom hun ut av badet. Hun bar ei bøtte med vann. På kjøkkenet begynte hun å vaske gulvet. Så gikk hun tilbake til badet med bøtta, tømte den i doen og tok støvsugeren ut av et skap. Støvsugeren bråkte/bråket forferdelig. Endelig slo Lise av støvsugeren. Med et fast grep tok Lise Nils, gikk inn i stua, satte seg på sofaen sammen med Nils og slo på TV-en.

4
Stian våknet kl. 5.00. Han hadde veldig vondt i magen, og han var kvalm. Hva skulle han gjøre?
  Han sto opp. Skulle han vente? Han prøvde å lese ei bok. Men det/smertene ble bare verre.
  Han måtte snakke med en lege. Kl. 7.00 ringte han til legekontoret.
  Han sa: «Hei, jeg heter Stian Jensen. Jeg føler meg kvalm, og jeg har veldig vondt i magen.»
  «Har du vondt/smerter i brystet også?»
  «Nei, det har jeg ikke.»
  «Det er bra. Kan du komme kl. 9.30?»
  «Ja, det kan jeg.»
  «Takk, ha det bra!»
  Nå er Stian hos legen. Legen trykker på magen og sier:
  «Gjør det vondt her?»
  «Ja, litt.»
  «Kan du åpne munnen?»
  Stian åpner munnen.
  Legen sier: «Temperaturen er normal. Du har spist noe galt. Legg deg i senga og vent til i morgen, så blir det bedre/bra.»

15

1
a) Turisten spurte høflig.
b) Hun beveget/bevegde seg rart.
c) Susanne snakket frekt.
d) Lise gikk raskt.
e) Fredrik arbeidet godt.
f) De gikk langt.

2

a) En lærer snakker høflig med Susanne. Den høflige læreren sier: «Du arbeider raskt, Susanne.» Læreren er god. Han forklarer godt.
b) Hvorfor snakker denne mannen så rart? Han må være gal.
c) Er klokka 19.00 allerede? – Nei, klokka går galt.

3

interessant	kjedelig
huske	glemme
dyr	billig
bak	foran
opp	ned
langsom	rask
ung	gammel

4

På kjøkkenet har vi en stor komfyr.
Gulvet i gangen er av tre.
Vi må kjøpe et nytt teppe til stua.
Oppvaskmaskinen er ødelagt.
På dette soverommet er det to senger.
Fra vinduet ser man bakgården.
Vil du sitte i sofaen i stua?
Glassene er i det lille skapet ved døra.

6

a) Disse møblene er fine, synes jeg.
b) Telefonen ringer. Hvem er det? – En kunde, tror jeg.
c) Hvor er saksa? – Den ligger på bordet, tror jeg.
d) Han synes det var en dårlig idé.
(Selon la situation, nous aurions pu dire **tror***, p.ex. si nous ignorons les conséquences de son idée, et que ces conséquences montrent clairement si l´idée était bonne ou mauvaise.)*
e) Når sendte han denne e-posten? – I går, tror han.
f) Hva gjør Marthe? – Jeg tror hun er kokk.
g) Er hun en god kokk? – Ja, det synes jeg.
*(***Synes** *signifie que tu as goûté son plat. Si tu emploies* **det tror jeg***, tu exprimes une opinion fondée sur sa réputation de cuisinière, et tu ne sais pas encore si c´est bon ou pas.)*

16

1

a) Jeg vil ikke kjøpe dette huset – jeg vil kjøpe et annet hus.
b) Ser du denne mannen? Nei, ikke denne – den andre mannen.
c) Per vil ha en annen telefon.
d) Den andre telefonen er ganske dyr.
e) Han vil også ha ei anna klokke.
f) Her har de bare en slags sjokolade, men i den andre butikken har de mange andre slags sjokolade.

2

I Oslo er det regn./I Oslo regner det.
I Kristiansand er det tåke.
I Bergen er det vind/blåser det.
I Ålesund skinner sola/er det sol.
I Bodø er det sludd.
I Tromsø er det opphold.
I Kirkenes er det snø.

5

a) Det vil/kommer til å regne i morgen.
b) På torsdag vil jeg besøke min tante, men jeg må ringe henne først.
c) Vil du få denne jobben?/Kommer du til å få denne jobben?
d) Jeg har så mye å gjøre! Jeg skal vaske opp, mate hunden og skrive en e-post til bestefaren min.
e) Når skal/vil du gå hjem?/Når kommer du til å gå hjem?
f) Hvor skal/vil du bo?/Hvor kommer du til å bo?
g) Skal/vil du spise lunsj med oss?
h) Martin skal/vil betale kontant.
i) Jeg skal/vil studere økonomi.
Si tu dois choisir entre **vil** *et* **skal***, il faut le faire en fonction des circonstances – as-tu déjà pris ta décision ou pas ?* **Kommer til** *ne peut être utilisé que dans le cas où c´est sûr que quelque chose aura lieu. Par exemple, dans cette dernière phrase, tu aurais pu l´employer à la place de* **skal***, mais cela aurait donné l´impression de quelque chose un peu « trop déterminé » (quoi qu´il arrive, je vais faire des études d´économie).*

17

Hva vet du om Norge?
1c – 2b – 3a – 4c – 5c – 6b – 7a – 8c – 9c – 10a – 11a – 12b

1

a) Kari har en bror som heter Stian.
b) De bor i en leilighet som er i Stavanger.
c) Jeg vil spise dette eplet som ligger på bordet.
d) Er det din sønn som venter foran huset?
e) Her er en kunde som vil kjøpe en billett.
f) Kunden kjøper en billett som koster 390 kr.
g) Jeg har kjøpt avisa som du leser hver dag.
h) Han sitter i sofaen som står i stua.
i) Han forklarer det som er viktig for henne.

4

Tor er en norsk gutt på 18 år. Han er snart ferdig med skolen. Han liker ikke skolen. Etter den kjedelige skoletida vil han gjerne oppleve noe gøy.

I sommer vil han derfor reise til England. Han kjenner noen engelske gutter fra før. Han vil besøke disse vennene.

Men i dag føler han seg ikke bra. Han har vondt i magen. Kanskje fordi han har spist mange grønne epler? De grønne eplene var ikke gode. Eller kanskje har han spist for mye suppe? Det var mye smør i suppa. Kjenner han en god lege? Ja, broren hans er lege. Broren heter Ivar. Han må gå til ham.

Ivar undersøker Tor. Han sier: «Alt er bra med magen din. Du må bare finne deg en god kokk.»

«Kan jeg dra til England, Ivar?»

«Ja, selvfølgelig. Men du må bare spise god mat. Et(t) rødt eple per dag er godt.»

5

a) I går fikk jeg besøk av en venn.
b) Du må snakke med Helge. – Jeg har allerede snakket med ham.
c) Jeg har levd i Norge i femten år og trives fortsatt.
d) Ta av deg skoene! Jeg har vasket gulvene.
e) Kjøpte du fisk?/Har du kjøpt fisk? Jeg kan ikke se den.

Si tu veux souligner le fait que tu ne vois pas de poisson, il faut utiliser **presens perfektum**.
f) Marit bodde i Bergen fra 2005 til 2008.
g) Mange turister var i byen på søndag.
h) Kredittkortet er ødelagt. – Har du slått den riktige koden?
i) På tirsdag sendte jeg e-post til mange kunder.
j) Jeg hentet barna og besøkte Ida etterpå.
k) I går gikk jeg til legen.
l) Hvor er Emil? – Han dro/har dratt.
Si tu veux souligner le résultat qu'il n'est pas là, il faut utiliser le **presens perfektum**.
m) Hjalp Emil deg med å rydde i stua i går?
n) Hvor er Nils? – Jeg har ikke sett ham.
o) Så du filmen om Paris på lørdag?

6
Kjeder du deg? Da kan du hjelpe Anne og meg. Vi vil lage mat. Vi har poteter her. Kan du vaske dem? De ligger ennå på bordet. Vi har også kjøpt kjøtt. Kan du skjære det opp? Nei, først kan du hjelpe oss med å vaske kjøkkenet. Det ser ganske dårlig ut. Etterpå må vi vaske gulrøttene. Men hvor er de? Har du sett dem? Å, vi har kanskje glemt å kjøpe dem! Kan du gå til butikken? Den ligger ved jernbanestasjonen. Du kan allerede se den når du går ut fra huset. Gleder du deg til maten? Jeg gleder meg, og Anne gleder seg også.

7
a) Om vinteren er det kaldt i Norge, men i vinter var det ganske varmt.
b) På mandag var det litt regn.
c) På søndager går vi ofte på tur.
d) I tre måneder har det bare vært snø.
e) Om tre måneder begynner sommeren.
f) På mandager har vi alltid mange kunder.

18

1
a) Han glemte at Lises bror ikke spiser frokost hver dag.
b) Vi ønsker at dere snart finner en leilighet i byen.
c) Hun tenker at svart kaffe ikke er fristende.
d) Du kommer hvis dattera di blir frisk.
e) De synger når noen har bursdag.
f) Han liker det når servitøren på kaféen er høflig.
g) Han gjør som om han ikke husker dagdrømmen.
h) Det føles som om ingen kjenner Ernas store hemmelighet.
i) Du ser ut som om du er syk og trenger medisin.
j) Jeg ringer alltid når alle er opptatt og spiser.
k) Hun bestiller når servitøren gir henne menyen.
l) Vi fortsetter å snakke når du endelig slutter å arbeide.

2
a) Han har kanskje lyst på kjøttkaker i tillegg./Kanskje har han lyst på kjøttkaker i tillegg./Kanskje han har lyst på kjøttkaker i tillegg.
b) Vil hun kanskje åpne vinduet?/Kanskje vil hun åpne vinduet?/Kanskje hun vil åpne vinduet?
c) Du trenger kanskje noen som hjelper deg./Kanskje trenger du noen som hjelper deg/ Kanskje du trenger noen som hjelper deg.
d) Jeg rydder kanskje stua i dag hvis du er snill/Kanskje rydder jeg stua i dag hvis du er snill./Kanskje jeg rydder stua i dag hvis du er snill.
e) Har du kanskje allerede ryddet?/Kanskje har du allerede ryddet?/Kanskje du har allerede ryddet?

3
a) Når det snør, trenger man varme votter.
b) Når det er sludd, trenger man ei god lue, et skjerf og ei regnjakke.
c) Når det er klart, trenger man ei fin skjorte.
d) Når det er sterk vind, trenger man en varm genser.
e) Når det er orkan, trenger man gode sokker og fjellsko.
f) Når det er regnbyger, trenger man lange bukser.
g) Når det er varmt ute, trenger man et kort skjørt.

4
Hun leste noe om været i en avis og spiste noen småkaker. Plutselig ringte noen på døra.
«Hei du! Har du lyst til å gjøre noe i kveld?» sa hennes venninne.
«Åh, det er synd! Jeg sa til noen av naboene at jeg hjelper med å bære noen møbler og noen klær.»
«Men jeg kan kanskje hjelpe med noe? Kanskje hente noen bøker ned fra hyllene eller lage noe mat?»
«Det er en bra idé. Jeg skal spørre noen om de trenger deg.»
«Vent, skal vi ta noen småkaker og kaffe med oss? Noe å spise og drikke er alltid bra!»

19

1
Oslo er en fin by jeg ønsker å se snart.
Hurtigruta er en båt som går hver dag.
En lærer er en person som arbeider i skolen.
Jeg lagde ei kake du ikke ville smake.
Tromsø er en interessant by som ligger i Nord-Norge.
Du likte TV-serien om Norge vi så på i går.
Nils så en film som var helt fantastisk.
Den handlet om et veldig fint land han hadde lyst til å se.

2
f.eks.:
Hver dag lager vi alltid mat og spiser sammen./Vi lager mat hver dag og spiser alltid sammen.

Han har av og til gode idéer, men gjør ikke notater./Han gjør av og til notater, men har ikke gode idéer.

Hver dag tenker Susanne at hun gleder seg til skolen./At hun gleder seg til skolen, tenker Susanne hver dag.

Hvis man har vondt i magen, må man være forsiktig./Man må være forsiktig hvis man har vondt i magen.

3
I en skobutikk finner man: Støvler
På et apotek finner man: En hudkrem, en hodepinetablett, en parfyme
I en teknikkbutikk finner man: En DVD, en mobillader, et batteri, ei lampe

I en matbutikk finner man: En agurk, et (rundstykke,) (en hodepinetablett), (toalettpapir), småkaker, (et brød,) kjøtt, et godteri
I en klesbutikk finner man: Bukser, en genser, en hårbørste
I en kiosk finner man: En bussbillett, et bykart
I et bakeri finner man: Et rundstykke, et brød
På posten/posthuset finner man: En konvolutt, en eske for å sende en pakke, et frimerke
I en interiørbutikk finner man: Ei seng

5
a) f. eks. «Ja, det kan du.»/«Nei, han er dessverre ikke hjemme.»
b) f.eks.: «Jeg kan godt komme bortover.»/«I dag har jeg ikke tid.»
c) f.eks.: «Jeg kan kjøpe noen poteter til deg.»/«Nei, det rekker jeg ikke.»/«Jeg har dessverre ikke poteter hjemme.»
d) f.eks.: «Ring legevakta, jeg kommer bortover til deg i mellomtiden.»
e) f.eks. svar: «Jeg har ikke tid i dag, men du kan ringe Henriette.»/«Ja, så klart kan jeg det! Vi sees!»

20

Conversation informelle
4–6–9–7–14–3–8–2–11–13–10–5–12–1

1
Lise ønsket alltid å bli lærer. Nå er hun en god sykepleier. På onsdag traff hun en russisk mann, en amerikaner og en italiener. Russeren er en bra lege, amerikaneren er tannlege og italieneren er en ung student. Hun snakket også med en muslim og en ung katolikk. Hun jobber som redaktør og gleder seg til å bli pensjonist snart. De har kjøpt leilighet. De må ta bussen til byen og vil kjøpe bil snart.

2
På lørdag var jeg lenge på en bursdagsfest hos en venn. Festen var på et sted langt fra huset mitt. Først så vi lenge på en film, så spiste vi ute lenge. Bordet sto langt fra huset. Før festen prøvde jeg lenge å treffe min venn. Da vi spiste, satt han langt fra meg. Vi kunne ikke snakke mye og lenge denne kvelden. Klokka kvart på to ringte jeg en drosje, men måtte vente lenge til den kom. Veien var lang, derfor tok det lang tid å komme hjem.

4
a) Morten har et fint hus som er i Hamar.
b) Stine går på tur selv om sola ikke skinner.
c) Bjørn kan ikke dra på ferie fordi han ikke har penger.
d) Birgitte har en hund som ofte er syk.
e) Når været er dårlig, kan vi ikke dra på tur.
f) Hilde sier at hun ikke kan komme i kveld.
g) Hilde kan ikke komme på besøk fordi hun ikke føler seg bra.
h) Før jeg går på jobb, skal jeg spise frokost.
i) På lørdager og søndager vil jeg ikke arbeide.
j) Hvis det ikke snør, kan vi gå på tur.
k) Før Erna skal reise til Tromsø, vil hun komme på besøk.
l) Tromsø er en by hvor sola ikke skinner om vinteren.

5
Jeg heter Liv og arbeider som lege på sykehuset. Vanligvis må jeg allerede stå opp rundt kl. 5.00, for vi begynner å arbeide kl. 6.00. Jeg spiser frokost og dusjer før jeg drar på jobben, men jeg leser ikke avisa. Der er det bare dårlige nyheter! Jeg liker å ta bussen til sykehuset, for det går ganske fort med bussen. Men etter jobben liker jeg å gå. Da kan jeg slappe av og være i naturen.

Når jeg begynner på jobben, må jeg først snakke med de andre legene. Etterpå vet jeg hva jeg må gjøre. Så besøker jeg pasientene mine og snakker med sykepleierne. Kl. 11.30 spiser jeg lunsj. Etter det arbeider jeg fram til kl. 14.00. Jeg spiser middag med familien min når jeg kommer hjem. Sønnen min liker å lage mat. Det er veldig bra for meg og mannen min – da har vi ikke så mye å gjøre hjemme.

21

1
Dagen før reisen besøker Erna familien. Hun går inn i stua. Der ser hun et bord, fire stoler, en sofa og en kommode. Lise sitter i sofaen. Lars er på kjøkkenet og steker kjøtt i kasserollen/en kasserolle. Susanne sitter ved bordet. Erna spør Susanne hvordan det går på skolen. Men Susanne vil ikke snakke så mye om skolen. Hun vil heller snakke om hester. Hun har nemlig begynt å ta ridetimer. De snakker også om Nils – Nils er en gave fra Erna. Da kommer Lars med maten.

2
a) Har Lise kjøpt et brød? – Hun har kjøpt sju/syv brød.
b) Har du et glass? – Jeg har 21 glass.
c) Kan vi se en film? – Vi kan se to filmer.
d) Har Lars lest ei bok? – Han har lest 13 bøker.
e) Har Stine en bror? – Hun har tre brødre.
f) Har Lars og Lise et barn? – De har to barn.
g) Kan dere gi meg en kniv? – Vi kan gi deg atten kniver.
h) Har Lars og Lise et soverom? – De har to soverom.
i) Skal du ringe en kunde i dag? – Jeg skal ringe elleve kunder i dag.
j) Kan jeg få et stykke papir? – Du kan få fjorten stykker papir.
k) Finnes det et bakeri i denne byen? – Det finnes åtte bakerier i denne byen.

5
a) Har du funnet en leilighet allerede?
b) I morgen skal Knut kjøre til Oslo.
c) I 1990 gikk jeg ennå på skolen.
d) Jeg vil gjerne ha en kopp kaffe, takk.
e) I dag har jeg mye å gjøre.
f) Jeg la meg kl. 21 og sov rett etterpå.
g) Han ringte meg kl. 22, men da lå jeg allerede i senga.
h) Marthe, jeg kan dessverre ikke komme på besøk i kveld.
i) Som sykepleier måtte jeg skrive mange rapporter.
j) Jeg hører deg dårlig. Hva sa/sier du?
k) I går sto jeg opp kl. 5.00 allerede.
l) Er Martin fra England? – Det vet jeg ikke.
m) Kom inn og sett deg. Her har vi en stol.
n) Er Tove her? – Nei, hun dro til Bergen.
o) Har du prøvd å ringe meg?
p) Nå har jeg sittet i sofaen i nesten to timer.

q) Var du hos mora di i går? – Nei, jeg måtte arbeide i går.
r) På mandag fikk jeg en interessant e-post av en venn.
s) Hvorfor tok du ikke bussen hit?

6
Jeg har to venner – Bente og Geir. Med vennene mine gjør jeg mange ting. Ofte lager vi mat på Bentes kjøkken. Kjøkkenet hennes er ganske stort. Geir har også et stort kjøkken, men kjøkkenet hans er ikke så pent. Og kjøkkenet mitt er veldig lite.

I dag vil vi lage suppe for kjærestene våre. Vi har invitert dem, og de kommer snart. Geir har kjøpt alt vi trenger. Men han har ikke fått pengene fra oss/meg ennå. Bente arbeider allerede. Hun er en god kokk. Geir er ikke en så god kokk, men det går fint å arbeide med ham.

Geir er glad i litteratur, og han forteller oss/meg ofte om nye bøker. Men bøkene hans er kjedelige, synes jeg. Jeg liker å gå på skiturer, og jeg vil heller snakke om turene mine. Av og til går jeg på tur med Geir og Bente, men arbeidsuka deres er så lang, og da har de ikke så mye tid.

Nå kommer kjærestene våre. Jeg skal åpne døra for dem.

Har du også gode venner? Hva gjør du med vennene dine?

7
a) Hun sa at hun måtte arbeide.
b) Han visste at han ikke kunne komme på besøk.
c) Han måtte ta trikken.
d) Han spurte om han burde snakke med en lege.
e) Hun tenkte at hun jobbet for mye.

8
a) Han tenker på å lete etter ny jobb.
b) Hun gleder seg til å gå på Bach-konserten.
c) Den unge læreren arbeider med å skrive ei bok om Norge.
d) I dag må jeg begynne med å vaske gulvene.

22

3
Tror du at søstera di er glad i gaven?
Synes du at vi skal bytte TV-kanal snart?
Tror du at vi har glemt kvitteringen?
Tror du at det regner i dag?
Synes du at religion er viktig?
Synes du at filmen var god?
Tror du at butikken er døgnåpen?
Tror du at vi finner veien tilbake?
Tror du at postkontoret er åpent nå?
Synes du at poteter smaker godt?
Synes du vi skal spise her igjen?
Synes du at jeg er pen?
Tror du at han vet hva han gjør?
Synes du at det er viktig å gå på skolen?

4
f.eks.:
Jeg går ut!
Blir du med ut på byen?
Gå ut av døra og lukk den etter deg.
Ut på tur, aldri sur.

Jeg liker å være ute.
Kan vi spille fotball ute?
Ute er det frisk luft.
Sol ute, sol inne, sol i hjertet, sol i sinnet.

23

1
Jeg klarer det ikke! Jeg kan ikke bake kaker.
Skal/burde/bør han ikke kjøpe bursdagsgaven snart?
Hun er allergisk. Hun må/burde/bør/kan ikke drikke melk.
Barn skal/burde/bør ikke være ute etter kl. 22 om kvelden.
Du skal/må/burde/bør spise grønnsakene dine selv om du ikke vil.
Man burde/bør drikke mye vann hver dag.
Vil det regne i dag? – Nei, det vil snø.
Dere skal/må/burde/bør rydde nå! Jeg vil/skal ikke gjøre det for dere igjen.
Skal/burde/bør/vil du ikke ringe mora di når du er hjemme?
(Encore une fois, tu vois qu´il y a plusieurs alternatives en fonction du sens exacte de ta phrase.)

2
Susanne er veldig glad i broren sin. Hennes bror heter Per og er 16 år gammel. De har ei bestemor. Noen ganger kommer Erna, bestemora deres/hennes, på besøk. Lise er dattera hennes og mora deres. Lars er faren i familien og liker sin familie. Susanne er dattera hans. Hans datter er ikke veldig glad i nissen sin. Hennes nisse ble lagd av Erna. Alle liker å bo i huset sitt. Susanne liker sitt rom. Hennes rom er fint og gult. Per har også sitt rom, men han liker hennes rom også. Mora og faren deres har også et rom. Rommet deres er større enn hennes og hans rom.

3
Vegard kan ikke fine kredittkortene sine. Han hadde dem ennå i går, men nå er de ikke på bordet. Egentlig ligger de alltid på bordet. Han snakker med Hilde, kjæresten sin: «Hilde, har du sett kredittkortene mine?»

«Nei, Vegard, men jeg kan ikke finne togbilletten min. Vet du hvor den er?»

«Nei, jeg har ikke sett den. Vi må lete etter den og etter kredittkortene mine.»

Vegard går rundt bordet. Har han allerede lett under det? Nei! Han ser under bordet, og hva ligger der? Kredittkortene hans! Nå må Hilde finne billetten sin. Hun sier:

«Vegard, kan du ikke hjelpe meg?»

«Nei», svarer Vegard. «Jeg kan ikke hjelpe deg, for jeg har ikke tid. Du må selv finne billetten din.»

6
a) Dette spørsmålet er viktig.
b) Denne genseren er varm.
c) Denne familien er snill.
d) Disse jentene er snille.
e) Dette spørsmålet er dumt.
f) Denne vesken er åpen.
g) Dette hotellet er grønt.
h) Disse blomstene er blå(e).
i) Denne beslutningen er viktig.
j) Dette landet er lite.
k) Denne stormen er sterk.

l) Disse telefonene er nye.
m) Dette bordet er billig.
n) Disse vottene er varme.
o) Denne byen er kjedelig.
p) Dette språket er vanskelig.
q) Dette badet er hvitt.
r) Denne kofferten er liten.
s) Denne reisen er interessant.
t) Disse sengene er små.
u) Dette skjørtet er langt.
v) Dette rommet er mørkt.
w) Denne dama er hyggelig.
x) Denne dusjen er trang.
y) Dette toget er langt.
z) Disse bøkene er tunge.
æ) Dette kjøkkenet er stort.
ø) Dette krysset er farlig.
å) Disse møblene er små.

24

Kjærlighet og følelser
Odd: Vet du at Berit har fått seg kjæreste?
Silje: Nei! Vet du hvem han er? Kjenner du ham?
Odd: Kjenner du Thomas? Han kjenner deg og vet hva du heter.
Silje: Ah, hun er sammen med Thomas! Men er hun ikke gift med Geir?
Odd: Nei. De er skilt nå. Jeg vet sikkert at Geir har vært forelsket i en kollega i mer enn ett år. Jeg så at han kysset henne da han ennå var gift med Berit.
Silje: Visste Berit den gang at Geir var forelsket i en kollega?
Odd: Ja, hun visste det. Hun kranglet mye med Geir.
Silje: Stakkars Berit. Hun var sikkert skuffet og følte seg ensom. Man tror at man kjenner noen og så finner man ut at man ikke vet/visste noe om dette mennesket.
Odd: Ja, men det var jo også en sjanse. Hun har aldri følt ekte kjærlighet og vennskap. Hun har kjent Geir siden hun var 15 år, og de giftet seg tre år senere, fikk barn da de var unge ...
Silje: Du snakker så stygt om henne. Det er flaut. Vis litt medfølelse med henne!

Odd: Jeg viser jo medfølelse! Jeg er veldig glad for at hun nå elsker Thomas. Og jeg vet at Thomas er veldig glad i henne. Hvordan er det forresten med deg og kjæresten din?
Silje: Kan jeg stole på deg? Jeg skal fortelle deg noe. Men ingen kan vite det ...

2
a) Hvis Erna går raskt, kommer hun ikke for sent.
b) Hvorfor spør hun så dumt?
c) Han kan ikke få jobb fordi han arbeider veldig langsomt.
d) Jeg liker å lese e-postene hennes for hun skriver så pent.
e) Vi kan gå, men hvis det regner sterkt, tar vi heller trikken.
f) Om morgenen liker jeg en varm dusj.
g) Jeg vil ikke kjøre med Stian fordi han kjører ganske farlig.

3
a) Da toget stopper, er hun akkurat ferdig med frokosten.
b) I dag kan toget til Bodø være noe forsinket.
c) Erna finner ham forhåpentligvis ikke!
d) Han kunne nesten ikke puste da hun gjorde det.
e) Da hun er ferdig med ostesmørbrødet sitt, ser hun ut av vinduet igjen.
f) Etter middagen åpnet hun ikke håndvesken.
g) Da de var ute på gata, hørte han at Erna begynte å gråte.
h) At hun må kjøpe billett, vet han ikke.
i) Da hun la en lapp i et påskeegg som hun ga til Per, skjedde det samme.

4
a) Det forstår jeg ikke.
b) Jeg har glemt hva hun sa.
c) Togbilletten koster dessverre ganske mye./ Togbilletten er dessverre ikke billig.
d) Kanskje toget er forsinket.
e) Geir leter etter jobb.
f) Jeg kan ikke finne telefonen min.
g) På mandager har vi det alltid ganske hektisk.
h) Jeg synes ikke at norsk mat er særlig/så/ veldig spennende.

i) Nils var ganske forbauset da han så Emil for første gang.
j) Hun trives i Oslo, men det er så dyrt å bo der.

25

Økonomi
Jeg har ikke råd til å kjøpe leilighet. – Du bør leie og ikke kjøpe.
Jeg har abonnert på to aviser. – Kan du ikke lese nyhetene på internett?
Jeg må kjøpe ny bil. – Kan du ikke ta bussen?
Jeg kjøper alltid mat på bensinstasjonen. – Det er bedre å handle på butikken.
Jeg må kjøpe nye møbler. – Brukte møbler er mye billigere.
Jeg vil ta opp et lån for å reise til USA. – Kan du ikke spare penger først?

1
Selv om Norge ligger langt mot nord, er det ikke så kaldt om vinteren som man tror. Inne i landet kan det likevel være mye kaldere enn for eksempel i Bergen eller Stavanger. Det kaldeste stedet i Norge er Karasjok. Om sommeren er det varmere på Østlandet enn i Nord-Norge. Den varmeste måneden er stort sett juli.

Lise er eldre enn Susanne, men hun er omtrent like gammel som Lars. I familien er Erna eldst. Susanne er yngre enn Per, men Nils er yngst.

Den lengste dagen i Norge – som i alle andre land i Europa – er den 21. juni, og den korteste dagen er den 21. desember. Om vinteren er nettene lengre i Nord-Norge enn på Sørlandet, men om sommeren er dagene kortere på Sørlandet enn i Nord-Norge.

For Erna er det tungt å snakke om hemmeligheten hennes. Det er tyngre for henne å snakke om den enn å skrive den på en papirlapp. Hun synes det er lettere å snakke med Hege enn med familien. Men det tyngste er at hun ikke klarer å snakke om den.

I Bergen bor det flere mennesker enn i Stavanger, men færre mennesker enn i Oslo. På Østlandet har vi færre dager med regn enn i Nord-Norge, men de fleste regndagene har vi på Vestlandet. I Bergen regner det mer enn i alle andre byer i Europa. Men i Bergen er det mindre snø enn i Oslo.

Kjenner du et bra/godt utested? Jeg har lyst til å spise noe bedre enn i går, men jeg kjenner ingen bra/god restaurant. Mange sier at det er bra/godt å spise italiensk mat, men jeg liker meksikansk mat bedre. Hva er den beste middagen du noensinne har spist? Hva likte du best?

Jeg husker ikke én rett som var god, jeg husker bare den verste retten, og den var enda verre enn hurtigmat. Den så ille/vond ut, luktet enda verre og smakte ille/vondt. Etterpå hadde jeg vondt i magen, og det ble verre dagen etter. Det var aller verst da jeg prøvde å spise noe.

Marit, kan du hjelpe meg? Jeg har et stort/lite problem. I går kjøpte jeg en genser, men nå ser jeg at den er for liten. Jeg har vasket den, men nå er den enda mindre. Den er blitt den minste genseren jeg noensinne har hatt! Mener du at jeg kan sende den tilbake til den lille/store butikken hvor jeg har kjøpt den? Jeg må kjøpe en annen genser som er litt større. Men det største problemet er at jeg ikke finner kvitteringen. Kan du hjelpe meg med å lete etter den?

Jeg synes denne boka er kjedelig, men denne oppgaven er den mest kjedelige oppgaven i hele boka.

3

Bjørn	55 år	350 000
Svein	32 år	530 000
Terje	47 år	327 000
Anders	63 år	487 000
Anna	28 år	327 000
Linda	27 år	244 000
Wenche	47 år	411 000
Mona	23 år	130 000

4

Vi trener fotball to ganger per uke, stort sett på mandager og på torsdager. Om sommeren trener vi egentlig ikke, men i sommer må vi trene likevel.

Nå trener vi også på fredager. For en uke siden tapte vi mot et lag fra Bergen. Om en uke skal vi spille mot Trondheim. Vi skal dra dit på mandag.

26

1

Så kjøpte Erna en billett. Nils så ikke ut av vinduet. Han ville så gjerne se noe for han likte TV-programmet om Norge så mye. Så tar han sjansen så han kan se noe. Han var så nervøs at det nesten gjorde vondt i magen. Han så ingenting, men så hoppet han på en stol og så hus og mennesker. Så gledet han seg (så) mye fordi han så ut av båten. Nils var så fornøyd at han bestemte seg for å gå ut så mye som mulig.

3

I Molde er det færre dager med sol enn i Arendal. Derfor trenger man lengre bukser i Molde.

I Ålesund er det sterkere vind enn på Hamar. Derfor trenger man en varmere genser i Ålesund.

I Røros er det lavere temperatur enn i Kristiansand. Derfor trenger man tjukkere sokker i Røros.

I Tromsø snør det mer/er det mer snø enn i Trondheim. Derfor trenger man bedre sko i Tromsø.

I Stavanger er det mer tåke enn i Fredrikstad. Derfor trenger man bedre briller i Stavanger.

I Fredrikstad er det varmere dager/er dagene varmere enn i Bodø. Derfor trenger man kortere T-skjorter i Fredrikstad.

4

Karina jobber/arbeider som lege. Hun studerte medisin i seks år. Da hun var ferdig, måtte hun først lete etter jobb. Men nå har hun funnet/fått en god jobb. Hun trives på jobben, men hun liker ikke å arbeide i helgene. Hun tjener bra og kunne derfor kjøpe leilighet for to måneder siden.

Øyvind jobber/arbeider med reklame. Han utdannet seg til kokk først, men han hadde problemer med å arbeide sent på kvelden. Derfor byttet/skiftet han jobb. Nå er han fornøyd med jobben sin, selv om han tjener mindre enn Karina.

Les verbes irréguliers

infinitiv	presens	preteritum	p. perfektum	français
å avbryte		avbrøt/avbrøyt	har avbrutt	interrompre
å be		ba/bad	har bedt	demander
å bli		ble	har blitt	devenir
å burde	bør	burde	har burdet	devoir
å bære		bar	har båret	porter
å dra		dro/drog	har dratt	partir, aller
å drikke		drakk	har drukket	boire
å drive		drev	har drevet	faire (marcher)
å dø		døde	har dødd	mourir
å finne		fant	har funnet	trouver
å forsvinne		forsvant	har forsvunnet	disparaitre
å følge		fulgte	har fulgt	suivre
å få		fikk	har fått	recevoir, obtenir
å gi		ga/gav	har gitt	donner
å gjøre	gjør	gjorde	har gjort	faire
å gråte		gråt	har grått	pleurer
å gå		gikk	har gått	marcher
å ha		hadde	har hatt	avoir
å hjelpe		hjalp	har hjulpet	aider
å holde		holdt	har holdt	tenir
å komme		kom	har kommet	venir
å kunne	kan	kunne	har kunnet	pouvoir
å le		lo	har ledd	rire
å legge		la	har lagt	mettre
å ligge		lå	har ligget	être couché
å måtte	må	måtte	har måttet	devoir
å nyte		nøt/nøyt	har nytt	profiter
å rekke		rakk	har rukket	atteindre, arriver
å ri		red/rei	har ridd	monter à cheval
å se		så	har sett	voir
å selge		solgte	har solgt	vendre
å sette		satte	har satt	mettre, poser, asseoir
å si		sa	har sagt	dire
å sitte		satt	har sittet	être assis(e)
å skjære		skar	har skåret	couper
å skrive		skrev/skreiv	har skrevet	écrire
å skulle	skal	skulle	har skullet	devoir
å slippe		slapp	har sluppet	éviter
å slå		slo	har slått	taper
å snike		snek/sneik	har sneket	s'introduire
å sove		sov	har sovet	dormir
å spørre	spør	spurte	har spurt	demander
å stjele		stjal	har stjålet	voler
å stryke		strøk/strøyk	har strøket	repasser
å stå		sto/stod	har stått	rester debout
å ta		tok	har tatt	prendre
å telle		talte/telte	har talt/telt	compter
å treffe		traff	har truffet	rencontrer
å trekke		trakk	har trukket	tirer
å ville	vil	ville	har villet	vouloir
å vite	vet	visste	har visst	savoir
å være	er	var	har vært	être

å avbryte	→å bryte
å foretrekke	→ å trekke
å forstå	→ å stå
å fortelle	→ å telle
å fortsette	→ å sette
å gjenta	→ å ta
å overdrive	→ å drive
å planlegge	→ å legge

s-verbes:

å skilles, skilles, skiltes, har skiltes
å synes, synes, syntes, har syntes
å trives, trives, trivdes, har trivdes

Il faut les apprendre.
Je sais que c'est ennuyant.

La grammaire en un coup d'œil

Noms et adjectifs

en (stor) kopp	(den store) koppen	(store) kopper	(de store) koppene
ei (stor) dør	(den store) døra	(store) dører	(de store) dørene
et (stort) hus	(det store) huset	(store) hus	(de store) husene
et (stort) vindu	(det store) vinduet	(store) vinduer	(de store) vinduene

Terminaison sans **-t** :
- les adjectifs qui finissent par **-ig**, **-sk**
- beaucoup d'adjectifs qui se terminent par **-t**
- les adjectifs longs, p. ex. **moderne**

100 kr	200 kr	300 kr
dyr	dyrere	dyrest
interessant	mer interessant	mest interessant

Susanne er rask. (adjectif)
Susanne går raskt. (adverbe)

Pronoms

jeg		meg
du		deg
han		ham (han)
hun	liker	henne (seg)
den		den (seg)
det		det (seg)
vi		oss
dere		dere
de		dem (seg)

min/din/hans/hennes/sin/dets/dens/vår/deres/deres kopp
                                                                                     dør
mitt/ditt/hans/hennes/sitt/dets/dens/vårt/deres/deres hus
mine/dine/hans/hennes/sine/dets/dens/våre/deres/deres dører

ou:

koppen min/din ...
døra mi/di...
huset mitt/ditt ...
dørene mine/dine ...

Verbes

infinitiv	presens	preteritum	presens perfektum	imperativ
å spise	jeg spiser	jeg spiste	jeg har spist	spis!
		jeg våknet	jeg har våknet	
		jeg bodde	jeg har bodd	
		jeg levde	jeg har levd	

modalverb:

infinitiv	presens	preteritum		
å ville	jeg vil	jeg ville	!!! Jeg vil å spise ...
å måtte	jeg må	jeg måtte	... må å spise ...
å kunne	jeg kan	jeg kunne	...
å skulle	jeg skal	jeg skulle	
å burde	jeg bør	jeg burde	

Phrases

Proposition principale

La proposition principale et la proposition subordonnée

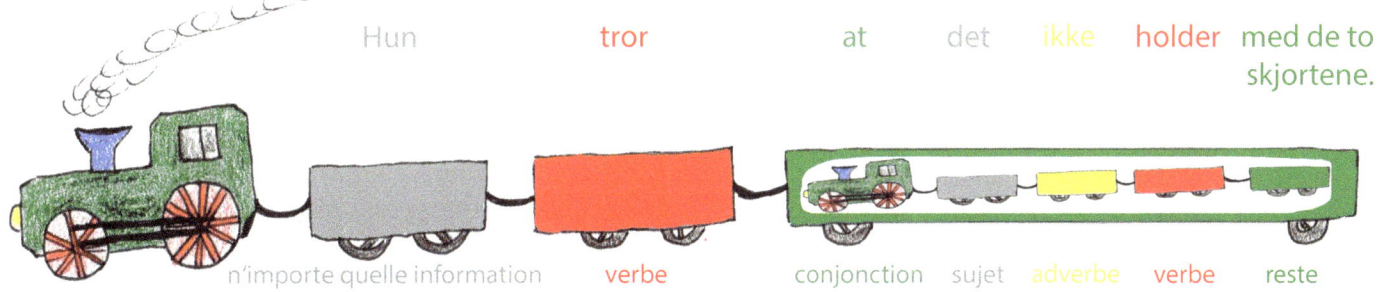

Prononciation

Lettre norvégienne	Exemple	Prononciation régulière	Exemple de prononciation irrégulière	Prononciation irrégulière	Prononciation irrégulière marqué comme
a	å lage	comme **a** dans le mot français « salade »			
e	å trenge	comme **e** dans « stresser »	her	comme l´**æ** norvégien	[æ]
er	mer	combinaison d´un long **e** norvégien et **r**	her	comme l´**æ** norvégien	[æ]
æ	å være	n'existe pas en français			
i	til	comme **i** dans le mot français « ticket »			
o	onsdag	à peu près comme le **ou** dans le mot français « tour »	tog	comme l´**å** norvégien	[å]
u	du	comme **u** dans le mot français « tu »	nummer	comme l´**o** norvégien	[o]
ø	å føle	à peu près comme le **eu** dans le mot français « veux »			
å	å gå	comme **o** dans le mot français « mot »			
y	å bety	n'existe pas en français			
ei	nei	combinaison des lettres norvégiennes **æ** et **i**			
au	fortau	combinaison des lettres norvégiennes **æ** et **u**			
øy	syltetøy	combinaison des lettres norvégiennes **ø** et **y**			
ng	å ringe	Comme le **n(g)** dans le mot français « angle », au milieu et à la fin d´un mot			
r	å ringe	un **r** roulé comme en italien			
rt, rd, rl, rn	ferdig	un **r** qui n´est pas roulé comme dans le mot américain « card »			
rs	først	comme **ch** dans « fâché »			
sl	Oslo	comme **ch** dans « fâché » + **l**, comme dans « le »			
skj, sj	kanskje	comme **ch** dans « fâché »			
ski, sky	brødskive	comme **ch** dans « fâché » suivi par le **i/y** norvégien			
v	vei	comme le **v** français dans « valide »	selv	souvent muet à la fin des mots	[sell]
ig	ligge	combinaison des lettres norvégiennes **i** et **g**	selvfølgelig	ne prononcer que l´**i** à la fin des mots	[selfølgelli]
kj	kjeller	n'existe pas en français			
ki, ky	kylling	comme **kj** suivi par **i/y**			
gj	gjøre	comme **y** dans « yaourt »			
gi	gi	comme **y** dans « yaourt » suivi par le **i** norvégien	gitar	**g** et **i** sont prononcés séparément	[g-itar]
gy	gyldig	comme **y** dans « yaourt » suivi par le **y** norvégien	gymnas	**g** et **y** sont prononcés séparément	[g-ymnas]
hj	å hjelpe	comme **y** dans « yaourt » (le **h** est muet)			
d	dag	comme **d** dans « dame »	god	souvent muet à la fin des mots, après le **r** ou après une longue voyelle	[goo]
ld	kveld	comme **ll** dans « elle »			[kvell]
nd	blanding	comme **nn** dans « tanner »			[blanning]
en	magen	comme **ène** dans « oxygène »	morgen	parfois l´**e** est muet à la fin des mots	[mårn]
et	snakket	comme **ète** dans « obsolète »	eplet	le **t** est muet lorsqu'il vient à la fin d´un mot à l´article défini	pas marqué – souviens-toi ;-)
eg	deg	un peu comme **eil** dans « sommeil »			[dæj]
hv	hvor	le **h** est muet			[vor]
tj	tjene	**t** et **j** sont prononcés séparément	tjue	comme le **kj** norvégien	[kj]

Trop compliqué ? Jette un coup d´œil à nos vidéos de prononciation :
www.skapago.eu/nils/fr/outils

Index de vocabulaire

Légende:
14 = le chapitre 14 traite la thématique en question
14/3 = l'exercice 3 du chapitre 14 traite la thématique en question

- **argent/finance** 25, 25/3
- **conversation informelle** 2, 4, 4/5, 6/4, 19/5, 20
- **le corps/chez le médecin** 10, 10/2, 10/3, 13/7, 14/4
- **couleurs** 9, 9/1, 9/2, 9/3, 11/3
- **cuisine** 4/2, 7/1, 7/3, 9/3, 10/7
- **directions** 12
- **école/éducation/travail** 20/5, 22, 26/4
- **écriture** 2/3, 5/4, 11/4, 11/5, 12/3, 15/5, 16/4, 20/3, 20/6, 21/3, 22/4, 22/5, 23/5, 24/1
- **être poli** 3, 13, 13/4
- **famille** 5, 5/4, 5/6, 7/2, 8/5, 10/6, 11/4, 21/1, 23/2
- **l´heure/la routine de tous les jours** 6, 6/2, 6/3, 6/7, 7, 12/3, 13, 13/5, 20/5
- **hobbies, loisirs** 20, 20/3, 21/6, 24/1, 25/4
- **institutions** 21
- **médias** 15, 15/5, 22/5
- **meubles/maison** 4, 8/1, 8/5, 9/6, 11/4, 15/4, 20/6, 21/1
- **mode de vie/régime** 26
- **nombres** 2, 2/4, 5, 5/1, 9/1, 9/2, 16/3, 16/4, 19/4, 21/2
- La **Norvège** 17, 25/1, 26/3
- **nourriture** 2, 2/3, 4/2, 6/3, 7, 8/1, 11, 11/5, 12/2, 13/2, 21/1
- **parler de soi-même** 4/5, 9, 22
- **pays, nationalités** 11, 11/3
- **restaurant** 13, 13/2
- **saisons, mois, festivités** 16, 16/4, 25/2
- **sentiments** 21/3, 24
- **shopping** 3, 11, 19/ 3, 21
- **temps** 16, 16/2, 18/3, 26/3
- **transport** 23, 23/5
- **travail au quotidien** 9, 10/6, 14, 14/2
- **vêtements** 18, 18/3, 26/3

Index de grammaire

- **adjectifs** 8, 8/1, 8/2, 9, 9/3, 10, 11, 11/1, 11/2, 11/3, 14, 15/2, 17/4, 18/3, 23/6, 24/2, 25/,1 25/3, 26/3
- **adverbes** 15, 15/1, 15/2, 24/2
- **adverbes (mouvement)** 12, 12/5, 22/4
- **alphabet** 19
- **annen/annet** 16, 16/1
- **articles/noms** 2, 2/1, 4, 4/2, 4/3, 7, 7/1, 8, 8/1, 8/2, 11/1, 17/4, 18/3, 19/3, 20, 20/1, 21/1, 21/2, 23/6
- **denne/dette/disse** 12, 12/2, 23/6
- **futur** 11, 15, 16/5, 21/5
- **hvilken, hvilket, hvilke** 11, 11/6
- **ja/jo** 3/2
- **kanskje** 18, 18/2
- **kjenne/vite** 9, 9/5, 24
- **langt/lenge** 20, 20/2
- **like/være glad** 5/5
- **man** 9
- **mange/mye** 10, 10/5, 22/2
- **noms/articles** 2, 2/1, 4, 4/2, 4/3, 7, 7/1, 8, 8/1, 8/2, 11/1, 17/4, 18/3, 19/3, 20, 20/1, 21/1, 21/2, 23/6
- **noe/noen** 7, 16, 18, 18/4
- **prépositions (hos/med/ved)** 19
- **prépositions (i/på, over, under, bak)** 8, 8/5, 9/4, 17/7, 25/4
- **pronoms (det/den)** 3, 3/3
- **pronoms (personnel)** 1, 2/5, 5, 5/2, 5/3, 6/1, 10/3, 17/6, 21/2, 21/6, 23/3
- **pronoms (possessifs)** 5, 5/6, 6, 6/5, 10, 10/6, 10/7, 21/6, 23, 23/2, 23/3
- **questions** 2/2, 3, 4, 4/1, 8/3, 26/2
- **phrase: construction de la phrase** 1, 1/2, 1/3, 4, 4/4, 7/3, 8, 8/4, 10/2, 16/2, 17/5, 18, 18/1, 18/3, 19, 19/2, 20/4, 24/2, 24/3
- **slags** 11
- **som** 17/1, 19, 19/1
- **synes/tro** 15, 15/6, 22/3
- **verbes (impératif)** 7, 7/4, 22/1
- **verbes (infinitif)** 3, 3/4, 6/6, 7/3, 14/1, 21/8
- **verbes (verbes modaux)** 3, 6, 6/6, 13/7, 14/2, 23, 23/1
- **verbes (*perfektum*)** 13, 13/3, 17/5, 21/5
- **verbes (*preteritum*)** 6, 6/8, 10/4, 12, 12/3, 12/4, 14/3, 15/1, 17/5, 21/5, 21/7
- **verbes (présent)** 1, 1/1, 3/4, 21/5
- **verbes (s-verbes)** 22

Alors ...

Que va devenir Nils ?

Était-ce une bonne idée de quitter la cabine sur ce bateau ?
Pourquoi Erna part-elle à Tromsø ?
De quoi parle le texte sur le bout de papier ?

Si tu veux savoir – continue d´apprendre le norvégien !

Le Mystère de Nils – 2ème volet – est appelé *Mysteriet om Nils* (ISBN 978-3-945174-03-6). Achète-le au même endroit que tu as acheté celui-ci.
www.skapago.eu/nils/nils-part-2/

Envie d´apprendre d´autres langues ?

Skapago peut aussi t´aider avec d´autres langues. Pourquoi pas apprendre le **chinois** avec Jerry le cheval, le **suédois** avec Alfred le fantôme ou l´**allemand** avec Jens et Jakob, les moineaux de Berlin ?
Pour en savoir plus :
www.skapago.eu
et
www.skapago.media

www.ingramcontent.com/pod-product-compliance
Ingram Content Group UK Ltd.
Pitfield, Milton Keynes, MK11 3LW, UK
UKHW060213240426
12048UKWH00031BB/1707